KATHRIN SIEGFRIED

STEIVAN LIUN KÖNZ

GESCHICHTENMALER UND BILDERZÄHLER 1940–1998

Limmat Verlag
Zürich

Die Rechtschreibung deutscher und romanischer Originalzitate von Steivan Liun Könz wurde angepasst. Korrekturen und Übersetzungen Kathrin Siegfried in Zusammenarbeit mit Andrea Könz. Wir danken Anna-Alice Dazzi, Lia Rumantscha, für das Lektorat.

Überzug: «Menschwerdung: Spikok u. Schmuckanee bzw. der Maismensch», Gouache/Tusch, 1997
Seite 1: Collage, um 1985

Gestaltung von Trix Krebs
Scans durch Ralph Feiner, Malans und druckmanufaktur, Urdorf
Lithos und Druck durch druckmanufaktur, Urdorf
Bindung durch Buchbinderei Burkhardt, Mönchaltorf
Gedruckt auf Claro Bulk

ISBN 978-3-85791-631-1

ClimatePartner
klimaneutral

MIX
Papier aus verantwortungsvollen Quellen
FSC® C004261

INHALT

AINT IL CHASTÈ DA BLERAS STANZAS – IM SCHLOSS MIT DEN VIELEN ZIMMERN

Üna vouta n'haja scrit cha mia vita o mi'incumbenza saja da perscrutar ün chastè. In quel chastè daja bleras stanzas e minchadi chatt'eu üna nouva porta ch'eu stögl drivir e surtour la respunsabiltà per seis cuntgnü. (...) Usché vegn eu inavant tras meis chastè inchantà e driv e ser portas sainza savair il scopo. Subit ch'eu am saint bain in üna stanza cumainz eu a dvantar inquiet ed impazchaint e l'inquietezza am fa partir. (...) I dà stanzas furtünadas e stanzas tristas, stanzas ingio cha las portas sun avertas e portas chi sfuondran aint illa dolur e chi nu's po drivir. I dà portas ch'eu n'ha drivi massa bod e portas ch'eu n'ha manchantà da drivir. Da quellas chi m'han güdà e manà in ün'otra vita e da quellas ch'eu n'ha stuvü travuonder cun dolur il fiasco. (...) Meis chastè nun es amo lönch na perscrutà.[1]

Steivan Liun Könz im Atelier in Guarda, 1991

Einmal habe ich geschrieben, meine Lebensaufgabe sei es, ein Schloss zu erforschen. In jenem Schloss gibt es viele Zimmer. Ich finde jeden Tag eine neue Tür, die ich öffnen und für deren Inhalt ich Verantwortung übernehmen muss. (...) So gehe ich weiter durch mein verwunschenes Schloss und öffne und schliesse Türen, ohne den Zweck zu kennen. Sobald ich mich in einem Zimmer wohl fühle, werde ich unruhig und ungeduldig, und die Unruhe drängt mich zum Aufbruch. (...) Es gibt glückliche und traurige Zimmer, offene Türen und Türen, die im Schmerz versinken und die man nicht öffnen kann. Einige Türen habe ich zu früh geöffnet, andere habe ich zu öffnen versäumt. Die einen waren hilfreich und führten in ein anderes Leben, die anderen liessen mich unter Schmerzen ein Fiasko durchleben. (...) Mein Schloss ist noch lange nicht erforscht.

Steivan Liun Könz liebte es, sich durch Geschichten und Bilder auszudrücken – er malte Geschichten und erzählte in Bildern. Das Bild vom Haus oder Schloss mit den ungezählten Türen zu unbekannten Zimmern war Könz' Lieblingsmetapher, wenn es darum ging, sein Lebensgefühl zu beschreiben.

Auch ich hatte den Eindruck, in ein verwunschenes Schloss geraten zu sein, als ich vor fünf Jahren in Guarda die Tür zum Haus 86A öffnete und zum ersten Mal Steivan Liun Könz' ehemaliges Atelier betrat. Draussen das schöne, gepflegte, aufgeräumte Unterengadiner Vorzeigedorf, drinnen eine verwirrende Mischung aus Engadiner Atmosphäre und Reiseerinnerungen an Asien und Afrika, aus Malutensilien, Werkzeug, Kleidern, Gegenständen des täglichen Gebrauchs und Bildern, Collagen, Bau-Modellen, verzierten Glastellern, Haufen von bemalten Kacheln und verspielten, selbst hergestellten Objekten. Da steht eine türkische Wasserpfeife neben unzähligen Gläschen mit Pigmentfarben, über der Kuppel der christkatholischen Kirche Luzern im Kleinformat hängt ein grüner afrikanischer Mantel, unter einer hängenden weiblichen Puppe mit Labyrinthmuster auf dem Bauch liegt eine Wasserwaage auf einer riesigen Schachtel voller Fotos, die Könz aus Illustrierten und alten Brockhausbänden gerissen und für Collagen gesammelt hat. Das Atelier wurde nach Könz' Tod im Jahr 1998 gründlich aufgeräumt, betont die Witwe Andrea Könz. – Wie mag es zu Lebzeiten des Künstlers ausgesehen haben?!

Ebenso vielgestaltig und unüberblickbar wie sein Atelier ist Steivan Liun Könz' Bekanntenkreis. Er hat Hunderte von Menschen «gesammelt». Ursprünglich hatte ich mir deshalb vorgestellt, die Recherchierphase hauptsächlich mit Interviews zuzubringen, unterwegs von einer Person zur andern, auf der Reise auch zwischen den vielen Hausfassaden, die Könz in der Schweiz gestaltet hat.

Doch dann entdeckte ich im Atelier neben dem grossen Bilderarchiv, das Andrea und Alexandra Könz in wochenlanger, akribischer Arbeit angelegt haben, rund 130 Skizzen- und Tagebücher, passend zum Besitzer in allen Farben und Formaten, vom kleinsten Mini-Kalender bis zum riesigen, wunderschönen Folianten aus Indien. Diese Bändchen und Bände sind vollgezeichnet und gemalt mit Entwürfen, Skizzen, Gouachen, vor allem aber enthalten sie tausende Seiten Tagebuchberichte und Gedanken, die Könz im Lauf seines Lebens festgehalten hat. Der Schreiber ging nicht systematisch vor: Offenbar hatte er stets mehrere Skizzenbücher in Gebrauch und achtete nicht auf die Chronologie seiner Einträge. Soweit es möglich war, versuchte ich dennoch, eine Ordnung in die Sammlung zu bringen, nummerierte die Bände durch und machte mich ans Lesen. So wurde aus meiner äusseren Reise zu Menschen und Häusern erst einmal für viele Monate eine innere Reise. Ich entdeckte, dass der beste Weg zu Steivan Liun Könz die Spuren sind, die er selbst auf Papier hinterlassen hat.

Obwohl ich in den ersten Monaten ausser den Zugfahrten vom Unterland ins Engadin kaum Ortsveränderungen vornahm, waren meine Recherchen ein langer Weg durch fremdes Gebiet. Ich spürte bei meinen Gängen durch Guarda und den Begegnungen mit Dorfbewohnern eine gewisse Irritation, die wohl damit zu tun hatte, dass ich zwar keine Touristin war, aber doch eindeutig nicht dazugehörte. Als noch schwieriger erwies es sich, im Atelier Zugang zu Könz' Hinterlassenschaft zu finden. Die persönlichen Aufzeichnungen waren grösstenteils romanisch geschrieben und blieben mir vorerst verschlossen. Auch die Bilder in den Skizzenbüchern halfen nicht weiter: Ich fühlte mich von ihrer erzählerischen Opulenz und der Allgegenwart von ausgesprochen männlich geprägter Sexualität überfordert. Meine Auseinandersetzung mit Steivan Liun Könz bedeutete zunächst das Feststellen von Differenz: Als Frau, Deutschschweizerin und Person, die Wert auf Reduktion und Strukturen legt, stand ich einem Mann und romanisch schreibenden Engadiner gegenüber, dessen Biotop – das war auch im aufgeräumten Atelier deutlich zu erkennen – das Chaos war. Ich befand mich in der Eingangshalle eines verwunschenen Schlosses und hatte zu keiner der zahlreichen Zimmertüren den passenden Schlüssel.

Viel später stiess ich in den Skizzenbüchern auf einen Text, in dem Könz schildert, wie er sich den Umgang mit seiner Kunst wünscht. Er spricht von der Zeit, die man sich nehmen soll, um die Bilder zu betrachten, bis sie jedem eine andere Geschichte erzählen. Geduld war notgedrungen auch für mich die Losung. Ich lernte Vallader, das Unterengadiner Romanisch, reiste zu Beispielen für Könz' Kunst am Bau, sprach mit Freunden und Familienmitgliedern, sah mir TV-Sendungen über ihn an. Vor allem aber verbrachte ich viel Zeit im Atelier und liess die Atmosphäre auf mich wirken. Und immer wieder blätterte ich in den Skizzenbüchern. Nach und nach fand ich Zugänge: zu Könz' literarischen Texten, die er immer geheim gehalten hatte, ich begann, die Tagebucheinträge zu verstehen, und so wurden mir auch die Bilder vertraut. Ich kam Könz' komplizierter, zwischen Gegensätzen aufgespannten Persönlichkeit auf die Spur, die mich immer wieder neu herausforderte, und ich entdeckte die Offenheit und Unerschrockenheit, die seine Lebenshaltung prägten. So wurde aus der anfänglichen Fremdheit eine lange Entdeckungsreise, eine persönliche Auseinandersetzung.

Bald war mir klar, dass ein Buch über Steivan Liun Könz kein chronologischer Bericht sein konnte. Als mir die Zusammenhänge zwischen den Lieblingsmotiven des Künstlers und den thematischen Schwerpunkten seines Lebens deutlich wurden, entschied ich mich für eine Erzählweise, die bündelt, was zueinander passt. Das Bild von Könz' Persönlichkeit als Schloss mit vielen Türen hat mich beim Schreiben geleitet. Sieben grosse Säle habe ich betreten und in sieben Kapiteln ausgeleuchtet. Viele Räume sind ungeöffnet oder sogar unentdeckt geblieben, so dass am Ende wieder Könz' Feststellung steht: «Mein Schloss ist noch lange nicht erforscht.»

1 Eintrag 26.1.1997 in: Tagebuch Nr. 7.

IL BÖS-CH DA LA VITA – DER LEBENSBAUM

Lebensbaum, Tuschzeichnung, undatiert

ENGADINER WURZELN

Forsa cha quai chi mai nun as chattarà es la patria. L'aual nun ha ingüna patria perche ch'el cula, nun ha ne fin ne principi, el es be movimaint. Sia patria es forsa il mar, voul dir la fin.

Il paur ha patria, el ara sia patria e crea patria. Patria as stoja arar mincha di per pudair dir a sai svess chi's tschercha amo adüna.

La cumünanza, la glieud da Guarda, la tradiziun da las generaziuns v.d. il cugnuoscher ils conumans sur lur agen esser oura, cugnuoscher lur perdavants e lur figls e tils congualar cun sai svess. La «gruppa» per dir cul «dialect» d'hozindi. Mia gruppa es il cumün da Guarda. Na quel da Turich. Turich es la patria da mias projecziuns. Cur ch'eu croud our da mia tuor d'avori, crouda cul cheu a Turich e cul chül a Guarda. La patria interna e la patria externa sun cuntrasts plain tensiun e quista tensiun ans fa tschערchar o ans fa esser creativs.[1]

Vielleicht ist das, was man nie finden wird, die Heimat. Der Bach hat keine Heimat, weil er fliesst. Er hat weder Anfang noch Ende, er ist nur Bewegung. Seine Heimat ist vielleicht das Meer, das heisst das Ende.

Der Bauer hat Heimat, er pflügt seine Heimat und schafft sie dadurch. Heimat muss man jeden Tag pflügen, um sich sagen zu können, dass man immer noch sucht.

Die Gemeinschaft, die Leute von Guarda, die Tradition der Generationen, das heisst, die Mitmenschen über ihr eigenes Sein hinaus kennen, ihre Vorfahren und Nachkommen kennen und mit sich selbst vergleichen. Die «Gruppe», um es im heutigen Jargon zu sagen. Meine Gruppe ist die Dorfgemeinschaft von Guarda. Nicht die von Zürich. Zürich ist Heimat meiner Projektionen. Wenn ich aus meinem Elfenbeinturm stürze, lande ich mit dem Kopf in Zürich und mit dem Hintern in Guarda. Die innere und die aussere Heimat sind Kontraste voller Spannung, und diese Spannung lässt uns suchen oder kreativ sein.

Mia orma es dachasa a Guarda e meis desideris toffan pel muond intuorn ed eu sco ün nar davoaint sainza mai pudair zappar sün mia sumbriva. Dachasa s'esa in sai svess, quai es la lavur vi da sai sainza spettar ne success ne paja![1]

Meine Seele ist in Guarda zu Hause, und meine Sehnsüchte furzen in der Welt herum und ich wie ein Narr hinterher, ohne je auf meinen Schatten treten zu können. Zu Hause ist man in sich selbst, das ist die Arbeit an sich selbst, ohne Erfolg oder Lohn zu erwarten.

Steivan Liun Könz stand am Beginn einer viele Jahre anhaltenden Krise, als er sich im Mai 1981 Gedanken zum Thema «Heimat» machte: Weihnachten 1980 war sein geliebter Vater gestorben, auch zeichnete sich immer deutlicher das Scheitern seiner ersten Ehe ab. Nur noch ein Jahr sollte er in Zürich Wohnsitz haben, um dann nach 25 Jahren Stadtleben zurück in sein Heimatdorf Guarda zu ziehen.

Der Tagebucheintrag gibt auf kleinstem Raum Einblick in zentrale Befindlichkeiten seines Verfassers. Das Bild des Fliessens, des Unterwegsseins, die stetige Suchbewegung und das Gefühl des Aufgespannt-Seins

Eingang zum Atelier Könz (Haus 86A) in Guarda

Die Eltern Selina und Iachen Ulrich Könz um 1978

zwischen zwei Polen haben Könz ein Leben lang begleitet. Doch wie weit er seine Suche auch ausdehnte, sei dies geografisch oder spirituell, wie sehr er auch profitierte von seinem Ausschweifen in neue, fremde Welten, ein Pol seiner Existenz, zu dem es ihn immer wieder hinzog, waren seine Wurzeln: Könz setzte sich ein Leben lang mit seiner Familie, seiner Kindheit und der Unterengadiner Heimat auseinander. Seine Gefühle waren widersprüchlich, und aus der Spannung zwischen Anziehung und Abstossung, zwischen Aufbruch und Rückkehr schöpfte er seine Kreativität.

«RANDULINS»

Die Frage nach der Beheimatung stellte sich schon Steivan Liun Könz' Vorfahren, wenn auch auf andere Weise. Drei seiner vier Grosseltern kamen aus Engadiner Auswandererfamilien oder waren selber «randulins» [wörtlich: Schwalben, ks]. Wie andere Schweizer Bergtäler bot auch das Engadin nur einer beschränkten Anzahl seiner Bewohner eine Existenzgrundlage, neben Landwirtschaft und Kleingewerbe gab es in den kleineren Dörfern kaum Möglichkeiten, den Lebensunterhalt zu verdienen. So wanderten ganze Familienzweige aus, einige taten dies wie viele andere Schweizer als Söldner bei ausländischen Armeen, im Engadin berühmt und angesehen waren aber auch die Familien, die sich im Ausland als Confiseurs oder Zuckerbäcker Geld und Ehre verschafften.

Einer solchen Familie entstammte Maria Luisa Meyer-Ronzi (1884–1957), Steivan Liun Könz' Grossmutter mütterlicherseits.[2] Die Ronzis waren als Zuckerbäcker aus dem Engadin nach Südfrankreich und Rom ausgewandert. Der südfranzösische Zweig kam gegen Ende des 19. Jahrhunderts zurück nach Samedan und wurde dort Teil des Patriziertums.

Die quirlige, temperamentvolle Maria Luisa Ronzi heiratete 1909 den Deutschen Anton M. Meyer (1884–1942), Sohn einer gebildeten Familie im bayrischen Hof. Er hatte im Kloster eine Ausbildung als Typograf absolviert und nahm, kurz bevor er in den Orden übertreten musste, Reissaus. Anton Meyer wanderte das Inntal hinauf und liess sich in Samedan nieder, wo er in der «Stamparia Engiadinaisa» als Buchdrucker und Schriftsetzer Arbeit fand.

Unsere Grossmutter, Nonigna Maria Luisa Meyer-Ronzi, war für mich die beste Grossmutter der Welt! Bei ihr durfte ich meine Fantasiewelt leben, die herrlichen Stunden mit den kalten Händen am warmen Stubenofen gelehnt, ihren Geschichten zuhören. Sie konnte gut vorlesen, alles in mir lebte mit, und die Geschichten stimulierten mich zum Weiterdenken. Für Feste, Geburtstage oder Jubiläen hat sie gedichtet.
Maria Chatrina Eberhard-Meyer

Steivan Liun Könz' Mutter Selina wurde 1910 als ältestes Kind und einzige Tochter der Familie Meyer-Ronzi geboren. Ihr folgten drei Brüder. Nach einem Unfall, der den Vater ein Auge kostete, wurde das Auskommen knapp: Anton Meyer musste die Arbeit in der Druckerei aufgeben und konnte seine Familie nur noch mit landwirtschaftlicher Arbeit ernähren. Die älteste Tochter, die von der Mutter Fantasie und Fabulierlust und vom Vater die Willensstärke geerbt hatte, liess sich dadurch nicht entmutigen. Sie kämpfte dafür, dass auch sie als Mädchen einen Beruf erlernen konnte, und wurde Kindergärtnerin mit zusätzlicher Ausbildung in Montessori-Pädagogik. Nach Abschluss ihrer Studien fand Selina Meyer im Kindergarten Zuoz ihre erste Arbeitsstelle.

Unseren Grossvater Anton Meyer habe ich nie gekannt, ich wurde erst nach seinem Tod geboren. Von ihm weiss ich leider wenig, über ihn wurde selten gesprochen, und wenn, erfuhr ich, dass er sehr intelligent, überlegt, ruhig und arbeitsam war. Er soll auch ein Querkopf für die Samedner gewesen sein, war einer der ersten Sozialisten – im Dorf! –, und er soll auch dafür gearbeitet haben, dass der Coop ins Dorf kam, was wahrscheinlich den alten Patriziern zu schaffen machte.
Maria Chatrina Eberhard-Meyer

Könz ist im Unterengadin ein häufiges und weit verzweigtes Geschlecht. Um 1850 gab es allein in Guarda um die zehn Könz-Haushalte, teils aus unterschiedlichen Linien.[3] Der wohl einflussreichste Könz im Tal war Steivan Liun Könz' Urgrossvater Iachen Ulrich Könz senior (1819–1901). Er hatte sich in Zürich und Jena zum Juristen ausgebildet und entfaltete, zurück in Guarda, neben dem damals für einen Engadiner üblichen Bauernbetrieb mannigfaltige Aktivitäten. Er war Gerichtspräsident im Unterengadin, handelte mit Korn und Wein, setzte sich als Politiker für den Strassenbau ein, investierte in die Hotellerie, wurde Regierungsrat und für zwei Amtsperioden Vertreter des Kantons Graubünden im Ständerat. Über Iachen Ulrich Könz kursieren in der Familie diverse Anekdoten, die seinen Humor illustrieren. Folgende Geschichte von einer Kutschenfahrt seines Urgrossvaters hat Steivan Liun Könz ins Tagebuch notiert. Iachen Ulrich Könz senior sitzt in einer Kutsche und fährt mit anderen Passagieren über den Flüela-Pass:

Tante Selina war der Liebling ihres Vaters (so mein Vater Hans), intelligent, und sie wusste stets, wie sie es machen musste, dass ...
Maria Chatrina Eberhard-Meyer

Insü giaiva quai plan e meis tat d'eira tschantà visavi ad üna cumar chi vaiva alch problem giuridic. Ella ha pensà cha quai sarà üna bun' occasiun da tschüffer ün güdicat gratuit. Ella ha cumanzà a quintar sü da sia ierta ed ha bajà sur da mincha detagl sainza invlidar ne malizcha ne noschdà. Tat Iachen Ulrich durmiva e dschaiva minchatant da schi, quai vaiva'l imprais pro'l güdisch. Sül ospiz ha'l lura fat ün pa la posa e bavü aua perche ch'el d'eira ün pa avar. Da là a Susch ha'l lura darcheu laschà cha la femna detta dal taloc. A Susch ha'la lura dumandà: «Signur Könz, che fessa'l El in meis cas?» «Mo in seis cas pigliess eu ün bun advocat», d'eira lura sia resposta.[4]

Bap quintaiva cha cur cha'ls hotels da Scuol hajan fat bancarutta lura tat haja rivi la chascha d'fier e tut oura sias aczias svalütadas per tillas büttar davent. Cur che'l haja lura vis quista pruna oramai be amo palperi schi ha'l chattà ch'ün pover hom nu possa büttar uschè bler palperi e lura haja'l dovrà las aczias per tapezar sia tualetta.[2]

Bergauf ging es langsam, und mein Urgrossvater sass gegenüber einer Gevatterin, die ein juristisches Problem hatte. Sie dachte, das sei eine günstige Gelegenheit, gratis juristischen Rat zu bekommen. Sie begann von ihrem Erbe zu erzählen, schwatzte über das kleinste Detail und vergass weder Arglist noch Gehässigkeit. Urgrossvater Iachen Ulrich schlief und sagte hin und wieder Ja – das hatte er als Richter gelernt. Auf dem Hospiz ruhte er sich ein wenig aus und trank, weil er ein bisschen geizig war, Wasser. Von da nach Susch liess er die Frau wieder ihren Klatsch erzählen. In Susch fragte sie schliesslich: «Herr Könz, was würden Sie an meiner Stelle tun?» «Ach, an Ihrer Stelle würde ich einen guten Anwalt nehmen», antwortete er.

Vater erzählte, dass der Urgrossvater zur Zeit, als die Hotels in Scuol bankrott gingen, den Tresor öffnete und seine wertlosen Aktien herausnahm, um sie wegzuwerfen. Als er diesen Stapel sah, der jetzt nur noch Papier war, fand er, dass ein armer Mann nicht so viel Papier wegwerfen könne. Also verwendete er die Aktien, um seine Toilette zu tapezieren.

Iachen Ulrich Könz senior hatte einen Sohn und fünf Töchter. Für seinen einzigen Sohn hatte er eine Karriere als Hotelier vorgesehen. Steivan Liun Könz' Grossvater Peider Könz (1859–1925) wurde zur Ausbildung nach Bordeaux geschickt. Von dort verschwand er jedoch eines Tages nach Norditalien, wo er sich bei verschiedenen Engadiner Bekannten aufhielt und schliesslich in Arezzo eine Eisenwarenhandlung eröffnete. Als er sich eingerichtet hatte, beauftragte er seinen Paten, für ihn im Engadin nach einer Braut Ausschau zu halten. Dieser empfahl ihm die jüngste Tochter des Pfarrers Jon Friedrich Vital in Sent. Constanza Vital (1868–1957) erklärte sich einverstanden, fünf Tage eines traditionellen Engadiner Balls mit dem potenziellen Bräutigam zu verbringen, und Peider Könz machte sich auf die mehrtägige Reise von Arezzo ins Engadin. Der Ball-Bekanntschaft folgten drei Jahre Briefkontakt, zu guter Letzt feierte das Paar im Hotel Belvédère in Scuol Hochzeit, und die junge Braut fuhr unter Abschiedstränen mit ihrem Mann nach Arezzo.

Die Grossmutter Constanza Könz-Vital um 1956

Dort kam 1899 Steivan Liun Könz' Vater, Iachen Ulrich Könz junior, als erstes und einziges Kind des Paars auf die Welt. Der introvertierte, etwas melancholische Junge wurde nach Chur in die Kantonsschule geschickt. Später studierte Iachen Ulrich Könz in Zürich Architektur und liess sich nach Praxis- und Studienaufenthalten in Amiens, La Rochelle, Paris und

Unsere Grossmutter Constanza Könz war für uns der liebe Gott. Sie war eine wunderbare Frau. Sie hatte uns wahnsinnig gern, füllte das Haus einfach mit Wärme. Ihre Atmosphäre war im ganzen Haus. Als sie starb und ihr Sarg hinausgetragen wurde, fühlte man die Leere, die sie zurückliess.
Constant Könz

Italien als Architekt in Davos nieder. Nach seiner Heirat mit der Zuozerin Dora Geer schloss er sich in Zuoz mit dem Architekten Bisaz zum Büro «Bisaz und Könz Architekten» zusammen. In Zusammenarbeit mit dem Heimatschutz restaurierte das Architekturbüro zahlreiche Häuser und Kirchen im Ober- und Unterengadin. Iachen Ulrich Könz war bereits vierfacher Vater, als seine Ehefrau wegen einer Gemütskrankheit nicht mehr imstande war, für den grossen Haushalt zu sorgen. Könz trennte sich von ihr und zog 1939 mit seinen vier Söhnen Peider (zwölfjährig), Iachen und Constant (beide zehn Jahre alt) und Andri (sechsjährig) in sein Elternhaus nach Guarda. Dort nahm sich die inzwischen verwitwete Constanza Könz Vital zusammen mit wechselnden weiblichen Bediensteten ihrer vier Enkel an.

Ein Jahr später heiratete Iachen Ulrich Könz die Zuozer Kindergärtnerin Selina Meyer. Sicher weckte der Beruf der jungen Frau die Erwartung, dass auch die Söhne aus erster Ehe von dieser Wahl profitieren würden. Selina Chönz-Meyer wünschte sich eigentlich keine eigenen Kinder. Doch ihr Mann war davon überzeugt, dass erst die biologische Mutterschaft aus seiner Frau eine «richtige» Mutter machen würde. So erblickte am 30. Oktober 1940 Steivan Liun, der fünfte Könz-Sohn, das Licht der Welt.

KUCKUCKSKIND IN GUARDA

Cur ch'eu gir tras Guarda nu gira sulet, eir meis eu da plü bod es preschaint o meis bap e tuot ils baps e bazegners barmörs. Las plazzas sun plazzas sainza temp, là es l'eternità da chasa. Il schuschuri dals bügls e dals giats chi miaulan o la glieud chi salüda l'ün a l'oter, quai es hoz ma eir her adüna stat uschea.[5]

Wenn ich durch Guarda spaziere, spaziere ich nicht allein. Auch mein Ich von früher ist da, oder mein Vater, oder alle verstorbenen Väter und Grossväter. Die Plätze sind Plätze ohne Zeit, dort ist die Ewigkeit zu Hause. Das Rauschen der Brunnen und die Katzen, die miauen, oder die Leute, die einander grüssen; das ist heute, aber auch gestern immer so gewesen.

Das Dorf hatte eine wunderbare Atmosphäre, das war eine Einheit, die Leute haben einander geholfen, hatten viel Humor. Wenn man nach Hause kam und in die Gasse einbog, war in der ersten Hälfte die wunderbare Atmosphäre von Guarda. Nach dieser Hälfte kam eine Wand, dann die dicke Luft des Elternhauses.
Constant Könz

Guarda ist eines der besterhaltenen Engadiner Dörfer. Seine rund siebzig Häuser liegen 1650 Meter über Meer auf einer sonnigen Terrasse, die einen weiten Blick ins Inntal und auf die 3000 Meter hohen Engadiner Dolomiten freigibt. Während des Dreissigjährigen Kriegs brannte das Dorf ab, seither blieb es von grösseren Zerstörungen verschont und bewahrte, nicht zuletzt weil es oberhalb der Talstrasse liegt, seinen ursprünglichen Charakter. Das Dorfbild mit den diversen kleinen Plätzen und Brunnen und den Hausfassaden, die mit historischen Sgraffiti versehen sind, erhielt 1975 den Henri-Louis-Wakker-Preis; zudem wurde Guarda vom Heimatschutz als Ort von nationaler Bedeutung eingestuft und ist heute ein Anziehungspunkt für kulturell interessierte Touristen.[6]

Als Steivan Liun Könz in Guarda aufwuchs, war Tourismus noch kein Thema. Das Dorf hatte in den Vierzigerjahren um die zweihundert Einwohner, alle sprachen Romanisch.[7] Guarda bestand aus einer geschlossenen bäuerlichen Gesellschaft mit eigenen Gesetzen, Tabus und festen Bräuchen. Ein Gang durchs Dorf war verbunden mit vielen kleinen, oft scherzhaften Unterhaltungen mit den Bewohnern, die gerade auf der Strasse waren oder auf ihren Holzbänken vor dem Haus sassen. Treffpunkte waren zudem die verschiedenen Brunnen und der Dorfofen, der seinen Duft in die Umgebung verströmte. Neben kirchlichen Bräuchen und Ritualen gab es im Frühling den «Chalandamarz», das traditionelle Winteraustreiben der Dorfbuben: Die Buben gingen mit Glocken von Haus zu Haus, sammelten Lebensmittel, die für den Winter eingelagert und noch nicht gegessen worden waren, und gingen damit zu einer Elternfamilie, die bereit war, für die Kinder zu kochen, so lange die gesammelten Vorräte reichten. Zur Zeit der Schneeschmelze ging ein Ausrufer durch die Strassen und tat kund, dass es Zeit war, das Eis von den Strassen zu pickeln. Dies wurde tags darauf von allen Bewohnern Guardas zusammen getan. Im Sommer wurden gemeinsam Bewässerungsgräben in die Wiesen gezogen. Am Alpfest «Masüras» assen die Guardaner miteinander und sangen und tanzten, auch die Metzgete im Winter war ein Fest mit festen Bräuchen, das alle Dorfbewohner mit einbezog.

Wie in anderen Bergdörfern kursierten auch in Guarda geheimnisvolle Geschichten. Man erzählte von Totenglocken, die hellsichtige Bewohner vor einem Todesfall gehört zu haben glaubten, guten Geistern, die bei der Hausarbeit halfen, von einem Schimmel, der um Mitternacht am Hang unterhalb des Dorfes zu sehen war, von gefährlichem Hexentreiben und Wildmännlein, die in der Umgebung von Guarda hausten.[8] Kinder, die gerne Märchen hörten, waren bei Tante Rosa an der richtigen Adresse. Sie liess die Geschichten von verzauberten Prinzessinnen, braven Handwerksburschen, gefährlichen Drachen, wackeren Zwerglein, guten Feen und bösen Hexen vor den Augen der Kinder lebendig werden.[9]

Die Familie von Iachen Ulrich Könz brachte bei ihrem Zuzug im Jahr 1939 ein neues Element in diese urwüchsige, homogene Gemeinschaft. Trotz Land- und Hausbesitz waren die Könz keine Bauern, sondern lebten vom Architekturbüro, das der Familienvater betrieb.[10] Iachen Ulrich Könz war

Iachen Ulrich Könz um 1940

Selina Chönz um 1940

Selina: Rein äusserlich ein kleines Fraueli, sehr temperamentvoll, ein extrem wacher bis unruhiger Blick, ein sehr spezieller Blick, der dich elektrisieren, faszinieren konnte, aber sie hatte auch so etwas Irrlichterndes, also alle Schattierungen. Total gespalten. Auf der einen Seite ein fast überzogenes Selbstbewusstsein und einfach fordern können vom andern, sie sagte ja immer, sie sei ein Herrenmensch – das hat sie auch ausgedrückt. Und andererseits merkte man eine extreme Lebensangst, eine extreme Unsicherheit. Das ist, als ob man die Fassade und das Dahinter sieht.
Andrea Könz

Selina: eine Macherin. Sie hat die Familie wieder zurechtgeklopft. – Eine sehr harte Frau.
Andri Könz

in Guarda hoch angesehen. Seine stille, zurückhaltende Art verstärkte den Respekt, den die Dorfbewohner dem Akademiker entgegenbrachten, der nicht nur Häuser baute und historische Gebäude restaurierte, sondern sich auch in Zeitungen und Zeitschriften zu Wort meldete, Verfasser verschiedener Fachbücher war und in seiner Freizeit Aquarelle malte. Iachen Ulrich Könz' Begabung lag im Gestalterisch-Künstlerischen, für den unternehmerischen Teil seiner Arbeit verliess er sich gern auf einen Geschäftspartner. In Guarda fand er diesen im Architekten Werner von Hoven.

Selina Chönz war im Gegensatz zu ihrem Mann eine äusserst lebhafte, extravertierte Persönlichkeit, ehrgeizig, hellwach, stets bereit, Einfluss zu nehmen und für sich und ihre Familie Vorteile zu schaffen. Mit diesen Eigenschaften verhalf sie ihrem Mann zu manchem Auftrag und sorgte auch sonst dafür, dass in der Familie Könz Wohlstand herrschte: Bei Restaurationsarbeiten ihres Mannes erstand sie von den Bauern günstig Antiquitäten, in einem Haus am Dorfeingang richtete sie eine Ferienwohnung ein und vermietete sie an Bekannte aus dem Unterland. Sie war eine fantasievolle Köchin, eine grosszügige Gastgeberin und hatte gestalterisches Geschick.

Die 40er Jahre waren für die Eltern Könz eine aufregende Zeit, in der den beiden entscheidende Karriereschritte gelangen. Iachen Ulrich Könz litt wie alle Architekten während des Zweiten Weltkriegs unter der schlechten Auftragslage. Als Präsident der Engadiner Sektion des Schweizerischen Heimatschutzes sicherte er sich aber die Unterstützung der Institution und nahm die Restauration seines Heimatdorfs in Angriff. Die historischen Sgraffiti, die Guardas Häuser zieren, waren damals mit grauem Verputz verdeckt oder schadhaft und nur noch unvollständig sichtbar. Mit Hilfe eines Maurers aus Guarda und seiner vier Kinder aus erster Ehe versah Iachen Ulrich Könz die Fassaden wieder mit ihrem historischen Kleid. Für einige grosse, figürliche Darstellungen zog er befreundete Künstler bei, den ornamentalen Schmuck der Häuser besorgte er selbst: Er zeichnete die Formen vor, seine Söhne kamen hinterher und kratzten die Leerräume aus. Während andere Kinder in der Aktivdienstzeit ihren Müttern auf Äckern, in Ställen und Gärten behilflich waren, lernten die vier älteren Könz-Buben das Handwerk des Sgraffito-Ritzens.

Während ihr Mann als Restaurator dazu beitrug, dass sein Heimatort berühmt wurde, arbeitete Selina Chönz an einem nicht minder ehrgeizigen Projekt: Zusammen mit dem Bündner Oberländer Maler Alois Carigiet schuf sie die Figur des «Uorsin» – «Schellenursli». Sie schrieb eine romanische Geschichte, in deren Verlauf sich ein kleiner Junge mit Mut und Risikofreude beim «Chalandamarz» den ersten Platz im Umzug erkämpft. Selina Chönz' Geschichte und Alois Carigiets Illustrationen eroberten die

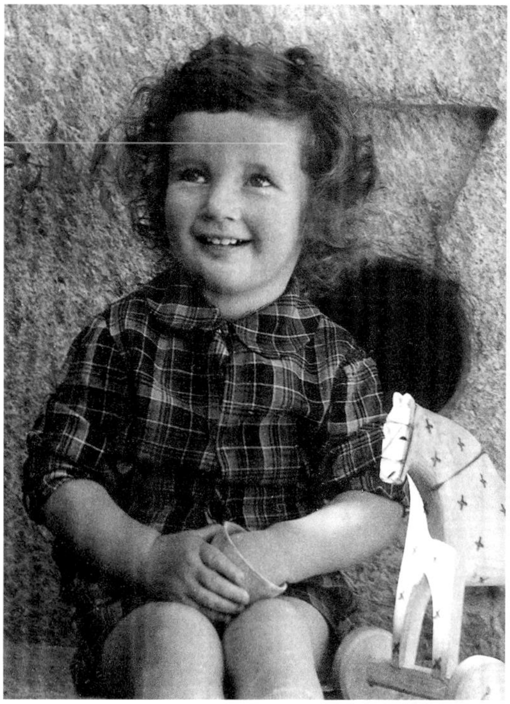

Steivan Liun mit Rössli um 1943

Mit den vier älteren Halbbrüdern Iachen, Peider, Constant und Andri um 1944

Herzen der Kinder. Übersetzungen in alle grossen Weltsprachen und zwei Fortsetzungsbände folgten, und das Sgraffito-Dorf Guarda wurde auch zum «Schellenursli»-Dorf.

Auf der einen Seite war das Ehepaar Könz also ein erfolgreiches Team. Andererseits passten die Schwingungen, die die junge Frau verbreitete, nie so richtig zum Könz'schen Haushalt und wurden auch im Dorf hin und wieder als störend empfunden. Selina Chönz legte zwar grossen Wert auf das Romanische, ersetzte deshalb das deutsche «K» durch «Ch» und nannte sich Selina Chönz, doch war sie letztlich eine Fremde im Unterengadin. Ihr Wunsch, Kontrolle über ihre Umgebung auszuüben, und ihr Drang nach gesellschaftlicher Geltung brachten Unruhe ins Dorf und machten sie bei vielen unbeliebt.

Selina sagte immer: «Ich musste ein Leben lang allein gegen neun Männer kämpfen.» Damit meinte sie ihre drei Brüder, ihren Ehemann, die vier Stiefsöhne und Steivan.
Constant Könz

Auch innerhalb des Hauses Könz hatten mit der jungen Frau nicht nur Disziplin und Ordnung, sondern auch Störfrequenzen Einzug gehalten. Das Ehepaar geriet fast täglich in lautstarken Streit, und die Kinder schlichen sich nach der Schule möglichst unbemerkt ins Haus, um nicht von der Stiefmutter kontrolliert und in den Dienst genommen zu werden. Die Söhne verliessen das Elternhaus früh, gingen zur Schulung nach Zuoz ins Lyceum Alpinum oder nach Chur in die Kantonsschule und schliesslich zum Studium nach Zürich und Genf. Eine Ausnahme war Andri Könz, der nur sieben Jahre älter war als Steivan Liun. Zwischen ihnen existierte in der Kindheit eine stille Verbundenheit, die dem Nesthäkchen der Familie sicher viel bedeutete.

lachen Ulrich Könz und Selina Chönz sagten einander Schimmel und Bless. Nach fünf Minuten waren sie wieder wie ein Herz und eine Seele, wie die Sonne nach einem Gewitter. Selina konnte unendlich provozieren, zum Beispiel immer wieder eine Schranktüre öffnen, die quietschte, nachdem lachen und Steivan gesagt hatten, sie solle damit aufhören. Sie tat es so lange, bis einer von ihnen explodierte. Die Streitereien schienen ein Lebenselement in der Familie zu sein. Meist ging alles von Selina aus, meist ging es um Banalitäten, vor allem Kleider. Oft kaufte sie Steivan neue Kleider, die er sofort weiterverschenkte. Immer war sie ein bisschen im Territorium der anderen.
Barbara Könz

Konflikte auszutragen war für Selina Chönz offenbar kein Problem, es schien fast, dass sie Konfrontationen brauchte und provozierte. Am schwierigsten und sicherlich auch für sie selbst schmerzhaft war Selina Chönz' Verhältnis zu ihrem einzigen leiblichen Sohn. Übernimmt man die Perspektive des Kindes, nimmt die Beziehung zwischen Selina und Steivan Liun Könz tragische Züge an. Könz hat sich ein Leben lang intensiv mit seiner Mutter auseinandergesetzt. In den Skizzenbüchern tauchen immer wieder Kindheitserinnerungen und Erklärungsversuche für das Geschehene und seine Auswirkungen auf.

Eu nu sun mai stat acceptà da pitschen insü. Vess stuvü esser üna femna e n'ha eir gnü vestits da mattetta fin a 3 ons. Chavels lungs e marüschlas. Da mia naschentscha saja pac. Selina nun am laiva. Als 29 X 1940 saja ella statta amo sül Piz Ot. 9 mais ha'la sperà sün ün abort spontan. (…) Meis bap es stat da mia vart ed ha pledà per meis esser qua. El ha clomà a tanta Rosa Florin per am salvar da la tuoss chanina. Selina m'ha dressà dad esser femna. Bap m'ha lura taglià giò las marüschlas e dit ch'ün puob haja chavels cuorts etc. – Sco üna schmaladicziun regna quist na esser acceptà sur da mai. Da meis bap n'haja iertà l'Engiadinais depressiv ma eir l'esser creativ aint illa s-chürdüm, savair far il cuvel aint il grip. La s-chürdüm crea la forza da far glüm. La glüm cha meis bap ha impizzà ha mia mamma adüna provà da stüder. Ella ha adüna vis be sia aigna glüm, tilla ha adüna tgnüda davant seis agen gnif e s'ha tschorbantada. Ella vess gnü glüm per sclerir eir in sia famiglia. Cun sia glüm ha'la vuglü sclerir il muond e quai tilla es eir gratià cun sias istorgias, ma nus, eu e meis frars eschan stats be aint illa sumbriva dal «phare».[11]

Ich bin von klein auf nie akzeptiert worden. Ich hätte ein Mädchen sein sollen und trug Mädchenkleider, bis ich drei Jahre alt war. Lange Haare und Locken. Von meiner Geburt weiss ich wenig. Selina wollte mich nicht. Am 29. Oktober 1940 [einen Tag vor der Geburt, ks] sei sie noch auf dem Piz Ot gewesen. Neun Monate lang habe sie auf einen spontanen Abort gehofft. (…) Mein Vater stand auf meiner Seite und hat für mein Dasein plädiert. Er hat Tante Rosa Florin gerufen, damit sie mich vom Keuchhusten rettet. Selina hat mich wie ein Mädchen angezogen. Vater hat dann meine Locken geschnitten und gesagt, dass ein Junge kurze Haare hat, etc. – Wie ein Fluch herrscht dieses Nicht-akzeptiert-Sein über mich. Von meinem Vater habe ich die Engadiner Depression geerbt, aber auch das Kreativsein in der Dunkelheit, die Fähigkeit, im Felsen eine Höhle zu bauen. Die Dunkelheit schafft die Kraft, Licht zu machen. Das Licht, das mein Vater entzündet hat, versuchte meine Mutter immer zu löschen. Sie hat immer nur ihr eigenes Licht gesehen, es vor ihr eigenes Gesicht gehalten und ist dadurch blind geworden. Sie hätte auch Licht gehabt, um ihrer Familie ebenfalls Helligkeit zu bringen. Sie wollte aber, dass ihr Licht die Welt erhellt, und das ist ihr mit ihren Geschichten gelungen, aber wir, ich und meine Brüder, waren nur im Schatten des Leuchtturms.

Vater und Sohn um 1947

Selina Chönz blieb nichts anderes übrig, als zu akzeptieren, dass ihr Kind wie alle seine Halbbrüder ein Junge war und sie in einem Haushalt lebte, der mit Ausnahme der Grossmutter nur aus Männern bestand. Nun wünschte sie sich, dass dieser Junge wenigstens nach ihren Werten und Idealen gedieh. Gesellschaftliches Ansehen war ihr wichtig, also wurde ihr Kind adrett gekleidet und lernte gute Manieren.

Mi'educaziun, v.d. quella part da mia mamma, d'eira plütöst ün act da dressura. Per ella dependaiva tuot da l'exteriur e na dal cuntgnü. Amo hoz nu sun eu bun da chaminar a schnestra dad üna signura. Eu sa eir amo in che rouda ch'eu stögl servir las persunas chi mangian vi d'üna maisa. Sco chi muossan al circus üna schimgina cun vestits, uschè am pudaiva mia mamma preschantar sco il bain dressà mattet cuntaint.[12]

Meine Erziehung, das heisst die von Seiten meiner Mutter, war eher ein Dressurakt. Für sie kam es auf das Äussere an, nicht auf den Inhalt. Noch heute halte ich es nicht aus, links von einer Dame zu gehen, und ich weiss auch immer noch, in welcher Reihenfolge ich die Personen bedienen muss, die an einem Tisch essen. So wie man im Zirkus ein Äffchen mit Kleidern zeigt, konnte mich meine Mutter als zufriedenen, gut dressierten Jungen präsentieren.

Steivan Liun Könz fand Gegenwelten zu dieser Arena. Wie seine Halbbrüder verweilte er gern bei der Grossmutter, die eine Atmosphäre von Frieden und Verständnis verströmte und ihren Enkeln beistand, wo sie nur konnte. Vor allem aber fand er Schutz und Widerhall in der Natur. Unterhalb von Guarda entdeckte er kleine Höhlen – das Bild von der Höhle im Felsen ist durchaus wörtlich zu nehmen –, in denen er sich versteckte, stundenlang seinen Fantasien nachhing oder heimlich zeichnete.

Spätestens mit Steivan Liuns Einschulung wurde klar, dass Selina Chönz' Sohn nicht die geringste Ähnlichkeit mit ihren Wunschvorstellungen hatte. Für die Mutter war es von zentraler Wichtigkeit, dass ein Mensch intelligent war und diese Intelligenz mit entsprechenden Schulabschlüssen

aus wilden Beeren, die sie wie ein kleines Tier in wenigen Stunden sammelte, 5 kg Himbeeren etc. Auch war unser Haus immer geschmückt mit schönen Blumensträussen, und das Essen war sehr gut. Aber man konnte nicht fünf Minuten in Frieden und Harmonie leben, zufriedene Gesichter ertrug sie nicht.

Mit den Eltern in Guarda um 1957

Die Erziehung von Selina Chönz' Sohn wurde zu einem Desaster. Es gelang Steivan Liun Könz zwar, die fördernden Impulse seines künstlerisch und kulturell sehr aktiven Elternhauses aufzunehmen, doch umsetzen konnte er diese erst als Erwachsener, als er sich ein Stück weit von den Erwartungen und Zwängen, die ihn beengten, befreit hatte. Als Kind blieb ihm nichts anderes übrig, als sich in seiner Rolle als Dummkopf und Querulant einzurichten. Von den älteren Schulkindern musste der kleine Könz manchmal eine Tracht Prügel einstecken, bei den Gleichaltrigen erkaufte er sich hin und wieder mit Früchten aus Italien oder Zigaretten und Spirituosen aus dem elterlichen Vorrat Zugehörigkeit, doch zog er sich bei gemeinsamen Unternehmungen schon nach kurzer Zeit wieder zurück. Dass ihn seine Tierquälereien und andere Streiche auch im Dorf nicht beliebt machten, versteht sich von selbst. So wurde Steivan Liun Könz ein Einzelgänger, der sich von seiner Umgebung abwandte und so weit wie möglich in seiner eigenen Welt lebte.

Während der Sekundarschule war Steivan ein verträumter Typ, irgendwie in den Wolken. Er machte mit, aber auf Distanz. Man hatte den Eindruck, er sehe Dinge, die andere nicht sehen.
Jürg Steiner

Nach Beendigung der Primarschule stellte sich die Frage, wie es mit dem Problemschüler weitergehen sollte. Der Weg via Gymnasium an die Universität, den seine vier Halbbrüder ohne Probleme eingeschlagen hatten, stand Steivan Liun Könz nicht offen. In Scuol lebte jedoch der Schriftsteller und Theaterautor Jon Semadeni mit seiner Frau und seinen vier Kindern. Semadeni war neben seinen literarischen Aktivitäten auch als Sekundarschullehrer in Scuol tätig und war mit der Familie Könz befreundet.[14] Es wurde vereinbart, dass Steivan Liun Könz in Jon Semadenis Klasse eintreten und bei der Familie Semadeni wohnen durfte. Dieser Schritt brachte Erleichterung für das belastete Verhältnis zwischen Mutter und Sohn und bescherte Steivan Liun Könz seine erste Erfahrung mit einem fördernden Lehrer. Jon Semadeni erkannte die gestalterischen Fähigkeiten seines Zöglings und liess ihn hin und wieder zeichnen, während der Rest der Klasse sich anderen Aufgaben widmete. Diese Sonderbehandlung bedeutete, dass der «Neue» aus Guarda in der Scuoler Klasse Aussenseiter blieb. Doch schien sich Steivan Liun Könz ohnehin nicht für seine Mitschüler zu interessieren, er kam und ging zusammen mit dem Lehrer und beschäftigte sich in den Pausen mit sich selbst.

Einzelgänger blieb der jüngste Könz-Sohn auch im Landerziehungsheim Schloss Kefikon. Das Tagebuch, das er im letzten Quartal seines Aufenthalts im Thurgauer Internat, wo er die dritte Sekundarschulklasse besuchte, führte,[15] lässt ahnen, dass Steivan Liun Könz öfters mit der strengen Schulordnung, die der Gründer und Leiter August Bach erlassen hatte, kollidierte. Allerdings belegen die Einträge auch, dass Könz zu einigen Lehrern eine gute Beziehung aufbauen konnte und dass er sich aktiv mit dem Schulstoff auseinandersetzte.

Im Frühjahr 1957 bestand Steivan Liun Könz die Aufnahmeprüfung an die Kunstgewerbeschule Zürich. Treibende Kraft für diese Weichenstellung war wohl Iachen Ulrich Könz gewesen. Selina Chönz wird dieser Entwicklung der Dinge mit zwiespältigen Gefühlen gegenübergestanden haben, fürchtete sie doch nichts mehr, als dass aus ihrem Sohn ein brotloser Künstler werden könnte.

NEUER ANFANG IN ZÜRICH

Steivan Liun Könz war nur etwas über sechzehn Jahre alt, als er nach Zürich kam. Seine erste Zeit in der grossen Stadt war entsprechend schwierig.[16] Zu seinem Glück war sein Bruder Andri auch nach Zürich gezogen, um an der Universität Psychologie zu studieren. Die beiden Engadiner wohnten zuerst in Studentenheimen und bezogen dann an der Winkelriedstrasse in Zürich Oberstrass eine kleine Zweizimmerwohnung. Im Zimmer des jüngeren Könz nahm bald das Chaos überhand und drohte, auch den Rest der Wohnung zu überschwemmen. Um trotzdem arbeiten zu können, trennte Steivan Liun Könz mit einem Vorhangstoff einen winzigen Bereich beim Fenster ab, innerhalb dessen nur Tisch und Stuhl und Arbeitsutensilien zugelassen waren.

Vor der Haustür in Zürich 1959
(Foto von Steivan Liun Könz)

An der Kunstgewerbeschule besuchte Könz den Vorkurs. Ziel war, wie sein Vater auf der Anmeldung vermerkte, eine Ausbildung zum Maler, Innenarchitekten oder Grafiker. Die Kunstgewerbeschule Zürich führte zur damaligen Zeit Klassen für Grafik, Innenausbau, Fotografie, Gold- und Silberschmiede und Textilkunst und war für viele junge Menschen, die eigentlich einen rein künstlerischen Beruf anstrebten, eine Art Zwischenstation. Direktor war der Bauhaus-Architekt Hans Fischli, der für unbürokratischen, werkstattmässigen Unterricht bürgte. Die Schülerinnen und Schüler wurden im Vorkurs beobachtet und nicht nur mit Noten, sondern auch mit Kommentaren beurteilt. Diese Methode kam Steivan Liun Könz zugute. Er bestand zwar die Probezeit im Vorkurs nicht, weil ihm offenbar exaktes, sauberes Arbeiten schwerfiel. Auch war den Lehrern aufgefallen, dass ihr

Schindeldächer

Buchbinder-Werkzeuge
(Fotos von Steivan Liun Könz)

Quietezza davo l'orcan! L'eivna passada esa stat diplom, eu n'ha lavurà sco ün nar, mincha di da las 6 la bunura cun üna tschiculatta ed üna Coca Cola da giantar fin la not a las 11 e venderdi fin la daman a las 4. I ha valü la paina perche ch'eu n'ha fat il meglder examen da la classa cun tuot ch'eu nun ha la meglדra lavur da semester! Nota totala da fotografia 1,5.[3]

Ruhe nach dem Sturm! Letzte Woche waren Diplomprüfungen, ich habe gearbeitet wie ein Verrückter, jeden Tag ab sechs Uhr früh mit einer Schokolade und einer Cola zum Essen bis nachts um elf, und Freitag bis morgens um vier. Es hat sich gelohnt, denn ich habe das beste Examen der Klasse abgelegt, obwohl ich nicht die beste Semesterarbeit habe! Gesamtnote in Fotografie 1,5.

gen Bündner einige bemerkenswerte Aufnahmen, zum Beispiel ein Bild von Schindeldächern, das seinen Blick für Muster und Flächenstrukturen verrät. 1960 sah Könz auf der Exkursion in die Auvergne zum ersten Mal das Palais Idéal des Facteurs Ferdinand Cheval in Hauterives. Er war tief beeindruckt von dem Kosmos aus Formen und Figuren, den der Briefträger geschaffen hatte, und beschäftigte sich auch später weiter mit dem Kunstwerk, das in seiner Detailversessenheit Ähnlichkeiten mit späteren Werken von Könz aufweist.

1961 erhielt die Fotoklasse den Auftrag, einen Beruf in einer Fotografie festzuhalten. Steivan Liun Könz, der in späteren Jahren viel Sinn für Werkzeug und Materialien entwickelte, stellte in wochenlanger, sorgfältiger Arbeit die Utensilien zusammen, die für den Buchdruck vonnöten sind, und machte eine schöne Sachaufnahme in Finsler'scher Manier.

Für einige Turbulenzen sorgte Könz' Abschlussarbeit. Walter Binder hatte den Auftrag erteilt, ein Alphabet für ein Kinderbuch zu entwerfen. Der lange, dünne, stets hungrige Engadiner entschied sich, Esswaren als Aufhänger für die einzelnen Buchstaben zu verwenden, zum Beispiel fotografierte er eine Ananas für «A». Die ganze Fotoklasse hatte zu leiden, als Könz beim Buchstaben «F» angelangt war. Sein Modell war ein toter Fisch.

Die Aufnahmen mit diesem Fisch liefen nicht wunschgemäss ab und dauerten eine ganze Woche. Für die Kolleginnen und Kollegen bedeutete das, dass sie in einer Umgebung arbeiten mussten, die von Tag zu Tag mehr nach Verwesung stank – was den Verursacher mehr zu amüsieren als in Verlegenheit zu bringen schien. Die nächste Aufregung kam einige Zeit später beim Buchstaben «U». Steivan Liun Könz war ratlos, denn er konnte kein Lebensmittel finden, das mit «U» begann. Die ganze Fotoklasse wälzte Lexika und Illustrierte, war aber genauso erfolglos. Schliesslich entschied sich Könz für einen Kunstgriff: aufgeschnittene Wurst, im Dialekt «Uufschnitt», war die Lösung! Diesmal war es nicht die Verderblichkeit des Objekts, die der Umgebung zu schaffen machte, sondern der Jähzorn des Fotografen. Eines Morgens neckte ein Kollege Könz in einem Moment, als dieser grade mit der Tücke des Objekts kämpfte. Das machte ihn so wütend, dass er die Glasplatte mit dem Aufschnitt nahm und quer durchs Atelier schleuderte. Am vereinbarten Termin lieferte aber auch Steivan Liun Könz sein Foto-Alphabet vollständig ab – das Problem mit dem Buchstaben «X» hatte er ebenfalls mit typisch unbesorgter Originalität gelöst, wie das Bild nebenan zeigt.

«X» aus dem essbaren Alphabet
(Foto von Steivan Liun Könz)

ZWISCHENSTATION FOTOGRAFIE

Nach Abschluss seiner Ausbildung suchte Steivan Liun Könz eine Anstellung als Fotograf.[17] Ein schwieriges Unterfangen, wie sich herausstellte: Er schaffte es zwar bei einigen Arbeitgebern bis zur Probezeit, erhielt aber nach deren Ablauf jeweils die Kündigung, bis er im Frühjahr 1963 bei Josef Müller-Brockmann eine Stelle fand. Der Grafikdesigner und Typograf brauchte für Aufträge der Landesausstellung Expo 64 zusätzliches Personal und rekrutierte dieses aus Studienabgängern der Kunstgewerbeschule Zürich, an der er bis 1960 die Grafikklasse unterrichtet hatte. So kam es, dass sich Könz mit einigen seiner ehemaligen Kollegen bei Müller-Brockmann wiederfand. Doch nur für kurze Zeit: Eduard Widmer, Fredi Murer, Christian Kurz und Robert Müller wurden dem Expo-Team zugeteilt, Steivan Liun Könz hingegen erhielt den Auftrag, für den Geschirrproduzenten Rosenthal Sachaufnahmen für Werbeprospekte herzustellen.

Es ist eine knifflige, zeitraubende Sache, Porzellan gut zu fotografieren. Könz begann, an der erforderlichen minutiösen Vorgehensweise Freude zu finden und griff zu diversen kleinen Tricks, um Lichteinfall und Schatten so zu lenken, dass Beschaffenheit und Konturen des Porzellans ohne Spiegeleffekte oder nur mit den gewünschten kleinen Spiegelungen optimal zur Geltung kamen. Könz betonte im Nachhinein mehrfach, Josef Müller-Brockmann sei mit seinem kompromisslosen Beharren auf Genauigkeit sein grösster Lehrer gewesen. Trotzdem scheint er sich nicht allzu sehr gegrämt zu haben, als er im April 1964 die Kündigung erhielt:

Meis ultim temp pro Mü-Br. El m'ha sdit giò la plazza perche ch'eu nu m'ha cumportà cun Berger quel öv in pel. Eu füss stat gugent amo duos mais per esser stat là almain ün on e mez, ma eu sun eir uschea cuntaint perche cha quista stà chi vain n'haja 3 bellas lavuors da restoraziun ad Ardez, Lavin ed a Stampa. (...) Tanteraint seguond il temp fetscha fotos per bap e per Constant per ch'els possan far alch publicaziuns. Davo giaraja cun bap ün mais in Italia e lura fetscha meis viadi sün las Azoras e rest fin ch'eu n'ha raps.[18]

Meine letzte Zeit bei Müller-Brockmann. Er hat mir die Stelle gekündigt, weil ich mich mit Berger, dieser Mimose, nicht vertragen habe. Ich wäre gern noch zwei Monate geblieben, um wenigstens eineinhalb Jahre angestellt gewesen zu sein, aber ich bin auch so zufrieden, weil ich im kommenden Sommer drei schöne Restaurationsaufträge in Ardez, Lavin und Stampa habe. (...) Inzwischen mache ich je nach Zeit Fotos für Publikationen von Vater und Constant. Danach fahre ich mit Vater nach Italien, und dann mache ich meine Reise auf die Azoren und bleibe dort, bis mir das Geld ausgeht.

Nach seiner Rückkehr von den Azoren versuchte Steivan Liun Könz, sich als freischaffender Fotograf durchzuschlagen. Selina Chönz hatte ihm auf ihre Kosten in Adliswil bei Zürich ein kleines Atelier eingerichtet, was einerseits hilfreich, andererseits aber auch problematisch war, da die Erwartungen der Mutter nun wieder verstärkt auf Könz lasteten. Nach einer längeren Reise nach Afrika in den Anfangsmonaten des Jahres 1965 brach die Krise mit aller Wucht aus: Der junge Fotograf zweifelte an seinen Fähigkeiten, ein Atelier zu führen, und befürchtete, dass es lange dauern könnte, bis er das Notwendige dazugelernt hatte.[19] In einem kurzen Lebensrückblick, verfasst auf der grossen Indienreise 1974, erinnert sich Könz an seine damalige Lage:

Dal 1965 in schner d'eira parti sün meis viadi in Africa e tuornà in mai dal listess on. Tuornà in ün pover muond da fotograf, in ün muond uschè ideal selinic. Rivà in üna da mias prümas budas s-chüras ed ümidas a la Zürichstrasse 100 ad Adliswil. Drizzà aint d'eira là da mamma Selina uschè sco üna praschun da prüma classa. Let, sopcha, maisa, s-chaffa, l'ura cul versin dals perdavants chi mai nun han pers lur temp. N'ha lura cumanzà a fotografar per Lorch etc. (...)

Eu am giavüsch da pudair gravar bain ed avair success eir finanzial, perche fond alch oter sco gravar, disegnar e pitturar perda dal sgür meis temp!!!![4]

Ich wünsche mir, gut gravieren zu können und auch finanziellen Erfolg zu haben, denn wenn ich etwas anderes als Gravieren, Malen und Zeichnen mache, verliere ich garantiert meine Zeit!!!!

L'idea da far il pittur nun as das-chaiva gnanca as palantar uschigliö vezzaiva sco ün dragun chinais cun ögls da verdarom mia mamma a gnir sü davo l'orizont ed a stendscher e chastrar il muond inter. Sun lura i sco fotograf pro la cità da Turich a l'institut istoric d'architectura pro'l Dr. Guyer e Ruf e Steinemann. Ün lö propcha na hectic uschè dret impiegà statal! Cul temp lavur eu là be il mez di e fetsch las prümas gravüras pro Stamm e pro Cesare a Höngg. (…)

Gouaches las prümas a Vitznau. Fetsch lura üna bella seria cun l'arcugnuschentscha da Constant, muoss a bap chi es eir positiv ed a barba Jon Semadeni chi am cussaglia da lavurar uschè inavant.[20]

Im Januar 1965 brach ich auf meine Reise nach Afrika auf und kam im Mai desselben Jahres zurück. Ich kehrte zurück in eine armselige Fotografen-Welt, in eine Welt, so selinisch ideal. Ich kam in einer meiner ersten dunklen, feuchten Buden an, an der Zürichstrasse 100 in Adliswil. Eingerichtet war sie von Mama Selina wie ein Gefängnis erster Klasse. Bett, Sofa, Tisch, Schrank, die Uhr mit dem Spruch über die Vorfahren, die nie ihre Zeit vergeudeten. Ich begann dann für Lorch etc. zu fotografieren. (…)

Die Idee, Maler zu werden, durfte nicht einmal herumgeistern, andernfalls sah ich meine Mutter wie einen chinesischen Drachen mit kupfergrünen Augen am Horizont erscheinen und die ganze Welt ersticken und kastrieren. Ich ging also als Fotograf zur Stadt Zürich, ans Baugeschichtliche Institut bei Dr. Guyer, Ruf und Steinemann. Ein wirklich nicht hektischer Ort, so richtig Staatsangestellter! Mit der Zeit arbeitete ich dort nur noch halbtags und machte meine ersten Radierungen bei Stamm und bei Cesare [Ferronato, ks] in Höngg. (…)

Die ersten Gouachen in Vitznau. Dann machte ich eine schöne Serie mit Constants Anerkennung, ich zeigte sie Vater, der auch positiv reagierte, und Onkel Jon Semadeni, der mir riet, so weiterzuarbeiten.

Der Zuspruch der drei Männer bestärkte Könz. Bereits auf der Türkeireise 1966 mit Eduard Widmer war er ohne Fotoapparat, dafür mit Bleistift und Skizzenblock unterwegs. Welche inneren und äusseren Dramen sich abspielten, bevor Steivan Liun Könz die letzte Konsequenz aus seinen Überzeugungen zog, ist nicht dokumentiert. 1968 jedenfalls verkaufte er sein Fotografie-Atelier in Adliswil und bekannte sich offiziell zu seinem Beruf: Maler und Sgraffitokünstler.

Haupttext

1 Eintrag 13.5.1981 in: Skizzenbuch Nr. 86.
2 Informationen über Anton Meyer und Maria Luisa Meyer-Ronzi: Interviews Maria Chatrina Eberhard-Meyer, 16.9.2008; Constant Könz, 19.9.2008.
3 Informationen zu den Familien Könz und Vital: Interviews Andri Könz, 4.9.2006; Peider und Giovannina Könz-Mengiardi, 30.7.2007; Constant Könz, 19.9.2008; weitere Informationen und Zitate aus Tagebuch Nr. 4.
4 Eintrag um 1981 in: Tagebuch Nr. 4.
5 Eintrag 23.6.1982 in: Tagebuch Nr. 5.
6 Vgl. Paul Eugen Grimm: Guarda, In: Historisches Lexikon der Schweiz, Band 5, Basel 2006; Not Caviezel: Guarda, Schweizerische Kunstführer Serie 38, Nr. 372/373, Bern 1985; I. U. Könz: Guarda. Schweizerische Heimatbücher 179. Bern 1976.
7 Informationen zu Guarda in den Vierziger- und Fünfzigerjahren: Interviews Andri Könz, 4. und 19.9.2006; Constant Könz, 19.9.2008.
8 Vgl. Arnold Büchli: Mythologische Landeskunde von Graubünden. Ein Bergvolk erzählt. Band 3: Die Täler am Hinterrhein, Albulatal, Oberhalbstein, Münstertal, Engadin, Italienisch Bünden. Disentis 1990.
9 Vgl. Ursula Brunold-Bigler/Kuno Widmer: Die drei Hunde. Rätoromanische Märchen aus dem Engadin – Oberhalbstein – Schams. Chur 2004; Maria Ritz, Annina Vital: Die Geschichten von Janaiverin. Chur 1999.
10 Vgl. im Folgenden Interviews Andri Könz, 4. und 19.9.2006; Andrea Könz, 6.9.2006; Peider und Giovannina Könz-Mengiardi, 30.7.2007; Maria Chatrina Eberhard-Meyer, 16.9.2008; Constant Könz, 19.9.2008; Agnese Caviezel-von Hoven, 3.10.2008; Jon und Ilda Ritz, 14.11.2008.
11 Eintrag 15.2.1986 in: Tagebuch Nr. 6.
12 Eintrag 27.1.1997 in: Tagebuch Nr. 7.
13 Eintrag 27.1.1997 ebenda.
14 Informationen zur Zeit in Scuol: Interviews Andri Könz, 4.9.2006; Andrea Könz, 6.9.2006; Constant Könz, 27.7.2007; Men Steiner, 15.9.2008; Jürg Steiner, 18.9.2008; Giacomin Ghilotti, 22.9.2008.
15 Vgl. Tagebuch Nr. 1.
16 Vgl. im Folgenden Interviews Andri Könz, 4.9.2006; Eduard Widmer, 22.8.2006; Walter Binder, 10.7.2008; Stefanie Knapp-Länzlinger, 3.10.2008; Fredi Murer, 13.10.2008; Unterlagen des Schülers Steivan Liun Könz aus dem Archiv der Zürcher Hochschule der Künste, freundlich zur Verfügung gestellt von Walter Binder.
17 Vgl. im Folgenden Interviews Andrea Könz, 6.9.2006; Eduard Widmer, 12.9.2006.
18 Eintrag 16.4.1964 in: Tagebuch Nr. 2.
19 Vgl. Einträge im Skizzenbuch Nr. 21.
20 Eintrag Frühjahr 1974 in: Tagebuch Nr. 3.

Marginalien

1 Eintrag 23.6.1982 in: Tagebuch Nr. 5.
2 Eintrag um 1981 in: Tagebuch Nr. 4.
3 Eintrag 18.3.1961 in: Tagebuch Nr. 2.
4 Eintrag 15.11.1967 ebenda.

BARCHAS – SCHIFFE

Aus der Serie Schiff-Gouachen, um 1969

Das Schiff
der Lüge
des Geizes
der Gier
des Teufels
des Hasses
des Hexensabbats
des Sadismus
der Verleumdung
der Schlange
auf dem sie Brot essen
des Teufelsbildes
der bösen Zunge
des Salamanders
des Masochismus
des Mordes
der schwarzen Maske
des Feuers
der roten Maske
der künstlichen oder perversen Orgie
des Todes
des Bilds des Weisen
der Erde (Galeere)
der Geburt
des Wassers
des Wassermannes
der Sirenen
der Märtyrer
der gelben Maske
der Luft
der weissen Maske
der echten Orgie
des Glücks
des Falken
der Musik
des Engelsbildes
des Weines
der Tauben
des Königs und der Königin
des Steinmannes
der goldenen Maske
der steinernen Maske
der Holzmaske
des Geistes
der Wahrheit
des Glaubens
des Engels
der Schönheit
der Dankbarkeit
der Liebe[1]

OH DU SCHÖNES SCHIFF

Auf dem Lajet, dem kleinen Waldsee oberhalb von Guarda, schwimmt stumm und herrenlos ein Schiff, oder besser ein Holzfloss. Es ist schon alt und etwas morsch, würde aber immer noch jeden tragen, der lieber übersetzen als um den Teich herum wandern möchte. Vor vielen Jahren hat Könz dieses Floss für sich und seine Kinder gebaut – die Lichtung mit dem Seelein war einer seiner Lieblingsplätze.

Steivan Liun Könz hat sich ein Leben lang intensiv mit Schiffen auseinandergesetzt. Seine erste und seine letzte Ausstellung zeigten Schiffsbilder[1]; es gibt kaum ein Skizzenbuch, das nicht zahlreiche Entwürfe zum Schiffsmotiv enthält, und im Atelier liegen noch heute rund 260 Gouachen, Zeichnungen, Collagen und Radierungen – von den zu Lebzeiten verkauften Schiffsbildern ganz zu schweigen.

In einem grossen Album hat Könz zudem eine Sammlung mit Fotos und Bildreproduktionen von Schiffen jeglicher Art und jeden Alters angelegt: Galeeren und Dampfschiffe, Segelschiffe und Ruderboote, Frachtschiffe, Luxusdampfer und Kriegsschiffe mit Landebahn für Flugzeuge schwimmen auf Meeren und Seen oder liegen im Hafen. Es gibt Schiffe, die gebaut, und Schiffe, die über Land transportiert werden, viele Schiffe schwimmen, andere brennen oder gehen unter. Weitere Bilder zeigen Schiffsschrauben, Kompassrosen und andere Navigationsinstrumente, Querschnitte durch riesige Passagierschiffe oder Salons in Luxusdampfern. Überblicke über den Schiffsverkehr, etwa in Venedig, wechseln sich ab mit Einblicken in die Unterwasserwelt mit Walen, bunten Fischen und einer ertrunkenen Frau.[2]

In einem Fernseh-Porträt, das Gilbert Bovay 1985 für die Télévision Suisse Romande drehte, hebt Könz die zentrale Bedeutung des Schiffsmotivs für sein Denken und Arbeiten hervor. Totalität, Bewegung und Symbolhaftigkeit sind drei Aspekte, die ihm dabei besonders wichtig sind:

Das Schiff ist ein kleines Universum. Auf einem Schiff hat man alles, was man zum Leben braucht. Es ist in Bewegung. Man fährt, man weiss nicht, wohin. Wichtig ist, dass es jeden Tag ein Stück vorwärtsgeht, dass man den Eindruck hat, es gehe immer weiter, es geschehe immer etwas und man sei auf einem etwas individuellen Weg. Das Schiff als Symbol ist für mich eine sehr wichtige Sache.[3]

In Skizzenbüchern und Werk zeigt sich immer wieder Könz' Bestreben, auf einer Hausfassade oder einem Bild gleichsam die ganze Welt einzufangen. Seine Mittel, dieses Ziel zu erreichen, sind die Allegorie (Figuren, die alle

Aus der Serie Schiff-Radierungen, um 1970

Kontinente, alle Jahreszeiten, alle Lebensalter etc. symbolisieren) und die Aufzählung (Bilder zu einem Hauptmotiv, denen ein Gewimmel von Figuren und Details beigefügt ist). Das Schiff war ein Motiv, das dem Künstler für beide Verfahren reiche Möglichkeiten bot. Manchmal kombinierte Könz Allegorie und Aufzählung, so beim Entwurf zu einem Brettspiel aus dem Jahr 1965, das aus 49 Feldern mit je einer Schiffs-Radierung bestehen sollte. Das Spiel selbst blieb wohl Plan, aber es existiert eine Themenliste für die Radierungen, die eine Ahnung von Könz' Fantasie weckt. Da schwimmen neben den Schiffen der Lüge, der Dankbarkeit, der Schlange, der Musik auch Boote der Märtyrer, des Weins, der Luft und des Sadismus, und schliesslich auch noch ein Schiff, «auf dem sie Brot essen».

Könz fühlte sich ein Leben lang zu Extremen hingezogen, und fast immer existierte neben dem Hang zum einen Extrem auch die Tendenz zum anderen. Ähnlich intensiv wie der Wunsch, alles in einem zu umfassen, war daher auch sein Bestreben, Unnötiges wegzulassen, nur die Essenz darzustellen. In seiner Malerei ist diese Verdichtung etwa bei den Gouachen zu beobachten, die Schiffe auf wenige Farben und Umrisse reduzieren. Gouachen und Radierungen stammen aus derselben Periode von Könz' Schaffen. Stunden-, ja tagelanges Ritzen kleinster Linien in Metallplatten wechselte sich ab mit raschem, grosszügigem Hinwerfen von Farbe auf Papier.

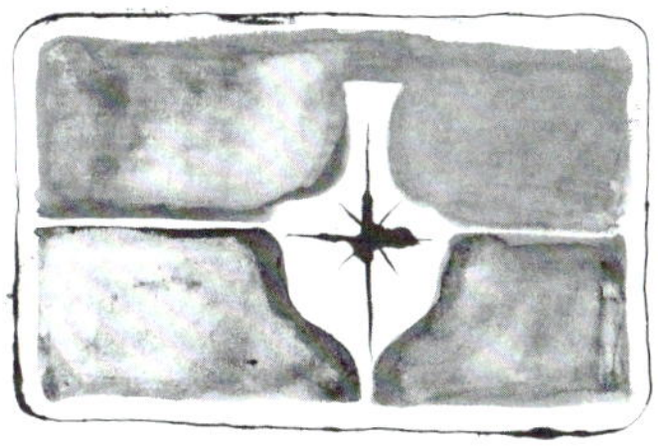

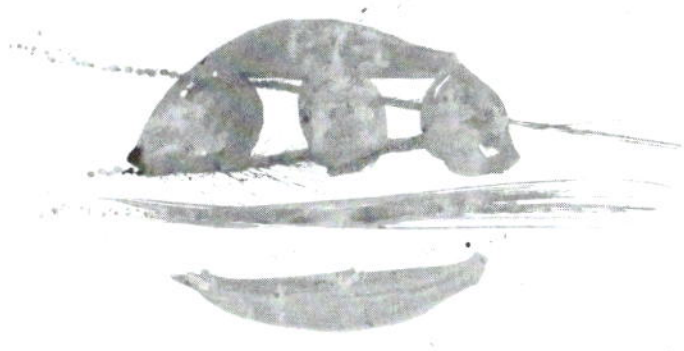

Zwei Gouachen, um 1969

Eine Möglichkeit, auf der Bedeutungsebene Verdichtung zu erreichen, ist die symbolische Verwendung von Motiven. Könz wandte dieses Mittel nicht nur im bildnerischen Schaffen, sondern auch beim Verfassen von

«Schiffsinnereien», Aquatinta, 1976

Radierung, 1975

Texten an, die einen ernsthaften literarischen Anspruch verraten und teilweise mehrfach überarbeitet worden sind. Zum Thema Schiffe schrieb Könz in den späten Sechziger- und frühen Siebzigerjahren zudem viele Gedichte. Oft verwendet er das Schiff als Du, das angesprochen werden kann, manchmal wird das Schiff zur Metapher für die menschliche Existenz. Hin und wieder malt Könz mit Worten ein Bild und drückt gleichzeitig aufs Knappste eine momentane Befindlichkeit aus.

Semistra 22.20 24.3.1971
Las barchas sun rivadas
ed il sulai es i giò
sur il mar quiet
svoulan las cicognas
blau s'allontanescha
il tschêl ed il mar
cula tras mai![4]

Semistra, 22.20 Uhr, 24.3.1971
Die Schiffe sind angekommen
und die Sonne ist untergegangen
über dem ruhigen Meer
fliegen die Störche
blau entfernt sich
der Himmel und das Meer
strömt durch mich hindurch!

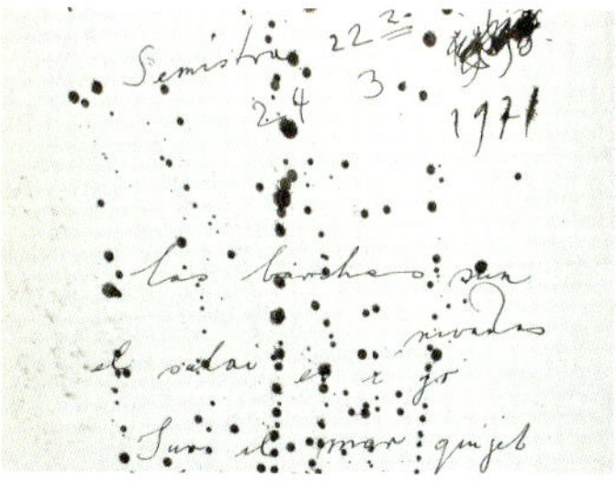

«Semistra», Notiz, Türkei 1971

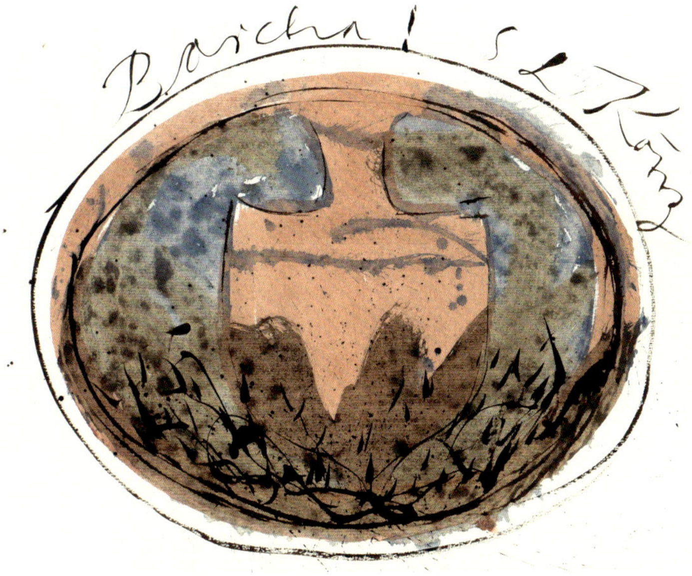

«Titanic», Mischtechnik, 1971

«Barcha!», Gouache, um 1969

Gouache, 1969

Tü barcha grischa da las ormas naufragiadas
tü barcha naira da las ormas disparadas
leva't sco'l sulai
avertischa'm cha tuot passa
e fa glüm in mai.[5]

Du graues Schiff der schiffbrüchigen Seelen
du schwarzes Schiff der verzweifelten Seelen
erhebe dich wie die Sonne
ermahne mich, dass alles vorbeigeht,
und mach Licht in mir.

Das Schiff als Motiv kann in Könz' Schaffen die ganze Welt repräsentieren. Als eines der ältesten Fortbewegungsmittel steht das Schiff aber auch für die Bewegung und ist Symbol für die Reise des menschlichen Lebens, auf schwankendem Grund zwischen Anfang und Ende, Himmel und Erde. Unterwegssein als Lebensgefühl war für Steivan Liun Könz zentral, dieses Lebensgefühl drückte sich in immer neuen Aufbrüchen zu immer neuen Zielen aus.

O barcha! dingionder vainst o ingio vast?
Eu riv dal chod e vegn al fraid, eu noud aint in l'ajer tanter il sulai ed il mar, utschels sun meis mariners ed ils anguels passagers.
La barcha parta e riva in etern, bod in vela, bod a rembels, ed il naufragi es dastrusch.[2]

O Schiff! Woher kommst oder wohin gehst du?
Ich komme aus der Wärme und gehe in die Kälte. Ich schwimme in der Luft zwischen Sonne und Meer, Vögel sind meine Matrosen und die Engel Passagiere.
Ewig bricht das Schiff auf und kommt an, bald mit Segeln, bald mit Rudern, und der Schiffbruch ist nah.

REISEN, DAS BEKANNTE VERLASSEN

März 1965: Steivan Liun Könz steht vor der Hütte eines angesehenen Alten der Massai im Süden Kenias. Er bittet um die Erlaubnis, einige Zeit beim Clan des alten Kriegers verbringen zu dürfen. Dieser mustert ihn schweigend und fasst hinter sich in einen Korb mit lebenden Leguanen. Er nimmt das grösste Tier, beisst ihm den Kopf ab und isst den Rest, ohne den Blick von Könz zu wenden. Der junge Europäer versteht sofort. Er bückt sich und greift seinerseits in den Korb. Ohne zu zögern, beisst auch er den Nacken des Leguans durch, das Tier zappelt, es knackt, Könz spuckt den Kopf auf die Erde und verspeist, den Blick fest auf den Massai gerichtet, Leib, Beine und Schwanz. Nach bestandener Prüfung verbringt er zusammen mit seinem jungen Führer Mandu, der kurz darauf bei der Elefantenjagd ums Leben kommen wird, faszinierende Tage bei den Massai.[6]

Tuschskizze, Indien 1974

Mai 1974: Könz sitzt in der indischen Pilgerstadt Puri am Strassenrand und bestaunt die Massen von Kühen und Stieren, die an ihm vorüberziehen. In wenigen Tagen findet das grosse Wagenfest Ratha Yatra statt; etwa 3000 Menschen werden, begleitet von enthusiastischer Musik, Tanz und Gebeten der Menge, drei riesige Tempelwagen mit den Statuen des Gottes Jagannath und seiner Geschwister durch die Stadt ziehen. Noch aber herrscht Alltag in Puris Strassen. Steivan Liun Könz ist dabei, eins der Tiere zu skizzieren. Nach kurzer Zeit beginnt sein Modell zu husten. Einige indische Passanten, die Kühe als heilige Tiere verehren, werden auf den Vorfall aufmerksam und geraten in Wut. Schimpfend stürmen sie auf den Fremden los und reissen ihm den Skizzenblock aus den Händen. Könz gerät in Panik, steht auf und rennt die Strasse hinunter, verfolgt von einer wachsenden Meute aufgebrachter Einheimischer. Der Abstand zu seinen Verfolgern wird immer kleiner, doch im letzten Moment hat Könz Glück: Ein Teehändler zieht ihn in seinen Laden, verschliesst die Tür und lässt den Fremden durch einen Hintereingang, der auf eine andere Strasse führt, wieder ins Freie. Steivan Liun Könz verlässt Puri, ohne das Ratha-Yatra-Fest gesehen zu haben.[7]

Sommer 1985: Steivan Liun Könz ist seit einigen Wochen als Rucksacktourist in Südfrankreich unterwegs. Am Hafen von St.Tropez malt er Schiffe und Passanten, doch sein Geld geht langsam zur Neige. Eines Tages wird der Strassenmaler von einer reichen Pariser Familie angesprochen, die mit einem grossen Fisch vom Markt unterwegs ist. Könz nutzt die Gelegenheit, gibt sich als schwedischer Koch aus und bietet an, den Fisch nach einem alten Rezept zuzubereiten. Der Fisch schmeckt so gut, dass die Pariser Könz' Kochkünste immer wieder in Anspruch nehmen. Könz hat einen Ferienjob gefunden, fühlt sich aber von seinen Arbeitgebern zunehmend schlecht behandelt. Eines Tages bietet er an, für eine grosse Party zu kochen, stellt Menu und Budget für den Abend zusammen. Mit den rund 1000 Franken, die er für den Einkauf erhalten hat, begibt er sich zum Bahnhof, kauft eine Fahrkarte, holt seinen Rucksack, den er schon tags zuvor in einem Schliessfach deponiert hat, und reist glücklich und zufrieden zurück nach Guarda.[8]

Wahr oder gut erfunden? Diese Frage stellte sich allen, die Steivan Liun Könz' spannenden, überraschungsreichen Erzählungen lauschten. Fragte man Könz direkt nach dem Wahrheitsgehalt seiner Geschichten, lachte er nur. Dem Journalisten Ueli Zindel gegenüber erklärte er: «Ich schätze es, wenn alle zuhören. Ob etwas erfunden ist oder nicht, ist doch unwichtig. Ich behaupte Sachen, weil es mir gefällt.»[9] Einen wahren Kern, ein zündendes Moment gab es wohl immer in den Geschichten, und viele fantastische Anekdoten sind unterwegs «erlebt» und gesammelt worden. – Abenteuer- und Fabulierlust: War es das, was Steivan Liun Könz immer wieder in die Welt hinaus trieb?

Das Reisen gehörte seit frühester Kindheit zu Steivan Liun Könz' Leben. Beide Eltern hatten Wurzeln im Ausland und unternahmen mit ihrem Sohn Reisen in ihre jeweiligen Herkunftsländer. So reiste Steivan als kleiner Junge nach München und Hof und besuchte zusammen mit seiner Mutter oder seiner deutschen Tante Verwandte, sah Museen und Opernaufführungen. Oft fuhr die ganze Familie Könz nach Oberitalien. Ziel war jeweils das väterliche Landgut in Sassuolo. Von dort aus unternahm die Familie Ausflüge nach Arezzo und in andere oberitalienische Städte.

Im Erwachsenenalter erweiterte Steivan Liun Könz seinen Radius. Nach Abschluss der Kunstgewerbeschule machte er seine erste grosse Reise alleine und fuhr per Autostopp nach Süditalien und Sizilien. Es folgte ein Aufenthalt auf den Azoren. Im Frühjahr 1965 unternahm Könz eine ausgedehnte Reise nach Afrika, die ihn nach Kenia, in den Sudan und nach Ägypten führte. 1966 und 1971 begleitete Könz seinen Freund Eduard Widmer, der für die Zeitschrift DU Baukunst fotografierte, in die Türkei. 1974 war Könz ein ganzes Jahr auf Reisen: Er fuhr durch den Balkan, die Türkei, Armenien und Pakistan nach Indien, verbrachte dort sechs Monate und fuhr durch Pakistan, Armenien und Italien wieder zurück in die Schweiz.

Es verging kein Jahr, in dem Steivan Könz nicht ins nähere oder entfernte Ausland reiste. Norditalien, Südfrankreich, Sizilien, Ägypten, die Türkei und Indien waren seine Lieblingsdestinationen, die er wiederholt oder sogar regelmässig aufsuchte. Süden und Osten, die von den Eltern vorgegebenen Himmelsrichtungen, blieben also Hauptorientierung. Er reiste nach Rumänien und Griechenland, Tunesien und Äthiopien, nach München, Innsbruck, Wien und Prag, machte aber auch Abstecher nach Norden und Westen: Antwerpen, Brügge, London, Schottland besuchte er ebenso wie 1991 New York.

Könz reiste allein, mit seinem Vater, seinem Bruder Iachen, mit seinen beiden Ehefrauen, den Kindern, aber auch mit Bekannten und Künstlerfreunden wie Eduard Widmer, Cesare Ferronato oder Michael Bühler. Manchmal, vor allem als junger Mann, reiste er ohne grössere Vorbereitungen ab und liess sich vom Moment treiben. Später las er vor grossen Reisen Bücher, vor allem über Architektur und Kunst, überlegte sich Aufenthaltsorte und Routen. Immer aber ging er seiner eigenen Wege, machte unterwegs Bekanntschaften und nutzte bereits vorhandene Kontakte, um auf Reisen privat unterzukommen. Er hatte keine Berührungsängste mit der einheimischen Bevölkerung und versuchte, den Alltag in den fremden Ländern ebenso kennenzulernen wie die kulturellen Sehenswürdigkeiten. Steivan Liun Könz empfand die Neugier als seine zentrale Lebensenergie.

Ein weiteres wichtiges Motiv zum Reisen erwähnt Könz im Gespräch mit Gilbert Bovay.

Reisen ist für jemanden, der beobachten und das Gesehene reflektieren und zeichnen will, die beste Methode. Denn wenn man schaut, so sieht man einmal das, was man weiss, und das andere Mal das, was man sieht. Zu Hause besteht die Gefahr, dass man nur das sieht, was man weiss. Wenn man aber reist, in eine ganz andersartige Gegend, eine andere Stadt geht, und die Sprache, zum Beispiel Arabisch, nicht versteht, muss man sehr, sehr gut beobachten. Wenn ich etwa in Ägypten in einem Café sitze, ist es so, als ob ich im Theater wäre. Ich sehe die Leute gestikulieren, ich bleibe stundenlang, zum Beispiel auch in einem Café in Indien: 24 Stunden oder 18 Stunden (...), vom Morgen bis zum Abend.[10]

Einen exemplarischen Einblick in Könz' Interessensschwerpunkte auf Reisen geben das Skizzenbuch, das der Künstler auf die sechswöchige Türkei-Reise im Sommer 1966 mitnahm[11], und die Erzählungen von Steivans Freund und Reisebegleiter Eduard Widmer.[12] Im Gegensatz zu Könz identifizierte sich Widmer nach Abschluss der Ausbildung an der Kunstgewerbeschule mit dem erlernten Beruf und war als Fotograf aktiv. Er war bereits mehrmals in der Türkei gewesen und hatte diesmal vor, in Ani und Umgebung armenische Kunst zu fotografieren. Die jungen Männer fuhren mit dem Auto über Zagreb, Thessaloniki, Edirne, Istanbul, Ankara, Samsun und Trabzon in die Osttürkei. Steivan Liun Könz reiste ohne Fotoapparat. Zeichnen, schreiben und malen wurden hinfort seine Mittel zum Kennenlernen und Aufnehmen der Welt. Dass ausgerechnet am Reiseziel Ani Eduard Widmers Fotoapparat nicht mehr funktionierte, bestärkte den angehenden Maler in seiner wachsenden Skepsis gegenüber dem erlernten Metier.

Hotel Klod Farer, Istanbul: Ils «gorillas»: Cur chi's gniva sü da s-chala, schi d'eira sün mincha plan in üna pultruna lomma cun pennas chi chantan ün «tip», ün Türch cun quel schnuzzin da duos meters ed ün rier sdegnuoss. At observaiva sco ch'ün giat observa la mür, bod immovibel, at vezzaiva'l passar cun üna valisch davo tschella e cur chi's svaniva our da seis chomp da controlla, schi at guardaiva l'oter, quel dal plan sura, e quai tras quatter plans. Sentimaints da noscha conscienza, bod sco ün lader latent as sentiva. Aint in chombra, serrar quella porta falombra cun üna clav chi serra plü per cas sco oter. Il prüm ün' ögliada our da fanestra giò sün la Hagia Sophia e'l Hypodrom, lura süls scarafags suot il s-chodamaint e las furmias in bogn. Edi ed eu vain lura fat la gronda chatscha als scarafags e vain fat lavar la stanza.[3]

Hotel Klod Farer, Istanbul: Die «Gorillas»: Wenn man die Treppe heraufkam, war auf jeder Etage auf einem weichen Sessel mit singenden Federn ein Typ, ein Türke mit jenem Schnauz von zwei Metern und einem verächtlichen Lachen. Er beobachtete dich, wie eine Katze die Maus beobachtet, fast unbeweglich sah er dich vorbeigehen mit einem Koffer nach dem anderen, und wenn du aus seinem Kontrollbereich verschwandest, schaute dich der andere an, der von der oberen Etage, und das auf vier Etagen. Man fühlte ein schlechtes Gewissen, fast wie ein heimlicher Dieb. Im Zimmer schloss man die baufällige Tür mit einem Schlüssel, der mehr zufällig schloss. Zuerst ein Blick aus dem Fenster, hinab zur Hagia Sophia und zum Hypodrom, dann auf die Käfer unter der Heizung und die Ameisen im Bad. Edi und ich machten dann grosse Jagd auf die Käfer und liessen das Zimmer putzen.

Könz profitierte so von Widmers Kenntnissen von Land und Kultur, wie er später andere an seiner Reiseerfahrung und seinem Wissen über fremde Länder teilhaben liess. Er besuchte auf der Hinreise Restaurants, die sein Freund kannte, und genoss gemeinsam mit ihm das gute Essen, in Istanbul liess er sich Monumente zeigen, die Widmer von seinem Buch über osmanische Architektur her kannte. Könz' Vorlieben waren damals schon klar: In Istanbul wurde auf seinen Vorschlag hin ein Hamam besucht, und Widmer musste ihm auf einen Zettel notieren, wie man in der Türkei nach der nächsten Patisserie fragt, damit Könz jederzeit zu seinen Süssigkeiten kommen konnte. Die längste Zeit verbrachten die beiden Männer in Ani und Kars. Auf dem Rückweg besuchten sie auf der Insel Aktamar die armenische «Kirche zum heiligen Kreuz», in Divrigi die Grosse Moschee und in Göreme die berühmten Höhlenkirchen.

Skizzen von Menschen, Gesichtern, sakraler Architektur und seldschukischen, byzantinischen und armenischen Ornamenten sind in Könz' türkischem Reisebuch vorherrschend. Vor allem die Ornamente wurden von ihm minutiös aufgezeichnet und erscheinen später wieder als Sgraffito auf Engadiner und anderen Hausfassaden. Ähnliches gilt für diverse realistische und fantastische Tiere, die die berühmten türkischen Baudenkmäler bevölkern. Könz skizzierte aber auch gerne praktische Objekte, zum Beispiel Wasserpfeifen, Gefässe oder fahrbare Ess- und Trinkläden.

Eduard Widmer berichtet, dass Steivan Liun Könz sich oft nicht damit begnügte, etwas zu bestaunen, sondern genau wissen wollte, wie es funktioniert. So war er fasziniert von Salzseen und erkundigte sich bei einem Mitarbeiter eines Salzbergwerks danach, wann und auf welche Weise die diversen Arbeitsschritte ausgeführt werden mussten. Besonders interessiert zeigte er sich an der Förderung der Käseherstellung durch schweizerische Entwicklungshelfer. Er fragte nach der genauen Vorgehensweise und schrieb das «Rezept» in sein Skizzenbuch. Ebenso grosses Interesse hatte er am Brauch der Kurden, das Kälbchen beim Melken der Kuh an einem Strick in der Nähe der Mutter zu halten, damit diese mehr Milch abgab.

Könz' Skizzen haben meist die Funktion, ähnlich wie eine Fotografie Gesehenes festzuhalten, um es nicht zu vergessen und zu Hause für die Arbeit wieder zur Verfügung zu haben. Oft entzündet sich aber auch der Funke der Inspiration, und der Künstler notiert und skizziert Ideen, die nur indirekt mit seiner gegenwärtigen Umgebung zu tun haben. So gibt es im türkischen Skizzenbuch seitenweise Entwürfe zu einem grossen Adventskalender, andere Reise-Skizzenbücher enthalten Ideen zu ausführlichen Erzählungen oder Skizzen zu Bildern mit absolut fantastischem Charakter.

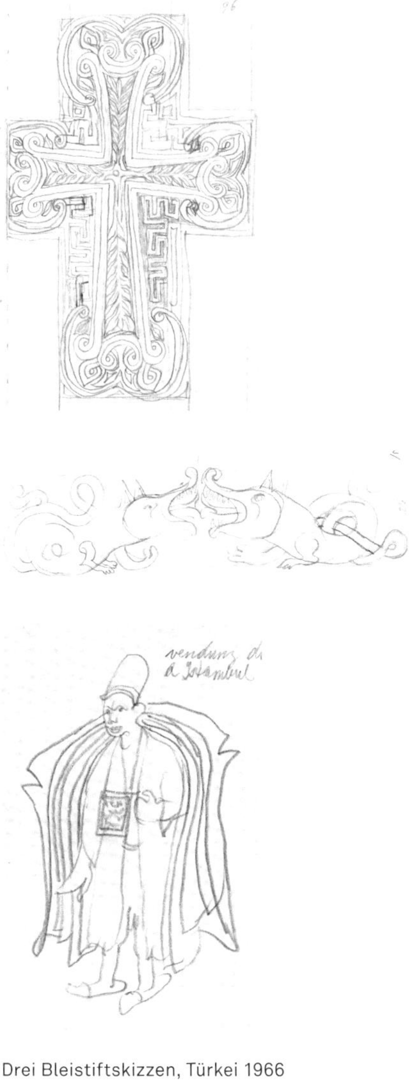

Drei Bleistiftskizzen, Türkei 1966

Kugelschreiberskizze, Türkei 1966

Bleistiftskizze, Türkei 1966

1987 verarbeitete Steivan Liun Könz die Eindrücke seiner zwei grossen Indienreisen zu kurzen Essays, die Menschen und Begebenheiten beschreiben oder allgemeine Betrachtungen anstellen. Er investierte viel Zeit in die Schreibarbeit und redigierte die deutsch geschriebenen Manuskripte immer wieder.

Reisen

Wegreisen, das Bekannte und das Gewohnte verlassen – Das Unbekannte in meiner Seele versteckt sich hinter vielen Finten und Vorurteilen. Solche Gewohnheiten sind ortsgebunden. Wenn ich meinen Ort verlasse, so ist alles, was da drückt, verschwunden, aber auch das Angenehme verloren. Wie ich mein Geld in eine fremde Währung tausche, so sind auch viele meiner Lebenswerte im neuen Lande wertlos. Es entstehen neue Schwierigkeiten, die der Lösung harren.

In meiner Zeit, die ich in Bombay verbracht habe, wurde meine Fantasie überflüssig. Eindruck auf Eindruck, Hieb auf Hieb. Diese Realität lässt keinen Freiraum für individuelle Träume, vielmehr rüttelt sie wach und hält einem den Atem an.

Auf dem Churchgatestation-Platz um die heisse Mittagszeit! Zehntausende von Indern rennen geschäftig durch das Chaos. Motorenlärm und Autohupen, Menschenstimmen, Geruch und Gas, Leben und Tod, kaum ist noch Platz für meinen Körper. Ich stehe da und gaffe mit offenem Maul. Was sonst nur in meiner Fantasie möglich war, ist hier unendlich grösser und gewaltiger Realität und zugleich an diesem Ort etwas Gewöhnliches, Alltägliches, das immer so ist und so bleiben wird. –

Die heisse Tropennacht, der Schlaf und das Summen der Windpropeller ist die Zeit, sich an all diese unverstehbaren Eindrücke zu gewöhnen. Oft wird's zu viel, mein Hirn macht die Pforte zu. Nichts geht mehr ein und aus, und innen wird es leer und dunkel. Diese Depression ist ein Teil einer Wandlung, die langsam und mannigfach vorwärtskriecht. Vieles, was ich auf der Reise wollte, geht nicht, und wenn ich das hinnehmen kann, so wird mir oft viel mehr geschenkt. –

Ein Land wie Indien zu verstehen, ist ein Ding der Unmöglichkeit. Hier kann ich nicht finden, was ich in meiner eigenen Tradition nicht fand, denn ein indischer Diamant ersetzt nicht den Kieselstein, den ich in meiner Heimat verlor. – Bin ich dann wieder zu Hause, so sieht da manches anders aus. Auf meiner Reise habe ich einen neuen Schlüssel hergestellt, der meine Türen öffnen kann und mich auf meiner Lebensreise weiter lässt.[13]

Reisen bedeutete für Könz auch Selbsterkundung, die Einsicht und Wandlung einforderte. So wie er in Indien neue Wertschätzung für seine Engadiner Heimat und Tradition fand, gewann er auf Reisen auch immer wieder Klarheit über sich selbst und seine momentane Lage.

Besonders stark wirkten sich die erste und die letzte Afrikareise auf Könz' Sicht der Dinge und auf sein Leben aus. Im Januar 1965 reiste er mit Rucksack und Fotoausrüstung nach Nairobi. Er folgte einer Einladung des Plantagenbesitzers Dieter von Senger, mit dessen Bruder Iachen Ulrich Könz und seine Söhne im Engadin einige Projekte realisiert hatten, nach Moschi. Der Aufbruch nach Afrika war wohl mit motiviert durch den Wunsch, für eine längere Zeit aus der Kontrolle auszubrechen, die Selina

Chönz zu Hause über ihren Sohn ausübte. Doch bald musste der junge Mann feststellen, dass seine Mutter in von Senger einen ebenbürtigen Stellvertreter gefunden hatte:

Meis viadi es uossa bod a fin. Eu n'ha pati dal chod e da la mancanza dad inchün chi m'inclegia ed ha las listessas ideas. Sr. Senger es stat fich generus cun sia ospitalità, ma da tschella vart m'ha el critichà e strat giò tuot quai ch'el ha pudü (…) in mincha cas m'ha el rablà a fin cun tuot mias forzas, in tudais-ch füss quai «seelisch fertig gemacht». El ha eir chattà cha üna matta chi'd es mia amia sto esser stüpida o narra. Venderdi prossem parta da Nairobi vers Gufa, Assuan e Kairo.[14]

Meine Reise ist jetzt fast zu Ende. Ich habe unter der Hitze gelitten und darunter, dass keiner mich versteht und die gleichen Gedanken hat wie ich. Herr Senger ist mit seiner Gastfreundschaft sehr grosszügig gewesen, aber auf der anderen Seite hat er mich kritisiert und alles, was er konnte, heruntergemacht. (…) Auf jeden Fall hat er alle meine Kräfte verbraucht, auf Deutsch würde man sagen, mich «seelisch fertiggemacht». Er meinte auch, ein Mädchen, das meine Freundin sei, müsse dumm oder verrückt sein. Nächsten Freitag reise ich über Nairobi, Gufa, Assuan nach Kairo.

Die Befreiung von den elterlichen Ketten liess zwar noch auf sich warten, doch kündigte sich während Könz' Tagen mit seinem Massai-Führer Mandu eine andere wichtige Veränderung an.

Ans vain fermats Mandu ed eu per las uras chodas giò pro'l flüm. Ün flümet malnet cun ün'aua gelgua, ma per far tè nu fa quai nöglia! Eir ils insects morts noudan suravia, insembel cun las föglias dal tè. Il «gina kali» düra da las 10 fin las 4 davomezdi. Id es bel co cha la glieud sa las quantas chi'd es giò da l'otezza dal sulai. Mandu disch «saa tisa» e muossa cul man vers il tschêl per dir cur cha'l sulai es là esa las 9. Sch'eu muoss cul man vers il tschêl e di «saa cumi», schi disch el «saa cumi» es plü bass.

Vairamaing n'haja pensà chi saja puchà da fotografar tuot las bellas robas chi's vezza sül muond. Perche na be ir a verer ed avair plaschair sco vulair esser ün grond fotograf o crajer da dvantar ün tal?[15]

Mandu und ich haben uns für die heissen Stunden unten am Fluss niedergelassen. Ein dreckiges Flüsschen mit gelbem Wasser, aber das macht nichts, wenn man Tee kochen will. Auch die toten Insekten schwimmen zusammen mit den Teeblättern obenauf. Der «gina kali» dauert von 10 bis

16 Uhr. Es ist schön, wie die Leute die Uhrzeit am Sonnenstand erkennen können. Mandu sagt: «Saa tisa», und zeigt mit der Hand zum Himmel, um zu sagen, dass es 9 ist, wenn die Sonne dort steht. Wenn ich mit der Hand zum Himmel zeige und sage: «Saa cumi», sagt er, «saa cumi» sei weiter unten.

Ich habe gedacht, dass es eigentlich schade ist, all die schönen Dinge, die man auf der Welt sieht, zu fotografieren. Warum nicht nur hingehen, schauen und Freude haben, statt ein grosser Fotograf sein wollen oder glauben, einer werden zu müssen?

Der Gedanke, die Fotografie aufzugeben, hat sich in diesen Tagen im Kopf des jungen Mannes eingenistet. Zwar hält er noch eine Weile am erlernten Beruf fest, doch notiert er immer häufiger Zweifel und ist zunehmend als Maler und Sgraffitokünstler tätig. Rückblickend beurteilt Steivan Liun Könz seine erste Afrika-Reise als wichtigen Meilenstein in seiner beruflichen Entwicklung:

Tuot il viadi suna stat plü o main depressiv, ma n'ha listess vis robas chi m'han fuormà e chi m'han müdà la vita. Quel viadi m'ha muossà la via vers la pittura, scha na immediatamaing, schi m'ha el bain dat il stumpel fundamental.[16]

Während der ganzen Reise war ich mehr oder weniger depressiv. Dennoch habe ich Dinge gesehen, die mich geprägt und mein Leben verändert haben. Diese Reise hat mir den Weg zur Malerei gezeigt, wenn auch nicht sofort. Aber sie hat mir doch den entscheidenden Schubs gegeben.

Viele Jahre später ist Könz wieder allein in Afrika unterwegs. Er ist im Januar 1997 nach Addis Abeba gereist und hat vor, in den folgenden zweieinhalb Monaten Äthiopien gründlich kennenzulernen. Im Februar wird sich sein Freund, der Fotograf Michael Bühler, zu ihm gesellen und mit ihm reisen. Das Tagebuch dokumentiert aber unerwartet wenig Bewegung. Ein noch nicht diagnostizierter Blasenkrebs raubt Steivan Liun Könz die Energie und lässt ihn auf wenigen Reisestationen festsitzen.

Aus der geplanten Reise ins unbekannte Afrika ist eine Reise nach innen geworden. In Addis Abeba notiert er am 28. Januar 1997:

Eu sun inquiet e nervus. Daman stöglia darcheu trar decisiuns e puschman darcheu viagiar ad Awash. Là vöglia be star per quai d'intuorn ün pa al marchà. Quist es l'ultim grond viadi in mia vita. Eu nu sun plü capabel da viagiar sulet e cun gronds strapatschs. Neir nun haja vöglia da verer plü bler. Eu preferisch da girar cun meis bus in ün pajais ingio ch'eu sa la lingua e chattar amis là e far curturella. La buscha m'es massa greiva, tuot m'es da massa. Eu nu sun furtünà sün quist viadi, spranza dvainta quai meglder. Almain n'haja temp da'm dar giò cun mai svess. Ingün proget ne otras persunas, neir activitats. Adüna be sulet. Quella suldüm ch'eu schmütsch di e not fond ir musica, bajond, bavond, magliond. Tuot es davent, nüd stuna davant mai. Eu poss star o mütschar eu rest là ingio ch'eu stun, ma nu sa ingio cha meis peis chaminan ed in che nüvlas cha meis cheu svanischa.[17]

Ich bin unruhig und nervös. Morgen muss ich wieder Entscheidungen treffen und übermorgen nach Awash reisen. Dort will ich nur ein bisschen herumstehen am Markt. Das ist die letzte grosse Reise in meinem Leben. Ich bin nicht mehr fähig, allein und strapaziös zu reisen. Ich habe auch keine Lust mehr, noch viel zu sehen. Lieber fahre ich mit meinem Bus in ein Land, in dem ich die Sprache kenne, Freunde finden und mir mit ihnen die Zeit vertreiben kann. Der Rucksack ist mir zu schwer, alles ist mir zu viel. Ich habe kein Glück auf dieser Reise. Hoffentlich wird es besser. Wenigstens habe ich Zeit, mich mit mir selbst abzugeben. Kein Projekt, keine Leute, keine Aktivitäten, immer nur allein. Diese Einsamkeit, vor der ich sonst Tag und Nacht fliehe, indem ich Musik höre, schwatze, trinke, fresse. Alles ist fort, nackt stehe ich vor mir. Ich kann bleiben oder fliehen, ich bleibe, wo ich bin, aber ich weiss nicht, wohin meine Füsse gehen und in welchen Wolken mein Kopf verschwindet.

Schon drei Tage später lösen sich die Wolken um seinen Kopf auf. Könz notiert nach einem Rückblick auf seine erste Afrikareise:

Dunque l'Africa 1965 dvantar pittur e l'Africa 1997 imprender ad esser vegl![18]
Also, Afrika 1965: Maler werden. Und Afrika 1997: lernen, alt zu sein!

Zum zweiten Mal durchlebt Steivan Liun Könz in Afrika eine Krise, die ihn von einem Lebensabschnitt in den nächsten führt. Dass mit dem Ende der grossen Reisezeit nicht Könz' Alter, sondern bereits sein letztes Lebensjahr anbrach, ist tragisch und doch zugleich fast folgerichtig für einen Menschen, der auch seine Arbeit und sein Leben im übertragenen Sinn als Reise betrachtete.

Wenn man anfängt, als Künstler zu arbeiten, zu malen, so ist das immer ein Abenteuer, dessen Ausgang man nicht kennt. Man muss optimistisch sein, dass es geht, dass es etwas bringt, aber man weiss es nie, nie ist man sicher, dass das, was man grade macht, gut ist. Es ist eine Reise auf einem Schiff, das vom Wind und vom Meer und von den Flüssen getragen wird. Es wird eines Tages ankommen, wo, weiss man nicht. Aber das Wichtige ist die Reise, nicht die Ankunft.

Reisen ist eine Weise zu leben. Ich reise auch, wenn ich in Guarda bin, ich reise, wenn ich durch meinen Garten gehe. Das ganze Leben ist eine grosse Reise. (...) Den Anfang und das Ende kann man nicht beeinflussen, es ist nur die Reise, die man machen muss.[19]

TRAUMZIEL INDIEN

Die längste und wohl auch wichtigste Reise, die Steivan Liun Könz unternommen hat, ist die Fahrt durch Indien im Rahmen eines zwölfmonatigen Studienjahres 1974. Diese Reise machte er gemeinsam mit Barbara Könz-Jenny, mit der er seit etwas mehr als einem Jahr verheiratet war. Das Paar durchstreifte mit dem Auto den ganzen Subkontinent. Wie ein Schwamm sog Könz die vielfältigen Eindrücke auf, die Indien einem Europäer zu bieten hat. Die Ernte dieser Reise besteht aus sechs Büchern mit teils flüchtig, teils sorgfältig ausgeführten Skizzen des Gesehenen, langen Tagebucheinträgen und rasch hingeworfenen Ideen. Der Künstler hat jahrelang von der Inspiration gezehrt, die ihm das Abenteuer Indien bescherte, hat neue Motive in sein Werk aufgenommen und sein Repertoire an Ornamenten für Sgraffito-Arbeiten erweitert.

Zwölf Jahre später reiste Könz zusammen mit Cesare Ferronato und dessen Tochter Claudia nach Bombay. Er hatte diese Stadt als Standort gewählt, weil er 1974 keine Zeit gehabt hatte, dort Halt zu machen, und weil sich in der Umgebung einige Stätten befanden, die er selbst gern wieder sehen und seinen Freunden zeigen wollte. Diese Reise ist nicht sehr ausführlich dokumentiert. Nach seiner Rückkehr arbeitete und feilte Steivan Liun Könz an kurzen essayistischen Texten, die verschiedene Phänomene der indischen Kultur zum Gegenstand haben. Offenbar hatte er vor, ein Indien-Buch mit einer Auswahl an Bildern und Texten von den beiden Reisen herauszugeben. Das Projekt wurde leider nicht realisiert.

1973 erhielt Steivan Liun Könz den Auftrag, den Chor der Christkatholischen Kirche Luzern neu zu gestalten. Mit Hilfe von Barbara Könz, die als Restauratorin wertvolles Wissen beisteuerte und die Farben mischte, beendete er die wochenlange Malarbeit im Oktober. Das Honorar ermöglich-

Meis quart cudesch ch'eu n'ha cumanzà sün quist viadi. Ün a Kandahar cun purtrets da mansters, duos a Purnea, ün grond gelg cun disegns ed ün verd cun notizchas per lavuors cumanzà il di da Pasqua. Uossa n'haja cumprà quist cudeschin sco Manzögnari e Falistoccari. Ün cudeschin per leger sül banc da las manzögnas.
Manzögnari
e
Falistoccari
e
Sömmis
ed
Istorgias
e
Chanzuns
ed
Elefantasias
ed
Etcetera.[4]

Mein viertes Buch, das ich auf dieser Reise begonnen habe. Eines in Kandahar mit Bildern von Berufen, zwei in Purnea, ein grosses gelbes mit Zeichnungen und ein grünes mit Notizen für Arbeiten, begonnen an Ostern. Jetzt habe ich dieses Büchlein gekauft, als Lügen- und Flausenbuch. Ein Büchlein zum Lesen auf der Lügenbank.
Lügen
und
Flausen
und
Träume
und
Geschichten
und
Lieder
und
Elefantasien
und
und so weiter.

te es dem Paar, den Traum vom Studienjahr in Indien im Jahr 1974 in die Tat umzusetzen.

Anders als seine erste grosse Afrikareise bereitete Steivan Liun Könz sein Indienjahr gründlich vor[20]: Zur Einführung in die indische Kultur las er Medard Boss' «Indienreise eines Psychiaters» und studierte die Bände über islamische, buddhistische und hinduistische Architektur in Indien, die in der Reihe «Architektur der Welt» bei Office du Livre erschienen waren. Entlang der wichtigsten Baudenkmäler stellte er die provisorische Reiseroute zusammen und entwarf einen Plan, was auf der Hin- und der Rückreise durch die angrenzenden Länder unternommen und besichtigt werden sollte.

Um wirklich in Kontakt mit dem indischen Alltag zu kommen, suchte und fand er einen Vermittler: Durch gemeinsame Bekannte lernte er den in Seuzach lebenden Ingenieur Hari Sharan und dessen Frau Susan kennen. Hari Sharan stammt aus einer Grossfamilie im nordindischen Bundesstaat Bihar und vermittelte dem Ehepaar Könz Adressen von Verwandten in Araria und Purnea. Zudem bereitete er seinen Freund Naren Gupta in New Delhi auf den Besuch der Schweizer vor. Er beriet sich mit Könz über die geplante Reiseroute und informierte ihn über die Eigenheiten Indiens, die man als Tourist kennen sollte. Barbara und Steivan Könz ergriffen alle Möglichkeiten, die sich ihnen durch die indische Gastfreundschaft boten. Im Gegenzug verbrachte die Familie Sharan Weihnachten 1974 zu Gast in Guarda.

VW-Bus auf Indienreise

Schliesslich kaufte Steivan Liun Könz für die Reise einen extrahohen VW-Bus, der es auch gross gewachsenen Menschen erlaubte, aufrecht zu stehen. Den Bus richteten das Paar als Wohnwagen ein und packte ihn voll mit zwei Matratzen, Schlafsäcken, Winterketten, einem Kocher, Konserven, Beutelsuppen, Medikamenten, einem Filter für das Wasser in den Tropen und Geschenken für die indischen Gastgeber. Weihnachten 1973 verbrachten die beiden bei Barbara Könz' Eltern in Chur, dann brachen sie nach Südosten auf.[21]

Über Norditalien, Jugoslawien und Bulgarien ging die Fahrt in die Türkei. In Edirne besuchten Barbara und Steivan Liun Könz die Sinan-Moscheen und verbrachten anschliessend eine Woche bei Freunden in Istanbul. Es folgten eineinhalb Monate Fahrt durch die Osttürkei zum Kaspischen Meer, durch Persien und schliesslich nach Afghanistan. Es herrschte intensivster Winter mit Wetterverhältnissen, die auch für Engadiner ungewöhnlich hart waren. Ein paarmal versuchte das Paar, wie geplant im Auto zu übernachten, doch es war einfach zu kalt: Am Morgen lag von der Atemluft Raureif auf den Schlafsäcken, und die beiden brauchten Stunden, um wieder warm zu werden. Also übernachteten sie in Gasthäusern. Die Holzöfchen in den Zimmern mussten sie mit selbst gekauftem Holz feuern, eine teure Sache, zumal die Holzhändler den Preis ihrer Ware nach Gewicht berechneten und deshalb das Holz völlig durchnässt verkauften. Als Barbara und Steivan Liun Könz in Kabul Station machten, zeigte das Thermometer minus 30° Celsius.

Auf einem Badeturm am Kaspischen Meer

Auf der Fahrt hinunter in die Ebene nach Dschalalabad – es war mittlerweile März geworden – veränderte sich die Temperatur, die Orangenbäume blühten, die unglaubliche Wärme von Pakistan und Indien breitete sich aus. Nach dem Frieren war ab jetzt Schwitzen angesagt.

Die Erfahrungen, die die jungen Schweizer auf ihrer Reise machten, waren kontrastreich: Sie erlebten eisige Kälte und tropische Hitze, sahen üppigste Natur und erdrückende Armut, unbeschreiblich schöne, jahrhundertealte Bau- und Kunstwerke und billigsten Kitsch. Mehrfach genossen sie grenzenlose Gastfreundschaft, dann wieder litten sie unter der Gleichgültigkeit und Faulheit der indischen Bürokratie.

Die geplante Reiseroute verlief im Wesentlichen entlang den unzähligen sehenswerten Tempelbauten, die über ganz Indien hingestreut sind. Ebenfalls berücksichtigt wurden in der Nähe liegende Nationalparks, in denen man Vegetation und Tierwelt bewundern konnte. Hinzu kamen die Adressen von Hari Sharans Verwandten und Bekannten.

Der Weg führte von der pakistanischen Grenze quer über den Subkontinent zum Ganges-Delta, von dort der Ostküste entlang, mit einigen Abstechern ins Landesinnere, an die Südspitze Indiens und dann im Westen wieder nach Norden. Wichtigste Stationen waren Delhi, Jaipur, Varanasi, Darjeeling, Calcutta, Puri, Hyderabad, Madras, Madurai, Kerala, Mysore, Bangalore, Belur, Bhopal und Sanchi. Durchfall und fiebrige Erkrankungen diverser Art und Schwere erwiesen sich als treue Reisebegleiter, ab Mitte Juni auch der Monsun, der das Paar nach Süden und von dort aus wieder nordwärts trieb. Bald kam noch der Ärger mit der indischen Bürokratie hinzu, die alle Bemühungen, das Visum um weitere sechs Monate zu verlängern, sabotierte. Im August erhielten Barbara und Steivan Liun Könz in Bangalore den Bescheid, dass sie Indien bis zum 1. Oktober verlassen mussten. Die Reise in Richtung Norden wurde zu einer Aufholjagd mit kurzen Zwischenhalten an den allerwichtigsten kulturellen Stätten. Die Freude an Indien wurde in diesen letzten Wochen stark getrübt, Steivan Liun Könz notierte zornige Ausbrüche über die indische Mentalität in sein Reisetagebuch und wunderte sich darüber, dass die Vorfahren dieser Menschen derart erstaunliche Kunstwerke hatten schaffen können.

«Der Hirsch und der Tiger oder der Tourist in Indien», Collage in Skizzenbuch, Indien 1974

Kultur, Natur und Alltag, das waren die Dinge, auf die das Hauptaugenmerk der Reisenden gerichtet war. Ständig machte Könz Notizen und Skizzen von Formen, die ihn inspirierten. Er skizzierte Messinggeländer in Restaurants, Skulpturen, Schmuck und Miniaturen in Museen, er zeichnete Alltagsszenen auf dem Markt und entwarf Stillleben mit Kochutensilien. Er war fasziniert von der Huka, der pakistanischen Wasserpfeife mit ihrem steifen Rohr, und notierte sich Rezepte für Tabak. Und selbstverständlich studierte und skizzierte er ausführlich die vielgestaltige indische Götterwelt, die Tempelfiguren und die zahllosen Ornamente an den Sakralbauten. Barbara und Steivan Liun Könz schrieben unzählige Briefe, die sie von unterwegs an ihre Familienmitglieder in Chur und im Engadin schickten. Diese teilweise liebevoll illustrierten Briefe waren die Vorboten der vielen Geschenke, die das Paar verteilte, als es nach seiner Rückreise über Italien Anfang Dezember 1974 mit vollgepacktem VW-Bus wieder am Ausgangspunkt der langen Reise angelangt war.

Auf Hunderten von Tagebuchseiten schilderte Könz die Erlebnisse, die ihm das Indienjahr bescherte. Lebendig und anschaulich, wie sie sind, nehmen sie die Lesenden mit auf die Reise:

Vor der Einreise in Indien erlebten Steivan Liun und Barbara Könz einen schweren Autounfall. In Peschawar überfuhr Könz, der fast die ganze Reise am Steuer sass, direkt vor einem Polizeiposten eine Frau, die völlig überraschend die Strasse überqueren wollte.

A Ravalpindi eschna rivats üna dumengia a mezdi. Nus d'eiran amo ün pa intutits da nos accidaint a Peshavar ed ün pa inquiets daspö cha la povra murdieua sainza tet ne fö d'eira amo adüna svanida a l'ospidal a Peshavar. Ella d'eira propcha currüda sco üna chavra orba aint per meis auto e tschüf ün clap botta e ruot alch ossa. Ch'eu nu vess stuvü fermar dschaiva il pulizist ed il meidi, mo eu nu pudaiva far oter, o far ün viadi da plaschair culla intschertezza d'avair coppà ad inchün o na. Lura meglder star innozaint ün pa in praschun a Peshavar. Mo i nu m'han miss in praschun grazcha al pulizist Abdul Chafar, ün simpel pulizist ch'eu n'ha clomà, voul dir l'accidaint d'eira güsta capità davant il post. Abdul Chafar ha lura declerà cun tuornar da l'ospidal cha sch'eu nun haja ingüns amis in Pakistan schi vöglia el güdar. El vaiva eir vis ch'eu d'eira innozaint e ch'eu nun ha pudü far oter. Eir il docter Giamil, directur da l'ospidal m'ha güdà e lura davo 3 dis n'haja pudü proseguir meis bel viadi vers l'India sainza pajar ne multas ne ir in praschun.[22]

In Ravalpindi kamen wir an einem Sonntag um die Mittagszeit an. Wir waren noch etwas betäubt von unserem Unfall in Peschawar und ein wenig beunruhigt, da die arme obdachlose Bettlerin immer noch im Spital in Peschawar verschwunden war. Sie war wirklich wie eine blinde Ziege in mein Auto gelaufen, erhielt einen schweren Schlag und brach einige Knochen. Der Polizist und der Arzt sagten mir, ich hätte nicht anhalten sollen. Aber ich konnte nicht anders, die Alternative wäre gewesen, eine Vergnügungsreise zu machen mit der Ungewissheit, ob ich jemanden umgebracht hatte oder nicht. Also war es mir lieber, unschuldig ein wenig im Gefängnis in Peschawar zu sitzen. Aber sie haben mich nicht ins Gefängnis gesteckt dank dem Polizisten Abdul Chafar, einem einfachen Polizisten, den ich gerufen habe, das heisst, der Unfall ist direkt vor dem Polizeiposten passiert. Als Abdul Chafar vom Spital zurückkam, erklärte er, dass, wenn ich keine Freunde in Pakistan hätte, er mir helfen wolle. Er hatte auch gesehen, dass ich unschuldig war und den Unfall nicht verhindern konnte. Auch Doktor Giamil, der Spitaldirektor, hat mir geholfen, und nach drei

Tagen konnte ich meine schöne Reise nach Indien fortsetzen, ohne Busse zahlen oder ins Gefängnis gehen zu müssen.

Auf der Rückreise erfuhr Steivan Liun Könz, dass die Bettlerin wenig später im Spital gestorben war. Der Arzt hatte angeordnet, sie gerade noch so lange am Leben zu erhalten, bis die beiden Schweizer ausser Landes waren!

Anfang April machten Barbara und Steivan Liun Könz in Varanasi (Benares) Halt. Die Stadt ist dem Gott Shiva geweiht und gilt als eine der heiligsten Stätten des Hinduismus. Für streng gläubige Hindus ist es erstrebenswert, in Varanasi im Ganges zu baden und nach ihrem Tod dort verbrannt zu werden. Am Fluss gibt es kilometerlange stufenartige Uferbefestigungen, an denen die Gläubigen im heiligen Wasser baden. Wenige Meter davon entfernt werden die Leichen der Verstorbenen verbrannt. Ihre Asche wird in den Ganges gestreut.

Vairamaing temma e mal il vainter at faja a verer co chi ardan ils morts. Sgrischusamaing natüral, sainza ingüns resentimaints, publicamaing sün üna costa a la riva dal Ganges esa var 10 lös fats per arder Inders morts.

Schi's vezza üna processiun da funaral chi vegn d'ün cumün dasper Benares, chi chamina var ses uras tras las vias suot ils razs dal sulai. Il mort paquettà aint in sdratschs albs per ün hom e cotschens per üna duonna, lià vi da duos stangas da bambus e portà da duos homens. Davoaint in üna tscherta distanza lura blera glieud allegra o chi sota. Minchün da quels porta ün bel lain sül cheu, m'impais chi's piglia ün grond o ün pitschen lain tuot seguond schi's ha gnü plü o main jent a quel chi'd es mort. Cur cha quists tips rivan lura sül lö schi fana ün bel s-chandler da laina e mettan lura sü il mort, til orneschan amo cun fluors e lura mettani amo ün pêr lainets lasura. Il preir chamina lura tschinch voutas intuorn quist mort per til deliberar dals 5 elemaints da la vita: l'ajer, l'aua, la terra, il fö ed il spiert, lura culani alch öli e dan fö. Il prüm arda quai sü cun üna sflommiada orandscha cun fils da fulia e la stoffa cotschna da nilon sgrufligna intuorn ils peis dal mort, uschea chi's vezza a pender oura ils peis dal mantun ardaint.

Davo üna pezza, cur cha'l fö s'ha s-chodà sü ün pa e cha'l corp ha eir cumanzà a's schoglier, schi vegn üna surpraisa. Il cadaver stenda la bratscha e tegna seis mans già ün pa ars a l'ajer frais-ch. El stenda la bratscha perche chi's fuorma vapur aint in las lisüras. Planet arda quai giò ed i spüzza ün pa da chavels ars ed ün pa da lat ars, ma in mincha cas cur chi's sta là sgüra be var 15 meters davent, schi faja mal il vainter almain da la sgrischur.

Il cupigliun guarda uossa our dal brös-cher e quai nu plascha al preir perche ch'el pensa cha quel arda già ün pa plan. Ed il preir doza sia stanga da bambus verda e dà ün sfrach al mort giò pel cheu uschè ch'el sfondra darcheu giò aint il brös-cher. El doza uossa cun sia stanga üna da las chommas dal mort inavo per cha'ls peis chi d'eiran amo salvs be vi da stanghettas dad öss ars, ardan eir. Üna chomma resta aint in fö, l'otra as stenda darcheu inavo e la procedura vegn repetida. Quai es adüna alch chi fa sgrischir a verer a schmuantar ün mort o ün mort culs ögls averts sül let da l'autopsia, tut oura sco üna vacha in bacharia. Temma però at faja sch'el vegn spostà in ün'otra posiziun dad ün dals meidis ed il mort schmuainta la bratscha o riva e serra la bocca. Infiern e sotar dals morts, morts chi nu chattan lur pos perche chi han fat dal mal eui.

Povers morts dal fetischissem capitalistic, dal cristianissem chi nu pon perder lur identità. Nus adurain la materia e la scienza e tuot il masürabel. Our dal spiert nun as poja far ingün chapital. L'hinduissem craja in il spiert, quai es la differenza![23]

Wahrhaft Angst und Bauchschmerzen bereitet es dir zu sehen, wie sie die Toten verbrennen. Grauenhaft natürlich, ohne irgendwelche Bedenken. Öffentlich an einer Uferpartie des Ganges gibt es etwa zehn Plätze, die eingerichtet sind, um tote Inder zu verbrennen.

Da sieht man eine Begräbnisprozession, die aus einem Nachbarort von Benares kommt, etwa sechs Stunden unter der prallen Sonne durch die Strassen gehen. Der Tote ist in Lumpen gewickelt: weisse für einen Mann, rote für eine Frau. Er ist an zwei Bambusstangen gebunden und wird von zwei Männern getragen. Dahinter, in einer gewissen Distanz, viele fröhliche oder tanzende Menschen. Jeder von ihnen trägt ein schönes Holzscheit auf dem Kopf, mir scheint, dass man ein grosses oder kleines Holzscheit nimmt, je nachdem, ob man den Verstorbenen mehr oder weniger gern hatte. Wenn diese Leute dann auf dem Platz ankommen, machen sie einen schönen Holzhaufen, legen den Toten oben drauf, schmücken ihn mit Blumen und legen noch einige Holzstücke auf ihn. Der Priester geht dann fünf Mal um diesen Toten herum, um ihn von den fünf Elementen des Lebens, Luft, Wasser, Erde, Feuer und Geist, zu befreien, danach giessen sie ein Öl aus und zünden den Haufen an. Zuerst brennt er mit einer orangefarbenen Stichflamme und kleinen Russstückchen, und der rote Nylonstoff schmilzt um die Füsse des Toten, so dass man die Füsse aus dem brennenden Haufen hängen sieht.

Nach einer Weile, wenn das Feuer sich etwas aufgewärmt hat und auch der Körper anfängt, sich aufzulösen, gibt es eine Überraschung. Der Leichnam breitet die Arme aus und streckt seine bereits angesengten Hände an die frische Luft. Er streckt die Arme, weil sich in den Gelenken Dampf bildet. Langsam brennt alles nieder, und es stinkt ein wenig nach verbranntem Haar und ein wenig nach angebrannter Milch, aber auf jeden Fall tut einem, wenn man dort oben nur etwa 15 Meter entfernt steht, der Bauch zumindest vor Grauen weh.

Jetzt schaut der Schädel aus der Glut hervor. Das gefällt dem Priester nicht, er findet, dass es schon ein wenig zu langsam brennt. Er hebt seine grüne Bambusstange und versetzt dem Toten einen Schlag auf den Schädel, so dass er wieder zurück in die Glut sinkt. Dann stösst der Priester mit seiner Stange ein Bein des Toten zurück, damit die Füsse, die noch heil an verkohlten Knochenstangen hingen, auch brennen. Ein Bein bleibt im Feuer, das andere dehnt sich wieder zurück, und die Prozedur wird wiederholt. Es ist immer schaurig zu sehen, wie ein Toter sich bewegt oder mit offenen Augen auf dem Autopsietisch liegt, ausgeweidet wie eine Kuh im Schlachthaus. Angst aber macht es dir, wenn er von einem der Ärzte in eine andere Position gelegt wird und die Arme bewegt oder den Mund öffnet und schliesst. Hölle und Totentanz, Tote, die ihre Ruhe nicht finden, weil sie Böses getan haben, usw.

Arme Tote des kapitalistischen Fetischismus, des Christentums, die ihre Identität nicht aufgeben können. Wir vergöttern die Materie, die Wissenschaft und alles, was messbar ist. Aus Geist lässt sich kein Kapital schlagen. Der Hinduismus glaubt an den Geist, das ist der Unterschied!

Varanasi ist nicht die einzige Stadt, in der Tote öffentlich verbrannt werden. Könz war von der Zeremonie derart fasziniert, dass er zwölf Jahre später in Bombay mit Claudia und Cesare Ferronato erneut einer hinduistischen Totenverbrennung beiwohnte.

Steivan muss in Kairo mal in einem Handwerkerquartier gewesen sein. Da waren auf engstem Raum die unterschiedlichsten Handwerker. Es ist unglaublich, wie er diese Dichte – dort hatte es überall Leute, Geräusche, Gerüche –, diese unzähligen Details warhnehmen konnte, und wie er das dann auch formulieren konnte.
Christian-Georg Stähelin

Steivan Liun Könz hatte einen mit Humor gewürzten, scharfen Blick für Alltägliches. Freunde und Bekannte staunten immer wieder darüber, wie viele Details er in kurzer Zeit aufnehmen und später wiedergeben konnte.[24]

Dorffest

Die Dorfstrassen sind immer mit Menschen überfüllt, mit Handwerkern, Händlern, Schülern, Geschäftlimachern, Kindern, Müttern und Alten. Wenn man aber denkt, nun seien alle Dorfbewohner auf der Strasse, so täuscht man sich ganz gewaltig. Am Festtag im gleichen Dorf gibt es keine Strasse mehr, nur noch einen braunen Strom. Laute Musikanten, als Tiger maskierte Knaben, Tänzer, die mythologische Figuren darstellen

Göttin Kali, kolorierte Tuschzeichnung, 1988

oder sogar glauben, sie seien es selber. Der Menschenstrom fliesst ohne Richtung. Esel, Pferde und Elefanten sind angenehme Mitläufer. Wenn ich aber plötzlich einem schlechtgelaunten, heiligen Tempelstier begegne oder einem zähnefletschenden Rhesusaffen auf den Schwanz stehe, so ist das weniger angenehm. Für die Inder ist dies kein Problem. Einem Affen stehen sie einfach nie auf den Schwanz. Buntbemalte Götterbilder werden auf einem Lastwagen umhergefahren. Hinter Lord Ganesh rattert eine Lichtmaschine, und ringsum leuchten grosse Halogenlampen, die ursprünglich als Geschenk der Firma Philips zur Beleuchtung eines kunsthistorisch wertvollen Gebäudes bestimmt gewesen waren. Elektronische selbst gebastelte Zithern übertönen den Motorenlärm mit fröhlichen Melodien. Die Götterstatuen werden dem Meer übergeben, und die Menschen gehen nach Hause, die übrig gebliebenen Opfersüssigkeiten essend.[25]

Tieferen Einblick in den indischen Alltag erhielten Barbara und Steivan Liun Könz während ihrer Aufenthalte bei Hari Sharans Verwandten im Bundesstaat Bihar.[26]

Ausführlich beschreibt Könz das Anwesen des Advokaten Mahendra Sharan in Purnea. Staunend schildert er das ungezwungene Kommen und Gehen von Klienten und Gästen, deren Verhalten im Haus sich kaum von dem der Familienmitglieder unterscheidet. Könz war überrascht über die Diener, die ohne weiteres sämtliche Zimmer betreten, ohne darauf zu ach-

Indischer Strassenkünstler, kolorierte Tuschzeichnung, 1988

Fahrender Verkäufer, kolorierte Tuschskizze, Indien 1974

ten, was dort grade vor sich geht. Er begriff, dass «Privatsphäre» ein europäisches Anliegen ist, das sich in Indien nicht durchsetzen lässt. Dafür ist die Gastfreundschaft riesig. Die beiden Schweizer erhielten das einzige Zimmer mit Wasseranschluss und wurden voll in das Alltagsgeschehen einbezogen. Vor allem die Frauen nahmen sich der jungen Schweizerin an, kleideten sie auf indische Weise, erzählten und stellten Fragen, nahmen sie mit zu Ausflügen und Einkäufen. Anlässlich einer Hochzeit wurden Barbara Könz' Hände sehr zur Freude ihres Mannes mit traditionellen Henna-Mustern geschmückt.

Steivan Liun Könz beobachtete derweil das Treiben auf dem Gut, besuchte den privaten Haustempel und beschrieb Mahendra Sharans Gebete. Er malte und zeichnete und interessierte sich als passionierter Hobbykoch für die Zubereitung der indischen Speisen.

Barbara Könz in Purnea

Ein Essen wird zubereitet

Vormittags kommen alle Strassenhändler vorbei. Halb singend und rufend bietet jeder seine entsprechenden Gemüse oder Früchte an. Glockenton oder ein schriller Pfiff heissen so viel wie Zitrone und Kokosnuss. – Memsahib, die Hausdame, delegiert den Koch, der dann Gemüse oder unreife Früchte, sogar Blumenknospen der Lotosblüte, die sich für die Zubereitung der Bombay-Thali eignen, kauft. Thali ist ein Teller mit vielen verschieden zubereiteten Gemüsen und Früchten, die mit dem Fladenbrot Chapati und weissem Reis verzehrt werden.

Der Koch hockt in der Küche. Mit einem Fuss hält er ein Brettchen fest, auf dem ein schwertartiges Blech befestigt ist. Mit einer flinken Bewegung zerschneidet er die Gemüsestücke, indem er haarscharf, ohne sich die Fingerspitzen zu verletzen, das Gemüse durch das Messer hin und her zieht. Dies geht so schnell, wie wir es nur mit einer Haushaltmaschine könnten. –

Curry ist eine Mischung von Gewürzen, die von Haus zu Haus und von Ort zu Ort völlig verschieden zubereitet wird. Das Wort «Curry» stammt vom indischen «Kari», was so viel wie «Sauce» bedeutet. – Unterwürfig und mit halb hinkender Gebärde kommt der Hausdiener mit einem Tablett voll von getrockneten, gerösteten und grünen Gewürzen zur Memsahib. Die Madame schöpft daraus mit einem silbernen Löffel und füllt die Mischung, die es heute zum Mittagessen geben soll, in eine kleine Schale.

Das Wichtigste ist stets der Dhaniya, gerösteter Koriander mit seinem süsslich-milden Aroma. Nelken, Zimt, Kardamom bilden das Gewürzbouquet. Die getrockneten Schoten des roten Chilipfeffers Lal Mirchi bestimmen die Schärfe des Currys. Je nach Lust und Laune greift Madame auch zu schwarzem Pfeffer oder zu Pippali, dem langen Jeera-Kreuzkümmel, den wir in Europa nur noch für die Veterinärmedizin kennen. Er verleiht der Sauce einen durchdringenden Geschmack, was den Inder labt und den Europäer abstösst. Die geröteten Samen des Bockshornklees ergeben den appetitlichen Geruch, so wie die Karipatablätter aus Madras zum lokalen Kolorit gehören. Frischer Ingwer schärft das Ganze auf seine eigene Art. Und weil die Sauce auch für das Auge schön sein will, kommt ein Stück Kurkumawurzel, die alles gelb verfärbt, dazu. Der Diener zerreibt das Ganze auf dem Reibstein zu einer feinen Masse, die dann stundenlang mit vielen Zwiebeln, Mohnsamen, Mustard Oil und Kokosfett kocht. Schwarzes Salz, Kala Nimak und Stinkasant fehlen auch nicht.

Diese Gewürzskala lässt das Gewürzrepertoire Maggi, Salz und Zitronensaft einer schweizerischen Hausfrau leicht verblassen.[27]

Einmal erlebten Barbara und Steivan Könz, wie sich der staunende Blick umkehrte und auf sie selbst richtete. Als sie bei der Grossfamilie Sharan in Araria zu Besuch waren, wünschten sich die Bewohner des Nachbardorfs ein Spektakel der besonderen Art: Die beiden grossen, blassen Fremden mussten sich in einem Hof auf zwei Stühle setzen. Nach und nach kamen die Einheimischen, setzten sich den beiden gegenüber auf die Erde, betrachteten sie ausgiebig, tuschelten miteinander, kicherten und erlebten offensichtlich ein Stück Exotik.

Von Purnea aus machten Barbara und Steivan Liun Könz einen Abstecher ins Himalaya-Gebirge. Etwa zehn Tage verbrachten sie im 1800 m ü. M. gelegenen Darjeeling. Natürlich liessen sie sich eine Fahrt mit der berühmten Schmalspurbahn, die von Kalka nach Shimla führt, nicht entgehen. Könz widmete dem mittlerweile zum Weltkulturerbe erklärten Toy Train einen kleinen Text:

Il trenin da Darjeeling
Da Siliguri a Darjeeling va ün pitschen trenin a vapur. 60 cm largs ils binaris sainza let da crap, ün pa tort. Da Darjeeling partan mincha di a las 11.30 trais trenins ün davo l'oter per rivar davo var [zoppà, ks] uras a Siliguri. Per tuornar la listessa tratta metta'l var 8 uras perche chi va ferm amunt. Siliguri ca. 300 ms.m., Goom ca. 2000 ms.m., Darjeeling ca. 1800 ms.m. Oriundamaing vaivan nus intenziun da far il viadi in tren, mo a Siliguri nu vaina chattà ingün bun lö per nos veicul e lura eschna partits cun quel. Però il divertimaint dal trenin nu vaina lura listess na vuglü manchantar ed eschan partits ün di a las 11.30 per Goom circa 1 ura da viadi. Natüralmaing n'haja stuvü tour prüma classa perche cha'ls cumpartimaints sun uschè bels. Aint ils vaguns possa güsta star in pè sainza cloccar aint la testa. Trais canapes verds, stats surtrats dal 1930 l'ultima vouta, cun pennas chi fouran sco clavaruns. Fanestras da quellas per far ir amunt, ün pa sco pitschnas guillotinas chi croudan giò al mumaint cha'l tren parta o al mumaint cha la locomotiva as tacha vi dal tren. Quai dà lura ün clap sfrach scha tuottas 10 fanestras chi's vaiva drivi per laschar sortir l'ajer vegl ed al listess mumaint ün cloc giò pel cheu schi as tgnaiva güsta oura il cheu o ün'ungla blaua! La locomotiva, ün veteran, modernischem dal 1904, la superbgia

Barbara Könz im Toy Train nach Darjeeling

d'alch indschegner inglais a la fabrica da locs a Glasgow in Scozia. Statta transportada cun ün bel bastimaint alb e manada sü al Himalaja cun blera fadia e sgür eir cun ün bun pa Whisky. 70 ons sainza reparaturas. Quai chi'd es i in malura o ruot es gnü büttà. La maschina talmaing arcaïca e simpla ha tgnü tras. Plü ingünas uras da masürar la pressiun da la vapur, plü ingün tachometer, be diversas sirenas per admonir ils manisunzs da camiuns pro quellas var 200 voutas cha'l trenin cruscha la via. Scha la vapur va almain ed ün dals trenins resta per via, lura güda il prossem, quel chi vegn davo, e stumpla ün pa. –

Davant la staziun da Darjeeling vaja il prüm ün pa planiv, là vegn il tren cun üna sveltezza da var 20 km l'ura, passa lura intuorn üna storta malsurvisibla e cruscha la via, ma minch'automobilist sa quai ed ha eir vis il placatin cun la locomotiva e la testa da mort. Plü tard vaja lura ün pa insü. Subit vaja eir cun la sveltezza almain, be plü a pass. Fingià a Darjeeling d'eira üna massa da passagers nairs chi pendan vi dal tren, siglian giò, spettan e cuorran lura davo ed as tachan darcheu vi dal tren o cuorran svelt tras ils vaguns a verer schi nu füss alch oget na perchürà per til portar davent. A Goom as ferma il tren per ün'ura, il prüm aint in la staziun, il seguond ün pa dadourvart ed il terz sün la cruschada da la via ed il trafic es lura per quella pezza interruot. Da Goom vaja lura tuot aval e per là as douvra be frains, pür giosom as s-choda darcheu la vapur in üna lunga pausa e lura vegnan ils ultims 10 km a Siliguri.[28]

Der kleine Zug von Darjeeling

Von Siliguri nach Darjeeling fährt ein kleiner Dampfzug, das Gleis 60 cm breit, ohne Steinbett und ein wenig krumm. In Darjeeling starten jeden Tag um 11.30 Uhr drei kleine Züge, einer hinter dem anderen, um etwa nach [verdeckt, ks] Stunden in Siliguri anzukommen. Um dieselbe Strecke zurückzufahren, dauert es etwa acht Stunden, weil es steil bergauf geht: Siliguri ca. 300 m ü. M., Goom ca. 2000 m ü. M., Darjeeling ca. 1800 m ü. M. Ursprünglich hatten wir vor, die ganze Reise im Zug zu machen, doch wir haben in Siliguri keinen guten Platz für unser Fahrzeug gefunden und sind mit dem Auto losgefahren.

Aber wir wollten das Vergnügen der Zugfahrt doch nicht verpassen und sind eines Tages um 11.30 Uhr bis Goom gefahren, was circa eine Stunde Reise bedeutet. Natürlich musste ich erste Klasse lösen, weil die Wagenabteile so schön sind. In den Wagen kann ich grade noch aufrecht stehen, ohne mit dem Kopf an die Decke zu stossen. Drei grüne Kanapees, 1930 zuletzt bezogen, mit Federn, die wie Zecken stechen. Fenster, die man nach oben öffnen muss, ein wenig wie kleine Guillotinen, die hinunterschnellen, wenn der Zug abfährt oder wenn die Lokomotive am Zug festgemacht wird. Es gibt dann einen grossen Knall von allen zehn Fenstern, die man geöffnet hatte, um die alte Luft rauszulassen, und gleichzeitig einen Hieb auf den Kopf, wenn man grade den Kopf hinausgestreckt hat, oder einen blauen Fingernagel! Die Lokomotive, ein Veteran, ultramodern um 1904, der Stolz eines englischen Ingenieurs in der Lokfabrik in Glasgow, Schottland. Transportiert wurde sie mit einem schönen weissen Schiff, und auf den Himalaja hinaufgezogen mit viel Mühe und sicher auch mit einer guten Menge Whisky. 70 Jahre ohne Reparaturen. Was abgenutzt war oder kaputt gegangen ist, wurde weggeworfen. Die Maschine, so archaisch und einfach, hat durchgehalten. Keine Anzeigeuhren mehr, um den Dampfdruck zu messen, kein Tachometer, nur verschiedene Sirenen, um die Autofahrer an den etwa 200 Stellen, wo der Zug die Strasse kreuzt, zu warnen. Wenn der Dampf zurückgeht und einer der Züge stehen bleibt, hilft der nächsthintere und schubst ein wenig. –

Vor der Station von Darjeeling wird es zum ersten Mal ein wenig flach, hier erreicht der Zug eine Geschwindigkeit von etwa 20 kmh, fährt dann in eine unübersichtliche Kurve und kreuzt die Strasse. Aber jeder Automobilist weiss das und hat auch das Schild mit der Lokomotive und dem Totenkopf gesehen. Später geht es ein wenig aufwärts. Sofort geht auch die Geschwindigkeit zurück und erreicht nur noch Schritttempo. Schon in Darjeeling gab es eine Menge blinder Passagiere, die am Zug hängen, herunterspringen, warten, dann hinterherlaufen und sich wieder an den Zug hängen oder rasch durch die Wagen rennen, um zu sehen, ob da nicht ein unüberwachter Gegenstand liegt, den man mitnehmen könnte. In Goom hält der Zug für eine Stunde, der erste im Bahnhof, der zweite ein wenig draussen und der dritte auf der Strassenkreuzung, der Verkehr ist dann für diesen Zeitraum unterbrochen. Ab Goom geht dann alles abwärts, und man braucht nur die Bremsen. Erst zuunterst erhitzt sich der Dampf wieder während einer langen Pause für die letzten 10 km nach Siliguri.

Mitte Mai nahmen Barbara und Steivan Liun Könz in Puri im Bundesstaat Orissa Quartier. Auch Puri ist eine Pilgerstadt, hier steht der hinduistische Jagannath-Tempel, und jedes Jahr findet das grosse religiöse Wagenfest Ratha Yatra statt. Das Paar blieb mehr als drei Wochen in Puri, und Könz warf seinen Blick auf religiöse Bräuche und einzelne, merkwürdige Personen.

«Amse», kolorierte Tuschzeichnung, 1988

Amse, der Diener

Diener sein ist kein Beruf, sondern eine Kaste, fast eine Rasse. Wie ich ein Europäer bin, und dies ohne Zweifel akzeptieren muss, so ist ein «servant» eben nichts anderes als dies. Er ist als Diener geboren worden, und auch seine Enkel werden Diener sein. Jeder reiche Mann aus höherer Kaste hat die gesellschaftliche Auflage, einen Diener anzustellen, damit alle Diener eben dienen dürfen. Unser Diener im Hotel heisst Amse. Er ist sehr fromm und sieht fast aus wie ein Heiliger. Aus seinen Ohren wachsen fingerlange, weisse Haare, Antennen für die Stimmen der Götter. Amse dient sein ganzes Leben hindurch, um im nächsten Leben dann als Herr wiedergeboren zu werden. – Der allgemeine Satz der Diener ist «yes, Sir.» Ich zeige auf eine Maus und frage den viktorianisch erzogenen Diener: «Ist das ein Elefant?» Er antwortet: «Elefant, yes, Sir.» Der Diener bringt einen Frühstücksteller, bewegt sich kaum, schluckt dreimal leer, sagt «yes, Sir» und geht schnell davon. Trinkgeld zu geben ist in einem privaten Haushalt unüblich. Der Diener muss es mit viel Bauchweh am nächsten Tag zurückgeben. Und der Gastgeber sagt dazu: «Mein Diener hat einen Lohn von sechzig Rupien im Monat (etwa zwölf Franken), das genügt. Alles, was darübergeht, ist Sünde für ihn und auch für mich.» Da kann ich nur noch sagen: «Yes, Sir.»[29]

In Puri

In Puri sind auch noch andere Indienreisende länger geblieben, als sie vorhatten. Eine frische Meeresbrise verleiht den Eindruck, der Sommer sei hier erträglicher als anderswo. Wir sind in einer frommen Quäkerpension eingekehrt. Die englische Lady Smith betet in Ekstase schreiend in der verfallenen Kapelle, und ihre verlausten Hühner gackern dazu. Hier haben wir manch gutes englisches Frühstück zelebriert. –

Puri ist die Heimatstadt des Gottes Jagannath. Der Gott ist ein Lebemann und Feinschmecker, täglich werden zu seiner Ehre hundert Teller der besten Leckerbissen zubereitet. In den Tempelküchen arbeiten Tausende von Köchen, die alle eine Maske tragen müssen, um die Speisen vor Verunreinigungen zu schützen. Alles, was Lord Jagannath nicht isst, wird zusammen mit Reis zu einem Mahl für die Pilger und die fetten Bettler verarbeitet. Die Reichen schenken die Speisen dem Gott, und der Gott spendet sie den Armen. Jedes Jahr fährt Lord Jagannath für einige Tage zu einem anderen Tempel. Drei Wagen mit vielen grossen Rädern und vielen Stockwerken werden für diesen Anlass gebaut. Diese grosse Arbeit, die jedes Jahr wiederholt werden muss, wird den Menschen von Puri gut bezahlt. Der Tempel ragt wie ein enormer Zuckerstock über die kleinen Hütten der Händler und Pilger hinaus. Besonders schön ist der Tempel, wenn der Morgen anbricht. Aus der dunklen Tropennacht erscheint die bedrohliche Silhouette und bereichert sich fort bis zu den feinsten Details der Bildhauereien – wie ein Wunder aus dem Nichts.

So ironisch Steivan Liun Könz religiöse und soziale Gegebenheiten kommentieren konnte, so naiv staunend stand er der Natur gegenüber. In den ersten beiden Wochen wohnte er mit seiner Frau in einem Bungalow direkt am Strand. Die Küste des Bengalischen Golfs mit ihren meterhohen Wellen beeindruckte die beiden gewaltig. Fasziniert beobachtete das Paar einheimische Fischer, die morgens früh ins Meer hinausfuhren und mittags wieder zurückkehrten: Sie durchfuhren die beiden riesigen Wellen, die sich vor dem Strand türmten, liefen mit Boot und Beute an Land und verkauften die Fische. Am Nachmittag lotsten einzelne Fischer als Schwimmfüh-

Wir standen da wie zwei ganz kleine Kinderchen aus den Bergen und gafften das Meer an, das reisst und macht und immer wieder Sand wegfrisst.
Barbara Könz

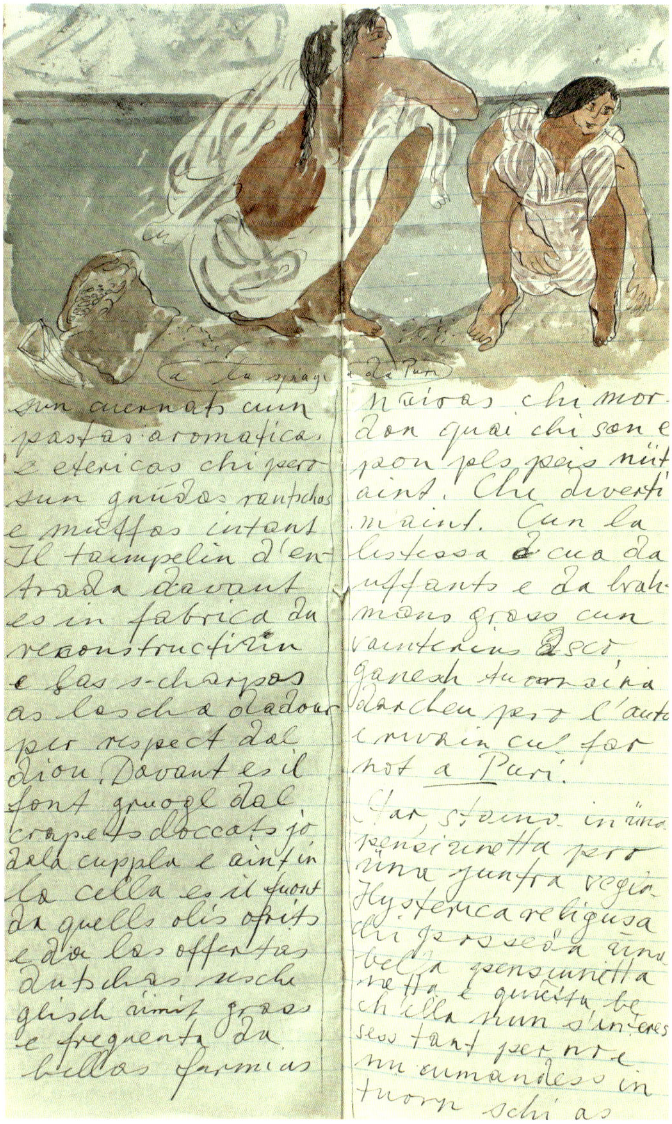

Zwei Doppelseiten aus dem Indien-Tagebuch, Puri 1974

rer Touristen durch die erste Welle, liessen sie im Zwischenraum vor der zweiten Welle schwimmen und halfen ihnen, auf der ersten Welle reitend wieder zurückzukommen und an Land zu laufen. Steivan Liun und Barbara Könz wagten das Abenteuer und genossen die Mischung aus Angst und Freude, die dieses besondere Bad ihnen bereitete.

Nur 35 Kilometer von Puri entfernt liegt Konarak mit dem weltberühmten Sonnentempel aus dem 13. Jahrhundert. Barbara und Steivan Liun Könz unternahmen insgesamt drei Ausflüge nach Konarak, um zu fotografieren und Skizzen zu machen. Könz war hingerissen:

Che bellezza straminabla (...) che unità e che detagl. Bindels cun elefants, lura cun pêrs e copulaziuns, lura liuns, lura ornamaints, tuot ün sur l'oter. Figüras grondas da copulaziuns chi reflettan la vair'amur e l'armonia cha quels umans han gnü in sai. Ils turists discuorran da porno ed erotica, ma quai suna svess. Quistas figüras sun il fö da l'amur, eir suna propcha ün cult al sulai, sun spejels, e natüralmaing es quai tuot normal, schi guarda laint ün püerch, schi nu guarda oura ün profet. Neir pon dar da quels cudeschs sur da l'erotica indra ün purtret d'uschè ün taimpel, uschè pac sco ch'ün extrat dal Decameron chi cuntegna suot il titel da tuot l'istorgia be las lumparias eroticas po far quai! La gronda part da la glieud hoz ha pers il sen per las finezzas, ils detagls, e nun ha ne temp ne vöglia da tscherchar o resentir alch fin o alch chi nun as survain fingià rumaglià e digeri. Eir qua a Konarak piglian ils Inders ed ils turists dal vest ed ost üna guida chi fa filar tras ils taimpels quintond il listess sco las guidas dal Taj Mahal e muossond in cuortischem temp las posiziuns las plü insolitas ed ils cugliuns ils plü raduonds. Eu e Bigna [Barbara Könz, ks] lain tuornar là prossem marcurdi e star al PWD Bungalow per 5 dis ed ir là a disegnar e provar d'ans remarchar l'aspet grondius da quist enorm char da crap.[30]

Welch gewaltige Schönheit (...), welche Einheit und welche Details. Bänder mit Elefanten, einmal mit Liebespaaren, dann mit Löwen, Ornamenten, alles eins über dem anderen. Grosse kopulierende Figuren, die die wahre Liebe und die Harmonie reflektieren, die diese Menschen in sich hatten. Die Touristen sprechen von Porno und Erotik, aber das sind sie selbst. Diese Figuren sind das Feuer der Liebe, auch sind sie in Wahrheit ein Kult für die Sonne. Sie sind Spiegel, und natürlich ist es ganz normal, dass kein Prophet herausblickt, wenn ein Schwein hineinschaut. Auch diese Bücher über die indische Erotik können kein Bild von einem solchen Tempel geben, so wie ein Auszug aus dem Decamerone, der unter dem Titel der ganzen Geschichte nur die erotischen Schelmenstücke enthält, ein falsches Bild ergibt. Heute hat die Mehrheit der Leute den Sinn für Feinheiten und Details verloren und hat weder Zeit noch Lust, etwas zu suchen oder zu fühlen, das fein oder nicht schon wiedergekäut und verdaut ist. Auch hier in Konarak nehmen die Inder und die Touristen aus West und Ost einen Führer, der durch die Tempel leitet, dasselbe wie die Führer vom Taj Mahal erzählt und in kürzester Zeit die unüblichsten Positionen und die rundesten Hoden zeigt. Ich und Bigna [Barbara Könz, ks] wollen nächsten Mittwoch zurückkommen, fünf Tage im PWD-Bungalow wohnen und hingehen, um zu zeichnen und zu versuchen, uns den grandiosen Anblick dieses enormen Steinwagens einzuprägen.

Von den unzähligen sakralen Bauten, die das Ehepaar Könz auf seiner Reise bestaunt hat, kommt den Höhlen- und Felsentempeln von Ellora und Ajanta eine besondere Bedeutung zu. Es war Mitte August, bereits war das Gesuch für eine Verlängerung des Visums abgelehnt worden und die Hektik der Rückreise angebrochen. Barbara und Steivan Liun Könz hatten beschlossen, Bombay nicht zu besuchen, und für Ellora mit seinen zwölf buddhistischen, siebzehn hinduistischen und fünf jainistischen Tempeln blieben nur drei Tage, die buddhistischen Ajanta-Höhlen mussten gar in einem halben Tag besichtigt werden. In Könz' Tagebucheinträge mischt sich Wut auf das heutige Indien in die Begeisterung über die vergangene Hochkultur.

Eu vess terribelmaing o fich vöglia da restar quia ün mais e visitar mincha di ün o tschel taimpel e disegnar e filosofar in quels bels edifizis spiertals chi straglüschan amo la cultura da quels temps passats. Id es sco cur chi's vezza pro nus be il sinoptic d'üna pittura ed i nu's po preschantar che bel cha l'original sarà stat. Tuot quai chi'd es amo bel e positiv in quist pajais es da quellas perdüttas dal temp mort e trapassà. Ün costüm, üna mina, ün taimpel, e quels straglüschan uschè ferm sco ün sulai chi sto chatschar seis razs tras üna grossa cuverta da nüvlas. Eir am para l'India sco ün spejel d'argient cun sü lavadüras e cacs, verms e cacerlacas, be minchatant glüscha tras il spejel, o chi's sto tocker la merda schi's voul verer l'argient. Ignoranza, insincerità ed indifferenza sun las qualitats las plü sviluppadas sper üna chastördà indescrivibla. I paress cha las cundiziuns per l'ultim'avatara da Vishnu füssan bod cumplettas, però na be in India, eir in America e pro nus. Forsa cha l'ultim'avatara es la bomba atomica cha'ls Inders han cumprà.

Ich möchte furchtbar gern einen ganzen Monat hierbleiben und jeden Tag diesen oder jenen Tempel besuchen und in diesen schönen, spirituellen Gebäuden, die noch die Kultur jener vergangenen Zeiten ausstrahlen, zeichnen und philosophieren. Es ist, wie wenn man bei uns nur die Synopsis eines Gemäldes sieht und sich nicht vorstellen kann, wie schön das Original gewesen sein mag. All das, was noch schön und positiv in diesem Land ist, kommt von jenen Zeugen der toten und vergangenen Zeit. Ein Kleid, eine Mine, ein Tempel – und sie leuchten so stark wie eine Sonne, die ihre Strahlen durch eine dicke Wolkendecke hindurchtreiben muss. Indien kommt mir auch vor wie ein silberner Spiegel unter Abfall, Kot, Würmern und Kakerlaken, nur hie und da blitzt der Spiegel auf, oder man muss die Scheisse anfassen, wenn man das Silber sehen will. Ignoranz, Unehrlichkeit und Gleichgültigkeit sind die am stärksten entwickelten Qualitäten, neben einer unbeschreiblichen Faulheit. Es scheint, die Bedingungen für den letzten Avatar Vishnus seien bald gegeben, nicht nur in Indien, auch in Amerika und bei uns. Vielleicht ist der letzte Avatar die Atombombe, die die Inder gekauft haben.

Viele Seiten lang beschreibt und skizziert Steivan Liun Könz jede einzelne Höhle und ihre Reliefs. Mehrmals beklagt er sich über die Zeitknappheit.

Cave 32. Darcheu üna cuort, darcheu millieras da detagls, darcheu be ün pêr minuts per verer, quai es barbaric. Quai es sco stranglar giò ün bun giantar perche cha'l tren parta. Relievs d'amur, elefants, guerras, colonnas, s-chalas, cuorrina tras, perche per verer lessa dis e dis (na di e di).

Höhle 32. Wieder ein Hof, wieder Tausende von Details, wieder nur ein paar Minuten zum Schauen, das ist barbarisch. Es ist, als ob man ein gutes Mittagessen hinunterschlingt, weil der Zug abfährt. Reliefs mit Liebesszenen, Elefanten, Kriegen. Säulen, Treppen, wir rennen hindurch, weil es, um wirklich zu sehen, Tage und Tage (nicht Tag und Tag) bräuchte.

Im Jahr 1986 klappte es endlich: Steivan Liun Könz brach zu seiner zweiten Reise nach Indien auf, diesmal mit seinem Freund, dem Bildhauer Cesare Ferronato, und dessen Tochter Claudia.[31] Dabei erfüllte er sich erneut einige Träume. Es begann mit der Wahl des Transportmittels: Könz nutzte seinen Kontakt zum Mitarbeiter einer sizilianischen Reedergesellschaft und erreichte, dass er und Cesare Ferronato auf einem riesigen Frachtschiff mit Aufenthalt in Mekka, Dschibuti und Karachi nach Bombay fahren konnten. Die beiden reisten als «Offiziere ohne Aufgabe», Könz in der Arztkajüte, Ferronato in einer Offizierskabine. Zwei Wochen waren die Künstler auf hoher See unterwegs, lernten die «echten» Offiziere kennen, besichtigten sämtliche Teile des Schiffs, beobachteten Delfine, spielten Karten, badeten im schiffsinternen Schwimmbecken, zeichneten und machten ihre Notizen.

In Bombay kam Claudia Ferronato dazu. Die Schweizer wohnten in der luxuriösen Wohnung eines Londoner Bekannten mit Blick auf beide Meere, allem Luxus, den Europäer gewohnt sind, und mit einem indischen Butler, der auf der Erde schlief und dem die Hausordnung verbot, im 15-stöckigen Wohnblock den Lift zu benutzen. Steivan Liun Könz hatte sich gut auf Bombay vorbereitet und unternahm mit seiner Begleitung viele Ausflüge, unter anderem zu einem Markt, einem Hafen, man besuchte ein Vollmondkonzert, das die ganze Nacht über dauerte und das die Drei, obwohl

Bleistiftskizze, Ellora 1974

sie froren, von Anfang bis Ende durchhielten. Für ein paar Tage kamen die Bündnerinnen Susanna Fanzun und Fabiola Carigiet zu Besuch. Sie schlossen sich den Unternehmungen an und sassen den beiden Malern Modell.

Könz suchte in Bombay nicht nur neue Erfahrungen, sondern wollte auch einige Dinge, die ihn auf seiner ersten Reise besonders beeindruckt hatten, noch einmal auf sich wirken lassen. So nahm er Claudia und Cesare Ferronato mit zu einer öffentlichen Totenverbrennung in Bombay, man reiste zum Taj Mahal und vor allem noch einmal nach Ellora und Ajanta. Diesmal fand Könz nicht nur die Ruhe, die unvergleichliche Atmosphäre der Höhlentempel auf sich wirken zu lassen, sondern auch Worte, um seine persönliche Erfahrung auf poetische Weise festzuhalten.

L'eivna passada suna stat ad Ajanta ed Ellora a giodair ils locals, spazis spiertals s-chavats our dal grip. Ajer, ün'idea dal buddhissem o hinduissem ün'idea vendscha il grip e fa lö per trar il flà. Üna gronda libertà, üna vita positiva, chi porta inavant, quia dvainta il trar il flà ün evenimaint.

Trar il flà e chantar. Locals da musica aint il s-chür. La not serra l'ögl e riva l'uraglia. La vibraziun chi sorta da mia bocca e tuorna transfuormada inavo vers meis cour e til dà darcheu spranza. Musica e chant chi aintran aint il pet.

Rumur fa be mal las uraglias. Dudir e savair che chi's doda. Clomar, dumandar e savair dudir il rebomb aint in sai svess, d'ün local, d'ün ami o magister. Per tschüffer resposta as stoja tour l'iniziativa da dumandar ed avair il curaschi da tadlar la resposta e da eventualmaing trar consequenzas. La vöglia da tschüffer resposta ha fat crear quists taimpels chi respuondaran sainza esser dumandats hoz ed in etern.[32]

Letzte Woche bin ich in Ajanta und Ellora gewesen und habe die geistigen Räume und Höhlen genossen, die aus dem Fels gegraben sind. Luft, eine buddhistische oder hinduistische Idee – eine Idee besiegt den Felsen und schafft Raum zum Atmen. Eine grosse Freiheit, ein positives Leben, das vorwärtsträgt, hier wird das Atemholen zum Ereignis.

Einatmen und singen. Räume der Musik im Dunkel. Die Nacht verschliesst das Auge und öffnet das Ohr. Vibration, die meinen Mund verlässt, transformiert zurückkehrt und meinem Herzen wieder Hoffnung schenkt. Musik und Gesang, die in die Brust dringen.

Lärm tut nur weh in den Ohren. Hören und wissen, was man hört. Rufen, fragen und das Echo in sich selbst zu hören verstehen, das Echo eines Raums, eines Freundes oder Lehrers. Um Antwort zu bekommen, muss man die Initiative ergreifen und fragen, den Mut haben, die Antwort zu hören und eventuell die Konsequenzen daraus zu ziehen. Der Wunsch, Antwort zu erhalten, hat diese Tempel entstehen lassen, die antworten, ohne gefragt zu werden, jetzt und in Ewigkeit.

Haupttext

1 Gemeinsame Ausstellung mit Marc Egger in der Städtischen Galerie im Kornhaus, Baden, Frühjahr 1970; «Barchas ed Anguels», Gedenkausstellung an Steivan Liun Könz im Kulturzentrum Nairs, Scuol, Oktober 1998.
2 Vgl. Album Nr. 10.
3 Original Französisch. In: Gilbert Bovay: Steivan Liun Könz. Le temps d'un Sgraffito. TSR 1985.
4 Eintrag in: Skizzenbuch Nr. 51.
5 Eintrag um 1968 in: Skizzenbuch Nr. 35.
6 Vgl. Interview Eduard Widmer, 22.8.2006.
7 Vgl. Interview Barbara Könz, 5.8.2006.
8 Vgl. Piero Schäfer in: Zu Gast bei: Steivan Liun Könz, Kunstmaler. Der doppelte Künstler. In: piz. Zeitschrift für Südbünden. Nr. 8, Sommer 1994, S. 21–24; Interview Eduard Widmer, 22.8.2006.
9 Steivan Liun Könz, zitiert nach: Ueli Zindel: Steivan Liun Könz: «Ich erfinde mich täglich neu ...» In: Beobachter Nr. 9, 1990, S. 96–99.
10 Original Französisch. In: Gilbert Bovay: Steivan Liun Könz. Le temps d'un Sgraffito. TSR 1985.
11 Skizzenbuch Nr. 27.
12 Interview Eduard Widmer, 26.9.2006.
13 Eintrag 1987 in: Skizzenbuch Nr. 106.
14 Eintrag März 1965 in: Skizzenbuch Nr. 21.
15 Eintrag März 1965 ebenda.
16 Eintrag Januar 1997 in: Tagebuch Nr. 7.
17 Eintrag 28.1.1997 ebenda.
18 Eintrag 31.1.1997 ebenda.
19 Original Französisch. In: Gilbert Bovay: Steivan Liun Könz. Le temps d'un Sgraffito. TSR 1985.
20 Zu den Reisevorbereitungen vgl. Interviews Barbara Könz, 5.8.2006; Susan und Hari Sharan, 29.7.2008.
21 Reiseablauf gemäss Interviews Barbara Könz, 5. und 13.8.2006.
22 Eintrag Sommer 1974 in: Tagebuch Nr. 3.
23 Eintrag Frühling 1974 ebenda.
24 Interviews Christian-Georg Stähelin, 3.10.2006; Hari und Susan Sharan, 29.7.2008.
25 Eintrag 1987 in: Skizzenbuch Nr. 106. Um welches Dorf es sich bei der Schilderung handelt, lässt sich leider nicht feststellen.
26 Vgl. Tagebuch Nr. 3 und Interviews Barbara Könz, 5. und 12.8.2006.
27 Eintrag 1987 in: Skizzenbuch Nr. 106.
28 Eintrag Frühling 1974 in: Tagebuch Nr. 3.
29 Beide Einträge 1987 in: Skizzenbuch Nr. 106.
30 Dieser und folgende Einträge Sommer/Herbst 1974 in: Tagebuch Nr. 3.
31 Vgl. Interviews Claudia Ferronato, 5.7.2008; Cesare Ferronato, 21.7.2008.
32 Eintrag 15.2.1986 in: Tagebuch Nr. 6.

Marginalien

1 Original Romanisch. In: Skizzenbuch Nr. 24.
2 Eintrag um 1970 in: Skizzenbuch Nr. 48.
3 Eintrag Sommer 1974 in: Tagebuch Nr. 3.
4 Eintrag Frühjahr 1974 in: Tagebuch Nr. 3.

L'HOM SULVADI – DER WILDE MANN

SGRAFFITOARBEITEN IM ENGADIN UND ANDERSWO

Guarda, Haus Spycher (Nr. 18)

Nicht ohne Stolz erstellt Steivan Liun Könz in seinen Skizzenbüchern immer wieder Listen aller Fassaden, die er bis zum jeweiligen Zeitpunkt gestaltet hat. Die Listen wachsen von Jahr zu Jahr und umfassen am Lebensende des Künstlers um die 150 Objekte. Die überwiegende Mehrheit von Könz' Fassadenarbeiten ist in der traditionellen Sgraffitotechnik ausgeführt.

Sgraffito (graffiare = ritzen) ist eine uralte Technik, die auf der handwerklichen Bearbeitung von Kalkmörtel beruht, und zur Herstellung von Dekorationen mit Helldunkelwirkung an Mauerwerk dient.[1]

Kalkstein wird im Kalkofen bei hoher Temperatur gebrannt, der bläuliche Stein wird weiss. Wenn man den abgekühlten Stein mit Wasser versetzt, entsteht nach einer weiteren chemischen Reaktion eine weissliche Paste, der Sumpf- oder Grubenkalk. Vermischt man diesen Kalk mit der doppelten Menge Sand, ergibt er einen guten Mörtel, der mit der Kelle 0,5 bis 1 Zentimeter dick auf den vorher benetzten, rauen Grundputz der Mauerfläche aufgetragen und glatt gestrichen wird. Je nach Farb- und Kontrastwunsch wird dem Mörtel etwas Farbpigment (Schwarz, Oxydgelb, Oxydrot, Umbra) beigemischt. Verlängert man den Sumpfkalk mit Wasser, erhält man eine helle Kalktünche oder Kalkmilch. Diese wird mit einem breiten Pinsel dort auf die feuchte Mörtelschicht aufgetragen, wo die Sgraffitodekoration es erfordert, oder die ganze Hausfassade wird damit übermalt. In den noch weichen, getünchten Verputz wird mit einem spitzen Gegenstand eine Zeichnung eingeritzt und stellenweise als Fläche ausgekratzt. Dabei wird nur die weisse Tünche zusammen mit der obersten Haut der Mörtelschicht abgetragen. Die gekratzten Linien und Flächen erscheinen dunkel neben den hellen, unbearbeiteten Oberflächeteilen.

Das ganze Verfahren muss rasch ausgeführt werden, da der Verputz relativ schnell an der Luft abbindet, hart wird und sich dann nicht mehr bearbeiten lässt. Deshalb werden Sgraffito-Arbeiten meist im Team ausgeführt: Mehrere Maurer mischen den Mörtel und tragen ihn auf, der Künstler folgt nach und bearbeitet die weiche Fläche. Nach und nach wird der Mörtel an der Luft in einer chemischen Umwandlung hart. So schliesst sich der chemische Kreislauf, und aus Mörtel wird wieder fester Kalkstein, der unter günstigen Bedingungen Jahrhunderte überdauern kann.

In Europa breiteten sich Sgraffiti seit der frühen Neuzeit von Italien nach Norden und Osten aus und gelangten im 16. Jahrhundert ins Enga-

Guarda, Haus Walter (Nr. 53/54)

Haus Könz/Steiner (Nr. 25)

din. Die Sgraffito-Dekorationen hatten hier ihre Blütezeit zwischen der Mitte des 16. und des 18. Jahrhunderts. Dorfbrände und der wirtschaftliche Aufschwung mit dem Ausbau der Bahn- und Strassenstrecke durch das Tal im 19. und 20. Jahrhundert verminderten den Bestand an historischen Fassaden. Trotzdem sind bis heute dank dem ausgezeichneten Kalkmörtel des Verputzes und dem äusserst trockenen Klima noch gut erhaltene Beispiele aus vergangenen Epochen vorhanden, Restaurationen und neue Arbeiten ergänzen den alten Bestand, so dass Sgraffito-Fassaden ganze Engadiner Dorfbilder prägen. So begegnet man etwa bei einem Gang durch Guarda, Ardez oder Cinuos-chel Sgraffiti aus verschiedenen Epochen. Da sind einfache Ornamente wie Wellenband, Quader und Rosetten, mythische Symbole, zum Beispiel Sonnenwirbel, halten zusammen mit Drachen, Delfinen oder Nixen böse Geister fern, Wappen und Spruchtafeln zeugen von Genealogie und Lebensweisheiten der früheren Hausbesitzer, Pflanzen mit Blättern und Blumen ranken die Hausecken hoch, Fensterprofile und Torbögen imitieren klassische Architektur. Traditionelle Sgraffiti betonen die architektonischen Elemente eines Hauses, Fenster, Türen, Ecken und Giebel, und stellen an den für das Tal so typischen asymmetrischen Fassaden ein Gleichgewicht her. Sie sind aus dem Engadin nicht mehr wegzudenken.

Haus Könz/Steiner (Nr. 25), Detail

Dass Iachen Ulrich Könz seinen Kindern zutraute, mit Sgraffito-Technik umzugehen, hatte er bei der Restauration Guardas bewiesen, als er alle vier Söhne aus erster Ehe in die Arbeiten mit einbezog. Constant Könz, der spätere Maler und Sgraffitokünstler, führte schon mit vierzehn Jahren selbständig eine erste Sgraffito-Arbeit aus. Steivan Liun Könz war bei der Restauration seines Heimatdorfes noch zu klein, mit sechzehn Jahren erwies er sich jedoch als weiteres grosses Talent in der Familie:

> Vater motivierte uns, nahm uns mit auf die Baustellen. Schon als 16-Jähriger durfte ich mithelfen, drei Jahre später selbständig eine historisierende Bordüre in eine Senter Hausfassade kratzen.[2]

Die Bordüre [verzierte Einfassung, ks] in Sent war der Anfang zu einer langen Reihe von Sgraffito-Arbeiten. Iachen Ulrich Könz verteilte Aufträge, die er nicht selbst erledigen konnte, an seine Söhne Constant und Steivan Liun, die beiden erwarben sich einen guten Ruf und wurden auch direkt beauftragt, Fassaden zu renovieren oder neu zu gestalten. Steivan Liun Könz war sich bewusst, dass er viel über Verputz und Farben wusste und über eine riesige Ornamentpalette verfügte, die er im Engadin aufgetankt und auf Reisen und in Bibliotheken beim Studium von Renaissance- und Barockbildbänden erweitert hatte. Gefiel ihm eine Hausfassade, klopfte er an und versuchte den Besitzer davon zu überzeugen, dass ein Könz-Sgraffito genau das Richtige für ihn und sein Haus wäre.[3]

Sgraffito-Arbeiten erfordern ein rasches, entschlossenes Vorgehen. Steivan Liun Könz ging deshalb nie unvorbereitet zu Werk. Er studierte die Besonderheiten der Fassade, die Lichtverhältnisse vor Ort, hörte sich die Wünsche des Bauherrn an, nahm die Auflagen der lokalen Baukommission zur Kenntnis und reichte allenfalls, wenn auch ungern, einen Entwurf ein. Seine Skizzenbücher sind voll mit Ornamentskizzen und Fassadendetails. Auf der Baustelle erschien Könz aber ohne Skizzen oder Entwurf, ohne Schablonen und meist auch ohne andere Hilfsmittel wie Zirkel oder Lineal. Seine einzige Ausrüstung bestand in einem Vorrat an grossen Nägeln, die er zum Kratzen in einen Korken steckte. Manchmal hatte er mit dem Hausbesitzer ein Thema für die Dekoration vereinbart, ausserdem wusste er grob, welche Bereiche der Fassade er bearbeiten wollte. Hatten die Maurer Verputz und Tünche für die nächsten sechs Stunden fertig aufgetragen, markierte Könz die Eckpunkte grosser Figuren, zeichnete einige Hilfslinien, arbeitete aber dann im Detail spontan und frei. Während er auf dem Gerüst ritzte, hatte er immer auch die Umgebung im Auge. Kam während der Arbeit ein Bekannter vorbei, wurde dieser oder ein Detail aus der gemeinsamen Unterhaltung spontan auf der Hausfassade verewigt. Dinge, die den Bauherrn und seine Familie aus-

Da ist keine Zeit zum Vorzeichnen, zum Entwerfen im Massstab 1 : 1. Die Sgraffiti entstehen direkt an der Wand. Ist der Anfang einmal gemacht, so wachsen sie mir unter der Hand von allein über die Fläche. Es ist, als ob nicht ich das Schabmesser, sondern das Messer mich führte.[1]

Steivan malte so opulent und assoziativ, wie er Geschichten erzählte: Er kannte sehr wohl die ursprünglichen Sgraffiti, doch wenn er an der Arbeit war, floss sein innerer Reichtum in seine Hand, und es entstanden neuartige Dinge.
Agnese Caviezel-von Hoven

Steivan suchte immer nach Variationen, nichts wiederholt sich, auch kein geometrisches Ornament. Aus seiner Freude an der Variation entsteht Fröhlichkeit auf den Fassaden.
Constant Könz

Sgraffiti müssen populär sein. So dienen sie mir als Mittel gegen die gewaltige Depression, die unsere Zeit ergriffen hat.[2]

zeichnen, wurden ebenfalls porträtiert: ein Haustier, die astrologischen Tierkreiszeichen der Bewohner, ihre Hobbys, ein gutes Glas Wein oder Kuchen, die dem Künstler in einer Arbeitspause offeriert worden waren und vieles andere mehr. Auch seine persönliche Befindlichkeit wusste Könz in Bilder zu fassen. Als er einmal sehr verärgert war, ritzte er zum Beispiel eine Schildkröte, die unter einen Hammer gerät, auf die Fassade. «Ich zeichne eben, wie es mir in die Hand kommt. Ich probiere an jedem Haus etwas anderes aus.»[4] Könz war auch bei der Gestaltung von Fassaden ein fantasievoller Fabulierer.

Bei der Arbeit in Sent

Steivan Liun Könz arbeitete selten allein. Oft brachte er eine Hilfskraft mit, meist die eine oder andere junge Frau, die sich für einen künstlerischen oder kunsthandwerklichen Beruf ausbildete und von seiner Erfahrung profitieren konnte. Sie kam auf dem Gerüst hinterher und schabte die Leerräume in den vorgeritzten Zeichnungen aus. War eine Assistentin begabt, arbeitete er öfter mit ihr und räumte ihr mehr und mehr Freiräume zur eigenen Gestaltung ein. Könz liess auch interessierte Bekannte oder die Familie des Bauherrn mithelfen, zufällig vorbeikommende Schulklassen wurden über Sgraffito-Technik aufgeklärt, erhielten Schabwerkzeug und konnten sich nützlich machen. Könz' kommunikative Art machte die drei oder vier Tage dauernde Sgraffito-Arbeit zu einem kleinen Volksfest, die Umgebung durfte an der Arbeit teilnehmen, und in den Pausen gab der Künstler seine legendären Geschichten zum Besten.

Nicht immer gingen Könz' Sgraffito-Aufträge konfliktlos über die Bühne. Stein des Anstosses war manchmal das Baumaterial. Einige Hausbesitzer und Handwerker zogen es vor, mit billigerem und rascher herstellbarem Fertigputz zu arbeiten. Steivan Liun Könz setzte sich vehement für den althergebrachten Kalkmörtel ein. Das Material ermöglichte bessere und weitaus dauerhaftere Ergebnisse. Musste er doch mit Fertigputz vorlieb nehmen, verschaffte er sich im Skizzenbuch Luft:

A mai spüzza da far quist sgrafit perche ch'el es fat cun üna molta sintetica (…) chi'd es bler massa stiglia per far sgrafits. Che vöglia sgrattar oura scha la molta es be var 0,3–0,5 mm grossa, quai es sco nodar ingio chi'd es be 10 cm aua. Eu nu less plü lavurar per speculants eir scha quai es pajà bain.[5]

Mir stinkt es, dieses Sgraffito auszuführen, weil es aus einem synthetischen Mörtel besteht (…), viel zu dünn für Sgraffiti. Was will ich auskratzen, wenn der Mörtel nur 0,3–0,5 mm dick ist. Das ist wie Schwimmen bei nur 10 cm Wassertiefe. Ich möchte nicht mehr für Spekulanten arbeiten, auch wenn ich gut bezahlt werde.

Steivans Arbeiten haben die Qualität der historischen, naiven Dekorationen. In der Barockzeit machte man viele figürliche Sgraffiti, meist nur Drachen und Meerjungfrauen, eventuell auch noch Fische. Aber Steivans Ungeheuer sind viel differenzierter ausgestaltet, sehr individuell, oft mit einer humoristischen Note. Auch bei Eckquadern, Fenster- und Türbetonungen hat er oft neue Muster erfunden, oder er hat traditionelle Elemente aufgenommen und sie «stefanisiert».
Constant Könz

Wenn zwischen Madulain und Sent ein Könz-Sgraffito im Entstehen ist, gibt das immer wieder zu diskutieren. «Er macht halt schon komische Sachen», kommentiert ein älterer Einheimischer in Guarda.[3]
Peter Stöckling

Steivan Könz kümmert wenig, dass meist die Drohung irgendeines Gemeindepräsidenten oder eines Denkmalpflegers über seinem Werk schwebt, der die Nixen und Wichte des unermüdlich neue Bilder Kreierenden für nicht traditionsgemäss und nicht dem Ortsbild entsprechend einstuft und ankündigt, es werde Busse und Prozess geben und das Bild übermalt werden müssen. Der Meister schlägt allen ein Schnippchen, gibt Bemalungspläne ein, an die er sich in der Realisierung nicht hält. Dank der Sgraffitotechnik, bei der schnell gearbeitet werden muss, sind neue Figuren geschaffen, ehe sich's jemand versieht. Ist der Künstler vom Gerüst heruntergestiegen, lacht ein nackter Pan oder eine Nymphe mehr im protestantisch-strengen Engadin. Und übermalt wird – meistens – nichts.[4]
Willi Wottreng

Auch Könz' frei und spontan an die Wand gekratzten Figuren boten einigen Zündstoff. Oft waren es unbeschwert-freizügige Darstellungen von Nacktheit, etwa einer Sirene, die den Hausbesitzern Probleme bereiteten. Nannten sie dann nicht den wahren Grund für ihren Wunsch, die Figur zu entfernen oder zu ändern, waren sie bei Könz abgeschrieben und provozierten längere Einträge über «Esel» und «Idioten» im Skizzenbuch. Freundlicher reagierte der Künstler auf Vorbehalte, die direkt vorgebracht wurden. Eine alte Engadinerin war sehr zufrieden über die vielen Pflanzen und Tiere, mit denen Könz ihre Fassade geschmückt hatte, erschrak aber, als er beim Eingang des Wohnhauses ein Teufelchen an die Wand kratzte. Sie bestand darauf, dass die Figur entfernt wurde. Bei genauerem Hinsehen sieht man das gehörnte Wesen jedoch noch heute. Vor allem aber verzierte Könz später die Rechnung für seine Arbeit mit Ornamenten und einem Teufel und schenkte dem Sohn der alten Frau, seinem eigentlichen Auftraggeber, ein Leda-Bild mit einem Spruch über Männer und Frauen, in dem der Teufel eine zentrale Rolle spielt. Das Bild hängt jetzt gerahmt in der Wohnstube des Hausbesitzers, das Könz'sche Teufelchen hat sich mit Hinterlist doch noch ins Haus gestohlen![6]

Crear ün'ouvra sublima our da merda, sablun, aua e chaltschina. Cun ajer e sulai e cun meis mans possa crear alch nouv, alch amo mai stat chi cumainza a scrodar al mumaint ch'eu bandun il plazzal.[7]

Ein sublimes Werk herstellen aus Dreck, Sand, Wasser und Kalk. Mit Luft und Sonne und mit meinen Händen kann ich etwas Neues schaffen, etwas, das noch nie da war und das im Augenblick, da ich den Platz verlasse, zu zerfallen beginnt.

Steivan Liun Könz schätzte es, bei der Arbeit mit natürlichen Materialien umzugehen, deren Möglichkeiten auszutesten und sich am Widerstand, den sie ihm entgegensetzten, zu reiben. Die Sgraffito-Technik, ein wichtiger Schwerpunkt von Könz' Schaffen, ermöglichte ihm, geistigen Stoff und konkretes Material miteinander zu verbinden, und sie ist ein Erbe seiner Engadiner Heimat. Hier hat er die Sgraffiti vorgefunden, hier ist auch die grosse Mehrheit seiner Fassaden entstanden. Das Engadin hatte, genauso wie sein familiärer Hintergrund, gleichzeitig fördernde und hemmende Einflüsse auf den Künstler.[8]

Steivan Liun Könz knüpfte bei der Arbeit an den Ornament- und Figurenfundus der historischen Engadiner Fassaden an und erweiterte ihn um Bilder, die er von den Geschichten, die man sich in den Dörfern erzählte, und von Engadiner Märchen und Sagen her kannte. Als Kenner esoterischer Lehren war er sich der symbolischen Bedeutung von Formen und Figuren, die er auf die Wände kratzte, sehr bewusst. In einem Vortrag in Ardez wies er 1983 darauf hin, dass Figuren an Fassaden ursprünglich die Funktion hatten, böse Geister vom Haus und seinen Bewohnern fernzuhalten. Dann zählte er wichtige Motive und Formen der Engadiner Sgraffiti auf und erklärte dem Publikum deren Symbolgehalt. Die Aufzählung zeigt: Könz wurzelt als Sgraffito-Künstler in der Engadiner Tradition. Löwe, Drache, Steinbock, Wilder Mann und Sankt Georg, Sirene und Delfin schmücken auch seine Fassaden, und sind wie eh und je umgeben von pflanzlichen Ornamenten, Lebensbäumen, Sonnenrosetten, Kreuzen, Dreiecken, Quadraten und Kreisen.

Die genaue Kenntnis der Engadiner Tradition hielt Steivan Liun Könz aber nicht davon ab, frei mit ihr umzugehen. Er verfügte über grosses Geschick, das Herkömmliche nicht nur zu rekonstruieren, sondern es auch mit Gegenwärtigem und Persönlichem zu verbinden. Seine Ornamente, seine Drachen, Fische und Meerjungfrauen sind vielgestaltiger als ihre historischen Brüder und Schwestern und erhalten Gesellschaft von neuartigen, der Gegenwart entsprungenen Formen und Wesen. Im Lauf der Jahre entwickelte Könz eine eigene, lebendige Figur- und Formensprache. Sie zeugt von seinem grossen Freiheitsbedürfnis und seiner Abscheu vor Wiederholungen, basiert aber auch auf dem schon Iachen Ulrich Könz geläufigen Traditionsverständnis, dass Altes nur erhalten werden kann, wenn man es der Gegenwart entsprechend weiterentwickelt.

Steivan Liun Könz' scheinbar mutwilliger Umgang mit der Tradition brachte ihm im Engadin einige Schwierigkeiten ein. In der alteingesessenen Bevölkerung ist zum Teil noch etwas vom bilderstürmerischen Impetus der Reformation zu spüren. Viele Engadiner ziehen es vor, eigene und fremde Fassaden nur mit Ornamenten, nicht aber mit Figuren, die teilweise sexuelle oder blasphemische Anspielungen enthalten, geschmückt zu sehen. Auch wenn ein Hausbesitzer mit einer Könz-Fassade hoch zufrieden ist, seine Nachbarn sind es vielleicht weniger. Steivan Liun Könz hatte früh gelernt, nicht zu viel Wert auf die Meinung anderer Leute zu legen. Er scherte sich wenig um derartige Kritik und Bedenken.

Intensiver musste er sich gezwungenermassen mit den Einwänden von Baukommissionen und Denkmalpflege auseinandersetzen, die ebenfalls Vorbehalte gegen seine Arbeiten anmeldeten. Hier prallte die Forderung nach ausschliesslicher und maximaler Bewahrung dessen, was nachweisbar historisch vorhanden war, auf die dynamischeren Ansichten der Familie Könz, der nicht historische Detailtreue, sondern harmonische Fassaden vorschwebten. Steivan Liun Könz fand keinen einvernehmlichen Umgang

Sur En d'Ardez, Haus Hugentobler/Campell, zwei Details

Viagiond sur il Flüela vaiva gnü la reflexiun dals cluchers chi spettan cha'l temp tira oura lur sgrischaivlas unifuormas cha la Chüra da monumaints tils ha trats aint sainza tils dumandar nöglia.[5]

Als ich über den Flüela reiste, kam mir der Gedanke an die Kirchtürme, die darauf warten, dass die Zeit ihnen die fürchterlichen Uniformen auszieht, die ihnen die Denkmalpflege angezogen hat, ohne sie zu fragen.

JACHEN
BLANC-CLALUNA
– 2007
R.I.P.
LETTA DERUNGS
-MARGADANT
1957 – 2006
NEISA STUPAN
-HATECKE
1910 – 1995
LINA
STRIMER
-RODIGARI
1919–2004
BARBLA
PINÖSCH-
CADONAU
1927–2003
ELZER-
MEYER
CHRISTIAN
JOHANNES

PAN E
PASTI-
ZARIA
B. GIACOMETTI
MEINRAD-SOLINGER
PERSÉNICO 1906
1984
JON STEIVAN
STUPAN
WILHELM
HATECKE-MICHAEL

Gab viel zu reden: Ardez, Pastizaria Giacometti, gemeinsame Fassadenmalerei mit Constant Könz um 1970

mit den Behörden, die von ihm genaue Entwürfe und deren Einhaltung verlangten und so seinen spontanen Fantasiefluss hemmten. Mit der Zeit arbeitete er kaum mehr mit der Denkmalpflege zusammen und konzentrierte sich auf ältere Fassaden, die nicht unter Denkmalschutz standen, oder auf Neubauten.

SGRAFFITO IM ENGADIN: ZUM BEISPIEL ARDEZ

Steivan Liun Könz hat im Engadin über hundert Häuser mit Sgraffiti oder Fassadenmalerei geschmückt. Eine besonders hohe Dichte an Könz-Fassaden hat das 1975 im Rahmen des europäischen Jahres zum Denkmalschutz als besonders schützenswert ausgezeichnete Unterengadiner Dorf Ardez vorzuweisen. Hier hat der Künstler zwischen 1960 und 1994 an neun Häusern Fassadenarbeiten vorgenommen, sieben davon mit Sgraffito-Technik. Am Beispiel Ardez lässt sich so besonders gut die langfristige Entwicklung seiner Arbeitsweise verfolgen.[9] Die anfangs eher traditionelle Dekorationstechnik unter Anleitung von Iachen Ulrich Könz wurde abgelöst durch ein Nebeneinander von traditionellen und individuell entwickelten Elementen. Schliesslich verschmolzen die beiden Ansätze zu einer einheitlichen Handschrift, die sich zusehends individualisierte.

1960 erhielt Steivan Liun Könz von seinem Vater den Auftrag, ein um 1900 erbautes Gebäude am nordwestlichen Dorfrand von Ardez mit einem traditionellen Streifen-Sgraffito zu versehen. Die fabrikartige Frontfassade erhielt dadurch eine Struktur, die ihr ein freundlicheres Aussehen verleiht. Die einzige kleine Freiheit, die dem zwanzigjährigen Könz zugestanden wurde, ist ein Blumenornament über dem Torbogen, doch verrät auch dieses wenig von der Experimentierfreude seines Erschaffers.

Haus Nr. 70/71, Detail

Sieben Jahre später restaurierte Steivan Liun Könz – wiederum auf Empfehlung seines Vaters – ein Doppelhaus mitten im Dorf (Nr. 70/71). Das grosse Gebäude stammt aus dem 17. Jahrhundert und sollte auf neuem Verputz nach alten Motiven mit Sgraffiti versehen werden. Wie es die Tradition verlangt, betonte Steivan Liun Könz Türen, Fenster, Ecken und Giebel des Hauses, und ordnete sich auch bei den Ornamenten und Figuren in die Engadiner Tradition ein, allerdings mit kleinen, unauffälligen Variationen: Betrachtet man die Doppelwellen an der östlichen Fassade, fällt der schwarze Strich innerhalb der einzelnen Wellen auf, eine zusätzliche Verzierung, die historisch nicht nachweisbar ist. Folgt man dem Lauf des Wellenbandes, stösst man plötzlich auf eine Kehrtwendung. Wo die beiden Wellenrichtungen aufeinandertreffen, erscheint ein Gesicht mit Augen, Mund und Haaren, das dem Betrachter, scheinbar über sich selbst verwundert, entgegenblickt.

Haus Nr. 70/71

Haus Nr. 46

1967 gestaltete Steivan Liun Könz in Ardez noch zwei weitere Fassaden. Die Westfassade des Hauses Nr. 46 ist eine gemeinsame Arbeit mit seinem Bruder Constant und zeigt das Nebeneinander von traditionellen und freien Elementen, hier aufgeteilt auf die beiden Brüder. Constant Könz übernahm die Aufgabe, die geometrisch-architektonischen Ornamente in den Ecken, an Tür und Fenstern sowie die Rosette im Dachgiebel und die Spruchtafeln zu gestalten. Er tat dies im traditionellen Stil mit Eckquadern und, allerdings variierenden, Säulen und Profilen. Steivan Liun Könz ritzte die Figuren über dem Tor und über zwei Fenstern. Er entschied sich für die traditionellen Engadiner Motive Delfin, Vogel, Drache, überliess sich aber bei der Ausführung seiner Fantasie. Vor allem der Drache im Giebel ist ein unverwechselbares Unikat: Er faucht mit drei Köpfen und schwingt an seinem Schwanzende noch einen weiteren, viel kleineren, dafür zufrieden dreinblickenden Kopf. Ganz beiläufig füllt das geflügelte Ungeheuer mit seinem langen Schwanz einen Leerraum, der ungefüllt das Gleichgewicht der Fassade stören würde.

Eine noch viel eigenwilligere Figur nimmt einen freien Platz auf der Nordfassade des Hauses 26 ein, das Könz ebenfalls 1967 mit Sgraffiti versah. Das mysteriöse Reittier mit Menschenkopf erinnert insofern an historische Sgraffiti, als der Leib von der Seite, das Gesicht aber frontal dargestellt ist. Doch ansonsten scheinen Reiter und Tier eher der Fabulierlust eines Hieronymus Bosch als dem Unterengadin entsprungen zu sein.

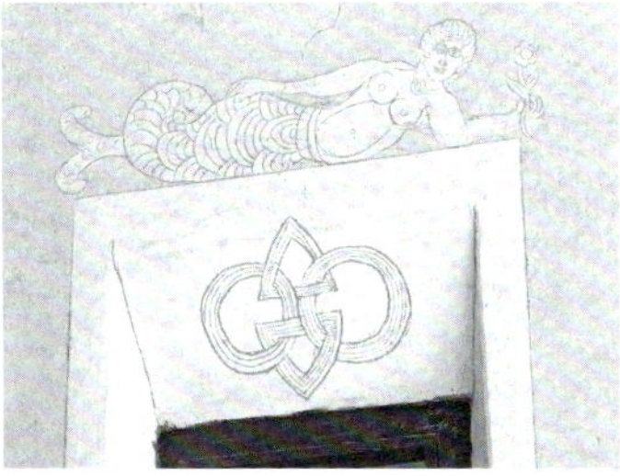

Haus Nr. 26, Detail

Dass er auch im Alleingang Tradition und eigene Erfindungen neben-

Ardez, Haus Nr. 26, zwei Details

einander präsentieren konnte, bewies Steivan Liun Könz 1973 bei der Restauration und Neudekorierung der Chasa Isla, einem frei stehenden, vieleckigen Haus aus dem 17. Jahrhundert (Nr. 155). Er griff auf der Westfassade die an der Frontfassade noch erhaltenen Fensterumfassungen mit klassischen Säulen und Profilen auf und fügte auf der freien Fläche Vogel und Drachen bei. Die Rückfassade auf der Südseite birgt dann einige Überraschungen. Auch sie erinnert an das Vorbild der Frontfassade, doch wird die Gestaltung von Etage zu Etage freier. Unter dem Giebel tummeln sich Schlangen mit Menschengesichtern, und in der obersten Fensterleibung ist, von unten nur knapp sichtbar, eine nackte Schöne verewigt.

Chasa Isla (Nr. 155), Detail

Entwicklungen verliefen bei Könz nie linear. So gibt es in Ardez ein Haus, bei dem der Künstler bereits 1972 ausschliesslich in seiner unverwechselbaren Handschrift Sgraffiti ritzte. Das grosse Haus am westlichen Dorfausgang (Nr. 162) stammt aus dem 18. Jahrhundert und ist mit seinen Fensternischen aus verschiedenen Stilepochen schon in sich heterogen. Vermutlich waren Steivan Liun Könz deshalb weder von Seiten der Baukommission noch vom Hausbesitzer, dem Architekten Max Ziegler, Beschränkungen auferlegt worden. Von weitem sieht der Eingang mit dem Säulen- und Profilsgraffito recht traditionell aus. Doch sind die Ornamente, die den Torbogen schmücken, alles andere als gebräuchlich, bestehen sie doch nicht nur aus Pflanzenranken, sondern auch aus menschlichen Figuren, Gesichtern und Vögeln. Auf dem oberen Rand der beiden Bogenfenster über der Tür stehen links und rechts von einem Windrad gar zwei kecke Strichmännchen. Auf der Fassade befinden sich weiterhin, immer

Ardez, Haus Ziegler (Nr. 162)

perfekt auf Fenster, Giebel und Leerräume verteilt, Fische, Hasen, Herzen, Sterne, ein Engel, ein Mann mit riesiger Nase, ein Schwan, eine Nixe und eine Kaffeekanne. Nicht weniger unkonventionell sind die drei anderen Fassaden gestaltet. Zwar umrahmt und betont Könz weiterhin Fenster, Türen, Ecken und Giebel, doch ist sein Figurenarsenal höchst eigenwillig, oft erzählen die Bilder sogar kleine Geschichten. Im Giebel der Ostfassade balanciert zum Beispiel ein Mann auf einem schmalen Brett von einem Fenster zum nächsten, schräg unter ihm vereinigen sich die Schwänze zweier Fischmenschen zu einem schönen Ornament durchaus zweideutigen Inhalts, der durch ein von einem Pfeil durchbohrten Herz noch verdeutlicht wird. Kleine Hommagen an die Beteiligten des Umbaus finden sich in zwei unteren Ecken des Hauses. An der Westfassade hat Könz eine kleine Jagdszene skizziert, sie ist ein Gruss an den Baumeister und Jäger Ilario Fedi. In die Frontfassade ist ein Mann mit Bart und Brille geritzt, der glücklich ein Weinglas in der Hand hält. Vermutlich handelt es sich um Könz selbst, der während der Arbeit von der Bauherrschaft zu seiner vollen Zufriedenheit verköstigt wurde.

Haus Ziegler (Nr. 162), Detail

Nach einer Pause von zwanzig Jahren war Steivan Liun Könz ein letztes Mal in Ardez beschäftigt. 1994 beauftragte ihn Walter Angele, drei Fassaden seines Engadiner Hauses zu restaurieren beziehungsweise neu zu gestalten. Das Haus Nr. 73 stammt hauptsächlich aus dem 18. Jahrhundert, weist aber verschiedene Zeitschichten auf, so dass die Fassaden nach den Auflagen der Denkmalpflege und der Ardezer Baukommission unterschiedlich behandelt werden mussten. Steivan Liun Könz verstand sich vorzüglich mit seinem Auftraggeber, der sich stellvertretend für den Künstler über die Behörden ärgerte und bei den Verhandlungen um grösstmöglichen Spielraum kämpfte. Beflügelt von dieser Komplizenschaft zog Könz bei der Arbeit alle Register.

Haus Ziegler (Nr. 162), Detail

Die Frontfassade war in den Vierzigerjahren von Könz' ältestem Bruder Peider gestaltet worden. Hier mussten lediglich Ergänzungen und einige Verbesserungen angebracht werden. Die Ostfassade durfte als ältester, teils ins Mittelalter zurückreichender Teil des Hauses, der zudem auf eine enge Gasse blickt, nach Willen der Baukommission nicht mit Sgraffiti, sondern nur mit einem rohen Grundputz versehen werden. Steivan Liun Könz fand das wohl zu öde. Er wartete, bis Walter Angele für zwei Tage ins Unterland verreist war, presste dann mit einer einfachen Schablone einige Wasserwesen und Pentagramme in den Putz und strich sie glatt. Am nächsten Tag vervollständigte er sie mit Rötelstift, ein uraltes Verfahren, das im Engadin Tradition hat. Mit diesem Vorgehen hatte er dreierlei erreicht: Die Fassade war nun, wenn auch diskret, geschmückt, der Bauherr konnte dafür nicht verantwortlich gemacht werden, und auch Könz selbst hatte nicht gegen die Auflagen verstossen: Die gepressten und gezeichneten Figuren hatten ja nichts mit Sgraffiti zu tun!

Haus Angele (Nr. 73), Detail (Rötelstift)

Die Westfassade ist nur etwa hundert Jahre alt, die Denkmalpflege fand daher einen Schmuck à la Engadinerhaus nicht angebracht. Steivan Liun Könz hatte hier also grössere Freiheit. Das Ergebnis ist eine Hauswand, auf der zwar die vertrauten Engadiner Motive Delfin und Wasserfrau bestimmend sind, doch weist sie erhebliche Unterschiede zu früheren Ardezer Arbeiten des Künstlers auf. Es gibt keine Fensterverzierungen, die Figuren schmücken die Fassade, tummeln sich auf freien Flächen oder verbinden fast zufällig zwei Fenster miteinander. Absolut dominant auf der Fassade ist eine riesige Nixe mit beunruhigend zornigem Gesichtsausdruck. Diese Miene geht laut Aussagen von Steivan Liun Könz auf einen Streit mit seiner Ehefrau Andrea Könz zurück, der kurz vor seinem Aufbruch zur Baustelle stattgefunden hatte und ihn bei der Arbeit weiter beschäftigte. Ebenso persönlich ist eine Figur am linken Rand der Fassade: Auf Wunsch

Ardez, Haus Angele (Nr. 73), Detail

von Walter Angele hat Könz hier eine Erinnerung an die Zwistigkeiten mit der Baukommission auf die Wand geritzt. Ein Bajazzo trägt eine Waage auf dem Kopf, auf deren einer Schale die Initialen des Bauherrn WA, auf der anderen die Buchstaben CFA (Cumischiun da fabrica dad Ardez) zu sehen sind. Die Waagschale, und damit das Recht, neigt sich deutlich auf die Seite des Bauherrn, auch ist die Gesichtshälfte des Bajazzo auf dieser Seite freundlich und wohlgenährt, während sie auf der Seite der Kommission etwas asketischer gestaltet ist – alles persönliche Andeutungen, die Insider zu lesen verstehen.

Die mit grosszügigen Linien und deutlichen, dicken Konturen geritzten Figuren auf der Westfassade des Hauses Angele sind in Ardez einzigartig. Die Freiheit zu dieser Art von Sgraffito hatte sich Könz in der Zwischenzeit im Unterland erarbeitet, in erster Linie in der Dorfsiedlung am Dürrbach im katholischen Engelberg.

Haus Angele (Nr. 73), Detail

SGRAFFITO IM UNTERLAND: ZUM BEISPIEL DIE DORFSIEDLUNG AM DÜRRBACH IN ENGELBERG

Am 1. Mai 1978 begannen in Engelberg die Bauarbeiten zur «Dorfsiedlung am Dürrbach».[10] Der Unternehmer Theo Meierhans hatte in der Nähe des Klosters 20000 m^2 Bauland gekauft und beauftragte seinen Architekten Albertus Caviezel, auf dieser grossen Fläche etwas Besonderes zu entwerfen: eine Siedlung mit Dorfcharakter inklusive Dorfbrunnen. Der Architekt legte ein Projekt mit sechs grossen Wohnhäusern vor, die einen grossräumigen Innenhof bilden und hundert Wohnungen mit jeweils individuellem Grundriss Raum geben. Neben Dorfbrunnen und Spielplatz plante er für die Siedlung eine Tiefgarage und ein Hallenbad. Caviezels Vorschlag stiess beim Heimatschutz zunächst auf Widerstand, doch fand das Projekt innerhalb der Kommission eine Mehrheit. So wurden zwischen 1978 und 1986 alle geplanten Immobilien gebaut und nach und nach verkauft oder vermietet.

Bricht Könz die Tradition, oder führt er sie weiter. Wir denken: Er ist ein echter Heimatkünstler (und wissen, er wird uns für diese Beurteilung verfluchen). Doch Könz drückt Stimmungslagen aus, welche viel mit der Region zu tun haben. Auch wenn er seine Motive in Renaissancebüchern und byzantinischen Zeichnungen findet, die er in Bibliotheken auf Reisen in der fernen Türkei studiert hat. Er hält an der Tradition fest, indem er sie verändert.[6]
Willi Wottreng

Es war von Anfang an klar, dass die Siedlung nicht nur originell und solid gebaut, sondern auch künstlerisch gestaltet werden sollte. Nichts lag näher, als Steivan Liun Könz beizuziehen: Da seine Ehe kriselte, lebte der Künstler gegen Ende der Siebzigerjahre oft bei Angelica und Albertus Caviezel in Vitznau, auch hatte er für den Bauherrn Theo Meierhans bereits in Blatten zu dessen vollster Zufriedenheit zwei Häuser mit Sgraffiti beziehungsweise Fassadenmalerei versehen.

Recetta Walti
2 sadellas sablun dad Uri grisch e lavà o dal lai
2½ sadellas sablun suos-ch da la chava
(4 sadellas sablun e ½ da quel fin fin, quel da s-chart)
1 sadella chaltschina bognada
4–6 liters cement
2 liters chaltschina idraulica quella buna[7]

Rezept Walti
2 Eimer Sand aus Uri, grau und gewaschen oder aus dem See
2½ Eimer dreckiger Sand aus der Grube
(4 Eimer Sand und ½ von diesem sehr feinen, dem vom Abfall)
1 Eimer gelöschter Kalk
4–6 Liter Zement
2 Liter hydraulischer Kalk, dieser gute

Die Dorfsiedlung am Dürrbach wurde zu Steivan Liun Könz' grösstem Sgraffito-Auftrag überhaupt: Über eine Dauer von beinahe zehn Jahren arbeitete er immer wieder in Engelberg, und er fand für seine Arbeit optimale Bedingungen vor: In der katholischen Innerschweiz herrschte nicht die Bilderfeindlichkeit, die ihm im Engadin zu schaffen machte. Zudem gab es hier keine Sgraffito-Tradition, die seinen Ideenreichtum auf ein Set von Motiven beschränkt hätte. Zwar hätte sich der Bauherr Theo Meierhans ursprünglich gewünscht, Skizzen und Entwürfe zu sehen, er liess sich dann aber vom Ehepaar Caviezel überzeugen, dass der Künstler am besten arbeitete, wenn er absolut frei und spontan agieren konnte.

Selbstverständlich leistete Könz trotzdem viel Vorarbeit, wenn jeweils ein Haus so weit fertiggestellt war, dass er ans Werk gehen konnte. Schliesslich musste er für jedes Gebäude neue Motive finden, am Ende aber ein Gesamtbild erzeugen, das innerhalb der Vielfalt auch Einheitlichkeit erkennen liess. Vor allem die grossen Figuren und Ensembles, die er auf die Wände der Dorfsiedlung am Dürrbach zauberte, verlangten Vorbereitung, decken sie doch viele Quadratmeter Fläche ab und reichen über mehrere Etagen. In seinen Skizzenbüchern drehte und wendete er Motivgruppen und Zeichnungen, bis er die Lösung gefunden hatte.

Nach uralten, eingeborenen Regeln der Komposition, in spannungsvollen Kontrasten und im Mass des Goldenen Schnitts zieht Steivan seine Register wie ein Musiker bei seiner Orgel.
Constant Könz

Wie immer fand Könz die Ideen für seine Sgraffiti in der unmittelbaren Umgebung. Die Nähe des Klosters Engelberg inspirierte ihn zu riesigen Darstellungen des Heiligen Christophorus und St. Georgs, der einen Drachen tötet. Andere Fassaden zeigen das Paradies, die Hölle, Adam und Eva, diverse Engel und Teufel sowie allegorische Darstellungen der Kardinaltugenden und Todsünden (so platziert, dass sich die Tugenden näher beim Büro Meierhans, die Todsünden aber auf der Seite des Klosters befinden). Weitere Sgraffiti zeigen Szenen ländlichen Lebens oder verweisen mit Rodlern, Ski- und Schlittschuhläufern auf Engelberg als Winterkurort. Um Bildmaterial zu finden, griff Könz auch auf weltliche Allegorien zurück: Die mittelalterlichen Stände (Lehrstand, Wehrstand, Nährstand), die Jahreszeiten, die Monate, die astrologischen Tierkreiszeichen boten geeignete Motive, um grosse Flächen unter ein Thema zu stellen und reich zu bebildern. Was im Engadin nur unauffällig an Hausecken oder unter Dachgiebeln möglich war, konnte in Engelberg nach Bedarf in den Mittelpunkt gestellt werden: Steivan Liun Könz arbeitete intensiv mit persönlichen Reminiszenzen und Anspielungen. Eine Fassade zeigt gross und unverkennbar seine Frau Barbara mit Sohn Simon, einige Tierkreiszeichen sind anhand einer Familie dargestellt, die ihr astrologisches Porträt direkt von ihrer Wohnung im gegenüberliegenden Haus aus sehen kann, auf Theo Meierhans' Haus ist auf der einen Fassade seine ganze Familie abgebildet, auf der anderen zeigen die Monats-Medaillons von Militär- bis Jagdszenen, welchen Beschäftigungen der Bauherr im Lauf eines Jahres nachgeht. Auch Architekt Albertus Caviezel ist verschiedentlich festgehalten, leicht zu erkennen an der Pfeife im Mund.

Klaus Nanzer, der Bauleiter der Dorfsiedlung, ist ebenfalls auf den Fassaden verewigt. Als Organisator und erster Ansprechpartner musste er den Künstler immer wieder an Termine erinnern, was mancherlei Konflikte auslöste. Trotzdem bestand zwischen den beiden Männern ein gutes Einvernehmen, manchmal diskutierten sie bis tief in die Morgenstunden, und Steivan Liun Könz erzählte seine Geschichten.

Manchmal gingen Könz die Ideen aus. Dann traf er sich mit Wohnungskäufern zu einem Glas Wein und erkundigte sich nach ihren Vorlieben und Wünschen. Diese Motive brachte er an den Innenwänden der Laube oder des Balkons an, die zur jeweiligen Wohnung gehörten.

Zwischen der ersten und der letzten Fassade, die Könz in der Dorfsiedlung am Dürrbach gestaltete, liegen acht Jahre. Vor allem die Sgraffiti des zuerst gebauten Hauses unterscheiden sich stark von denen, die folgten. Zum einen gab es zu Beginn noch Probleme, den richtigen Kalkputz für die

Engelberg, Dorfsiedlung am Dürrbach, Thema «Astrologische Familie»

Dorfsiedlung am Dürrbach, Themen «Wehrstand», «Stammbaum», «Christophorus»

Detail zum Thema «Landleben»

Engelberger Witterung zu finden. Zum andern entwickelte der Künstler erst im Lauf der Zeit seine spezifische Art, Sgraffiti für die Engelberger Siedlung zu gestalten: Sind auf der grossen Fassade des ersten Hauses noch diverse kleinere, detailreiche Figuren und Formen lose verteilt, verdichten sich bei späteren Arbeiten die Motive zu einem teppichartigen Gewebe, das die ganze Fassade bedeckt und Fenster und Türen als Lücken erscheinen lässt, oder aber Könz nutzt die freien Räume, die eine Fassade ihm lässt, für eine einzige grosse Figur. Es ist, als ob in der Anfangsphase die Sgraffiti die Fassaden verzieren, später aber die Fassaden zu einer Art Leinwand für die geritzten Bilder werden.

Am 8. Oktober 1986 fand in Engelberg das Einweihungsfest für die Dorfsiedlung am Dürrbach statt. Einige Wochen zuvor hatte Könz in sein Tagebuch notiert:

Engelberg, 29.7.1986. I va vers la fin. Quist bel sömmi Dürrbach oramai bod 10 ons. Forsa stuvaina far la chasa nr. 6 amo üna vouta. Almain suna cuntaint tant inavant cun tuot ch'eu chat eir bod curius: uschè blers sgrafits, psicograms d'ün Engadinais excentric.[11]

Bleistiftskizze «Wehrstand»

Engelberg, 29.7.1986. Es geht dem Ende zu. Dieser schöne Traum Dürrbach, nun fast zehn Jahre. Vielleicht müssen wir das Haus Nr. 6 noch einmal machen. Zumindest bin ich einigermassen zufrieden, obwohl ich es fast seltsam finde: so viele Sgraffiti, Psychogramme eines Engadiner Exzentrikers.

Natürlich hatte der «Engadiner Exzentriker» während der vielen Wochen, die er in Engelberg verbrachte, auch hin und wieder für Aufregung gesorgt. Wenn er abends nach der Arbeit nicht in Gesellschaft einer seiner wechselnden Assistentinnen war, zeichnete er oder machte Experimente mit verschiedenen Materialien und Stoffen. Eines Tages entdeckte Theo Meierhans, dass in der Wohnung, die er dem Künstler vorübergehend zur Verfügung gestellt hatte, eine Fensterscheibe fehlte. Auf Nachfrage erfuhr er, dass Könz bei einem Experiment offenbar «etwas viel Schwarzpulver» verwendet hatte. Manchmal waren auch zu wenig Leute auf der Baustelle, die Steivan Liun Könz bei der Arbeit unterstützen konnten, oder er hielt ganz einfach die Einsamkeit, die mit seinem Aufenthalt in Engelberg verbunden war, nicht mehr aus. Spontan fuhr er dann etwa nach Luzern und «las ein wenig aus den Händen oder den Tarotkarten»: «Sun stat ün pa a Lucerna e dat ün pa dals mans e dal taroc.»[12] Dass er dies tat, ohne sich auf dem Bau abzumelden, versteht sich von selbst. Einmal soll Könz sogar ohne zu informieren nach Paris gefahren sein. Am Reisetag hatten die Maurer eine ganze Fassade für Sgraffiti vorbereitet, warteten jedoch vergeblich auf den Künstler und mussten den Verputz am Abend kurz vor dem Trocknen wieder von der Fassade kratzen. Die Geschichte hört sich an wie eine von Steivan Liun Könz' fantastischen Erzählungen: Einige Tage später fand Theo Meierhans seinen Sgraffiteur im Pariser Quartier Montparnasse in Gesellschaft zweier bildhübscher Mädchen. Könz versprach, bald zurück zu sein, und ritzte dann mit seinen beiden französischen Assistentinnen eine der schönsten Fassaden in der Dorfsiedlung am Dürrbach. Einmal war der Schrecken auf Seiten des Engadiners: Ein Polizist in Uniform und Rohrstiefeln erschien täglich auf der Baustelle und richtete seine Blicke auf die Partie des Gerüsts, von der aus Könz seine Sgraffiti ritzte. Steivan Liun Könz, der eine äusserst angespannte Beziehung zu allen Vertretern der Ordnung hatte, geriet so sehr aus dem Konzept, dass er kaum mehr arbeiten konnte. Schliesslich klagte er Albertus Caviezel sein Leid. Der Architekt fragte den Polizisten nach dem Grund seiner Besuche und erhielt eine erstaunliche Antwort: Der Ordnungshüter war von der Sgraffito-Arbeit fasziniert und wünschte sich, der unbekannte Künstler würde auch eine Hütte, die er auf einem Kinderspielplatz gebaut hatte, verschönern. Die beiden gegensätzlichen

Männer wurden Freunde, und der Kinderspielplatz erhielt eine Sgraffito-Hütte, wie sie sich der Polizist gewünscht hatte.

Die Dorfsiedlung am Dürrbach ist nicht Steivan Liun Könz' einzige Sgraffito-Arbeit ausserhalb Graubündens. Der Engadiner hinterliess seine unverwechselbaren, lebendigen Bilder auf Fassaden in der ganzen Schweiz. Dennoch ist die Engelberger Siedlung repräsentativ für seine Kunst am Bau im Unterland und zeigt sehr schön, was ihm alles einfiel, wenn keine Institution ihm Grenzen setzte. Zudem hinterliess der Künstler am Dürrbach nicht nur Sgraffito-Spuren, sondern machte auch erste Erfahrungen mit Stuck, einem Verfahren, das die zweifarbigen Sgraffiti ins Dreidimensionale steigert. Die Labyrinthe, Wellen und Bilder, die Könz in Engelberg an einigen Wänden plastisch aus dem Mörtel herausarbeitete, erscheinen einige Zeit später vielfältig variiert wieder im Engadin.

GASTRONOMISCHES

Ich mache sehr gern Likör. Hier habe ich einen Birnenlikör, dann habe ich Ingwer-Likör gemacht, den kann man nicht trinken. Davon giesse ich einen ganz kleinen Schluck in den türkischen Kaffee, weil ich einen Bekannten aus Jemen habe, der sagte, man gebe Ingwer in den Kaffee. Iva-Likör mache ich auch: Die Feen hatten früher ein Getränk, das sie den lieben Hirten anboten. Dieses Getränk hatte einen sehr guten Geschmack. Das Rezept war streng geheim. Einmal überraschte ein Hirt eine Fee, die auf der Alp etwas pflückte. Die Fee erschrak und floh, da sah der Hirt ein Bündel Zwergschafsgarben, das sie liegen gelassen hatte. Jetzt wusste er: Zwergschafsgarbe, und braute daraus Iva. Die Fee zog ihm danach zur Strafe die Haut ab, aber wir wissen jetzt alle, was Iva ist. Im Dorf variieren die Meinungen sehr stark. Die eine Frau sagt: «Du musst Wurzeln pflücken im April.» Die andere sagt: «Du musst die Wurzeln im Oktober nehmen, da sind sie voll.» Die andere: «Du musst pflücken, bevor die Pflanze blüht», die andere: «Nur die Blüten.» Jeder macht seinen Iva anders. Aber ich braue viel solche Schnäpschen.[13]

Steivan Liun Könz war ein Tüftler, sei dies nun bei der Arbeit auf dem Bau und im Atelier oder in der Küche. Noch häufiger als Rezepte für Sgraffito-Mörtel tauchen in seinen Skizzenbüchern Kochrezepte auf. Er schöpfte aus seinem breiten Wissen über heimische Kräuter und Pflanzen und alte Rezepte, zudem sammelte er auf den Reisen in nahe und ferne Länder Anregungen. Seine Experimentierfreude brachte ihn auf tausend Ideen, die er ausprobierte und wenn nötig verfeinerte.

Könz war ein leidenschaftlicher Koch und machte seine Freunde zu begeisterten Gästen.[14] Um seine Mehrgangmenus ranken sich unzählige Anekdoten, es wird geschwärmt von seinem Kümmelbraten, vom Pesto, dem indischen Currygericht, den Älpler-Magronen, der selbst gemachten Ochsenschwanzbouillon, die er an Barbara Könz' vierzigstem Geburtstag für achtzig Personen kochte. Die Einladungen glichen kulinarischen Reisen in verschiedenste Länder und schenkten dem Gaumen differenzierteste Geschmacksempfindungen. Überdies war Könz ein engagierter Gastgeber, der seine Gäste nicht nur grosszügig verköstigte, sondern auch unterhielt. Er erzählte seine Geschichten mit den aberwitzigen Pointen und liess sich auch sonst die eine oder andere Überraschung einfallen: Er formte zwei Puddings, die er zum Dessert servierte, zu grossen Busen und biss vor dem Verteilen die beiden «Brustwarzen» ab. Oder er spielte auf dem Balkon Alphorn, bis die Nachbarn reklamierten. Diese waren jedoch sogleich versöhnt, als Könz sie einlud, am Fest teilzunehmen.

Besonders gut verstand sich Steivan Liun Könz mit Wirten und Köchen. Er entdeckte zudem, dass Restaurants und Hotels als Galerien genutzt werden konnten, und hängte seine Bilder gerne in den Gaststuben befreundeter Wirte auf, etwa im Restaurant Crusch Alba und im Hotel Meisser in Guarda, im Hotel Hauser St. Moritz oder im Hotel Üja in Scuol. Grosses Vergnügen bereitete es ihm auch, wenn er in gastronomischen Betrieben Fassaden, Innenräume oder Teile der Ausstattung gestalten konnte.

Champfèr, Trattoria Diavolo: Kolorierte Skizze und Ausführung Stuckteufel

Wie aus einem Guss wirkt das Restaurant Diavolo des Hotels Chesa Guardalej in Champfèr.[15] Steivan Liun Könz gestaltete das Kellergewölbe 1988 zusammen mit dem Ostschweizer Architekten Josef Brun. Könz zeichnete für das reich ornamentierte Stuckgewölbe, Brun für die Inneneinrichtung verantwortlich. Die Arbeit mit Stuck hat einiges mit Sgraffito-Technik gemein. Was beim Sgraffito der Kontrast zwischen Dunkel und Hell, ist beim dreidimensionalen Stuck die Differenz zwischen hohen und tiefen Linien und Formen. In den Skizzenbüchern suchte Könz nach Ornamenten und Motiven für den Kellerraum, die er dann mit einem fröhlichen Team italienischer Handwerker und Anita Sutter, einer seiner treuesten und besten Assistentinnen, von Hand und mit einfachstem Werkzeug in den Gips prägte. Entstanden ist ein stimmungsvoller Raum mit Weinranken-Ornamenten, Labyrinthen, Schwänen, Teufeln, verschiedenen Gesichtern, einer Sphinx, Vögeln und variantenreichen geometrischen Formen.

Für das Hotel Hauser St. Moritz hat Steivan Liun Könz 1995/96 im Auftrag von Marinda und Markus Hauser verschiedene gestalterische Arbeiten

Hotel Chesa Guardalej, Trattoria Diavolo, Stuckarbeit

ausgeführt.[16] Am spektakulärsten sind die beiden Liftschächte, die Könz über mehrere Etagen hinweg mit Pflanzenranken und Figuren beziehungsweise einem Baum mit Riesenschlange bunt dekoriert hat. Das Arbeiten in den beengten Verhältnissen verlangte dem Maler einiges ab. Zum Ausgleich schlüpfte er in den Pausen in die Backstube, naschte, während er mit dem Chefkonditor fachsimpelte, und entwarf ein Gebäck aus Kardamom und Schokolade. Ebenso ungewöhnlich wie der Lift sind die hinter Glas gemalten Spiegel, die sich über das geräumige Restaurant verteilen, und das Gesicht des Betrachters mit einem Teufel, einer Wasserfrau, Sonne, Mond, Labyrinth oder Fisch vermengen. Könz entwarf in Absprache mit dem Ehepaar Hauser auch eine fröhlich-bunte, von zwei Seiten lesbare Speisekarte, Papiersets, Getränkegutscheine und andere papierene Kleinigkeiten für das Restaurant. Alles ist heute noch in Gebrauch. Aus dem Arbeitsverhältnis entstand eine Freundschaft. Während der Liftarbeiten wohnte Könz im Hotel, ass gemeinsam mit der Familie, erzählte seine Geschichten und führte zum Vergnügen der Kinder Zaubertricks vor. Im Winter 1997/98 stellte das Hotel eine Anzahl «Turm von Babylon»-Bilder aus. Weitere Pläne für die Ausstattung des Restaurants, die bei Könz' spontanen Besuchen in St. Moritz Gestalt annahmen, wurden durch seinen Tod im Frühling 1998 vereitelt.

Schon in den Achtzigerjahren hatte Steivan Liun Könz wieder mit seinem ehemaligen Schulkollegen Giacomin Ghilotti Kontakt aufgenommen. Dieser hatte von seinem Vater das Hotel und Restaurant Üja in Scuol übernommen.[17] Könz überzeugte den Hotelier, seine Bilder im Restaurant aufzu-

St. Moritz, Hotel Hauser, Spiegel-Hinterglasbild und Liftschacht

hängen und sie an interessierte Gäste zu verkaufen. Zum Dank für die wandelbare Dauerausstellung gestaltete der Künstler in der Hotellobby eine Stuckwand mit Motiven, die Ankunft und Abreise thematisieren. 1992 verkaufte Ghilotti Hotel und Restaurant an den jungen Gastronomen Leonardo Savoldelli und eröffnete zusammen mit seiner Frau in der Nachbarschaft die kleine Pension «Chasa Sofia».

Leonardo Savoldelli und seine Frau Marianne übernahmen Hotel und Restaurant samt Einrichtung, also auch die laufende Bilderausstellung. Um die Besitzverhältnisse zu klären, traf sich der Wirt mit Steivan Liun Könz, und man vereinbarte, dass die Bilder zu denselben Bedingungen wie bisher hängen bleiben konnten. Zwischen den beiden Männern entstand eine herzliche Freundschaft, und Könz, der sich gerade mit Franz Baumberger, dem Crusch-Alba-Wirt in Guarda, zerstritten hatte, wurde ein häufig und gern gesehener Gast in Scuol. Mit den Jahren hinterliess Steivan Liun Könz immer mehr Spuren im Restaurant, so dass die Üja heute von allen Etablissements am stärksten von ihm geprägt ist.

Es begann damit, dass Könz ankündigte, er werde Savoldelli ein schönes, leeres Buch vorbeibringen, ein Hotel brauche nun mal ein Gästebuch. Nach vier Wochen tauchte er mit einem dicken Wälzer auf, der aber nicht leer, sondern bereits mit einigen illustrierten Einträgen versehen war: Historische Persönlichkeiten wie Jürg Jenatsch, Otto von Habsburg, Ulrich von Tarasp, Henri Guisan und Charlie Chaplin hatten sich bereits mit Bild und Kommentar verewigt. Auch stellte sich heraus, dass in der Üja einst ein schauriger Mord begangen worden war: Maria Schlandrina von Schauenstein hatte, wie die Illustration beweist, in der Hochzeitsnacht ihren Mann geköpft und war dann auf Nimmerwiedersehen abgereist. Leonardo Savoldelli war begeistert und stellte fest, dass seine Gäste sich dank diesen Vorlagen nach Kräften ins Zeug legten, um das Niveau des Gästebuchs halten zu können.

Nach diesem Start waren die Savoldellis für Steivan Liun Könz' Vorschläge umso offener. Als er deshalb eines Tages Entwürfe für eine Postkarte und Visitenkarten vorlegte, einigten sie sich rasch auf die Variante, die das Haus auf der einen Seite sommerlich, auf der anderen Seite winterlich schneebeladen zeigt. Könz stellte Lithografien her, und der Entwurf ging in Druck.

Als Steivan Liun Könz nebenan im Bogn Engiadina arbeitete, kam er fast täglich in der Üja vorbei. Er befand, dass die gewöhnlichen Speisekarten in Plastikhülle nicht zum Restaurant mit dem besonderen Gästebuch und der originellen Postkarte passten. Also malte er rund ein Dutzend kolorierter Tuschzeichnungen, die zuerst original, später in gedruckter Form als Speisekarten an die Gäste abgegeben wurden.

Schliesslich fand Könz den Eingang zur Üja nicht mehr genügend repräsentativ: Die Milchglasschwingtüre und die nüchternen Wände erinnerten ihn an eine Arztpraxis. Er brachte im Eingangsbereich Stuckwände mit eingelassenen runden Goldplättchen an und hängte links und rechts zwei mit Hinterglastechnik und Blattgold bearbeitete Spiegel an die Wand. Wände und Spiegel stellen Traubenranken beziehungsweise Adam und Eva neben dem Baum der Erkenntnis dar. Die Schwingtüre wurde mit Sandstrahltechnik bearbeitet und zeigt jetzt einen Koch mit prachtvoller Mütze.

In den Jahren 1993 und 1994 erhielt Steivan Liun Könz sowohl von Giacomin Ghilotti als auch von Leonardo Savoldelli Aufträge zur Fassadengestaltung. Die Pension Sofia bemalte er mit einem bunten Lebensbaum, der über die ganze Fassade rankt. Das Gästehaus des Hotels Üja erhielt eine imposante Sgraffito-Rebe, die drei Seiten des Hauses überwuchert und von allerlei Getier, zum Beispiel einem gefallenen Engel und einem Hummer, belebt wird.

Zu guter Letzt gelang es Steivan Liun Könz, seine gestalterischen Stärken mit seinem Kochtalent und seiner Begabung als Unterhalter zu verbinden. Eines Tages zeigte er Leonardo Savoldelli eine Skizze, die eine Maschine zur Herstellung von Feuerzangenbowlen darstellte. Mittels dieser Maschine könne eine Bowle gebraut und gleichzeitig mit karamellisiertem Zucker angereichert werden. Könz überzeugte seinen Freund davon, dass eine Feuerzangenbowle eine gelungene Animation für die Hotel- und Restaurantgäste wäre, und anerbot sich, das erste Happening gleich selbst durchzuführen. Zusammen mit Alesch Vital konstruierte er das «Druidomobil». Mit diesem Gefährt kamen die beiden Künstler Anfang 1997 in die Üja, Könz ausgestattet mit einem nicht enden wollenden Arsenal von Gewürzen von Kardamom, Ingwer, Sternenanis bis zu Nelken, Süssholz und Zimt und einem Zuckerhut. An einem kalten Januarabend setzten Alesch Vital und Steivan Liun Könz zur Freude der anwesenden Gäste und der Lokalpresse[18] das Druidomobil in Betrieb und verteilten den köstlichen, wärmenden Glühwein. Das Happening war ein Erfolg, das sah auch Leonardo Savoldelli ein, der in den nächsten Tagen stillschweigend den versengten Teppich durch einen neuen ersetzte. Noch heute gibt es in der Üja in kalten Winternächten Feuerzangenbowle zu geniessen, jetzt allerdings auf der teppichfreien Dachterrasse.

Scuol, Hotel Traube/Üja, Visitenkarte

Scuol, Pension Chasa Sofia, Fassadenmalerei

Tuschzeichnung Druidomobil, 1997

FARBEN, KACHELN UND STUCK FÜR BÄDER

Zwei Jahre nach der Gestaltung des Restaurants Diavolo erhielt Steivan Liun Könz einen weiteren Auftrag aus Champfèr: Helen und Frank H. Wolf, die das Hotel Chesa Guardalej betrieben, waren mit Könz' erster Arbeit so

Champfèr, Hotel Chesa Guardalej, Wellnessoase Aqualej, Seitenwand und Stirnwand Hallenbad

zufrieden, dass sie ihm auch die künstlerische Gestaltung des Hallenbads anvertrauten.

Könz freute sich über diesen Auftrag ganz besonders, hatte er doch auf den Türkeireisen seine Leidenschaft für Bäder entdeckt und sich seither intensiv mit Badekulturen auseinandergesetzt. Die Malereien, mit denen er die beiden Wände im Hallenbad versah, nehmen farblich die Grün- und Blautöne des Wassers auf, die Bilder sind jedoch dem Motivkreis entnommen, den der Künstler auch für Engadiner Aussenfassaden verwendete: An der Längswand prangt eine doppelschwänzige Nixe mit Wellenhaar und Blumen und Vögeln, die sich wie Wasserspritzer über die Wand verteilen. Das Bild spiegelt sich im Bad und kräuselt sich mit den Wellen der Schwimmerinnen und Schwimmer. Die Querwand wird bis zum Giebel von einem riesigen, Feuer spuckenden Drachen mit langem, gewundenem Schwanz ausgefüllt.

Obwohl die beiden Wände auf den ersten Blick Könz' Sgraffiti sehr ähnlich sind, warten sie mit überraschenden Details auf. Die Nixe stemmt einen riesigen Fisch über ihren Kopf, um ihre Brüste windet sich wie eine liegende Acht eine Schlange, aus dem Schoss blickt dem Betrachter ein Stierkopf entgegen – symbolträchtige Bilder, die Könz nicht zufällig eingesetzt hat. Ein besonderer Effekt ergibt sich bei den Schwänzen der Nixe,

die in einer Art Blumenbouquet enden: Einige Blätter sind aus Blattgold und erzeugen je nach Lichteinfall ein intensives Leuchten.

Auch der Drache ist ebenso symbolträchtig wie dekorativ. Sein Körper ist reich mit Ornamenten versehen, im vorderen Bereich wiederholt sich die Acht von der anderen Wand, den Hinterleib ziert ein Labyrinth, das auch in den Windungen und Spiralen des Schwanzes anklingt. Den Drachen bekämpft nicht etwa ein männlicher Held, sondern eine nackte, leichtfüssige und erstaunlich sorglose Frau, die der Bestie sogar den Rücken zukehrt. Durch ihr Haar, das sich um eine Klaue des Drachen windet, und ihre Hände, die das Schwanzende des Ungeheuers halten, schliesst sich der Bildkreis an der Wand. Das Gemälde oszilliert auf faszinierende Weise zwischen Engadiner Sagenwelt und klassischer Mythologie: Wer könnte die Frau sein, wenn nicht Ariadne, die ihren Faden durchs Labyrinth zieht und jetzt schon weiss, dass Minotaurus besiegt werden wird?

Bei einem Werk von Könz darf das Augenzwinkern nicht fehlen: In einer Nische unter dem Drachenbild trinkt ein Wolf mit rotem Schlips ein Glas Wein – ein kleiner Gruss an den Auftraggeber Frank Wolf!

Wellnessoase Hotel Chesa Aqualej, Detail

Für einmal war Steivan Liun Könz, der seinen Arbeiten immer kritisch gegenüberstand, voll mit sich zufrieden. Am 28. Dezember 1990 notierte er ins Skizzenbuch: «Das Gemälde im Bad ist optimal geraten, da kann ich nur

Scuol, Bogn Engiadina, Römisch-irisches Bad, Decke Ruheraum

Römisch-irisches Bad, Kuppelraum und Detail

den Hut ziehen und mir auf die Schulter klopfen.» – «La pittura es dvantada optimala, qua possa be tour giò il chapè ed am cloccar sün la spadla.»[19]

Schon ein Jahr später konnte Könz an seine ersten Erfahrungen mit der künstlerischen Ausstattung eines Bades anknüpfen. In Scuol wurde das Bogn Engiadina neu gebaut.[20] Roland Oberli, der den Grossauftrag für die Basler Firma Burckhardt Partner AG als Architekt und Projektleiter ausführte, hatte im Hotel Üja Werke von Steivan Liun Könz entdeckt und war zur Überzeugung gelangt, dass dieser Künstler der Richtige für die geplante Kunst am Bau sei. Könz, Oberli und die Planungskommission unter der Leitung von Duri Bezzola und Not Carl kamen überein, dass Könz hauptsächlich im Römisch-Irischen Bad aktiv sein sollte. Er erhielt den Auftrag, die Kuppel über dem Bewegungsbecken und die Holzdecke im Ruheraum zu gestalten, die Kachelwände zu verzieren und im allgemeinen Bad die Sauna mit einer Keramikwand zu versehen.

Steivan Liun Könz ging mit Begeisterung ans Werk und füllte ein ganzes indisches Skizzenbuch mit Skizzen, Entwürfen und Gedanken zur Arbeit für das Bad. Der Auftrag ermöglichte es ihm, neben seiner Kenntnis der Unterengadiner Bilderwelt und der Geschichte der Badekultur auch sein Wissen über Techniken und Materialien anzuwenden und um den Bereich Keramik zu erweitern.

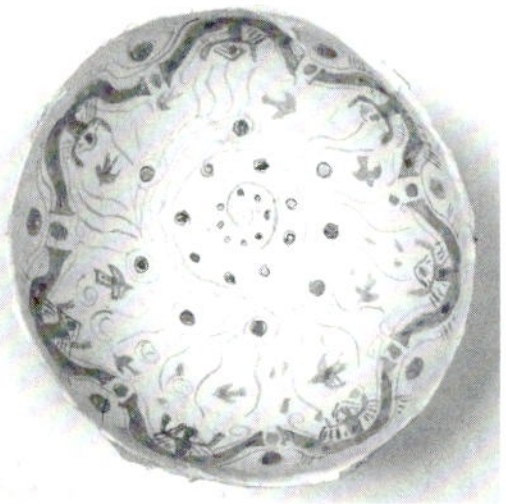

Kuppel, Modell

Allein die Bearbeitung der Keramikplatten nahm zwei Monate in Anspruch. Steivan Liun Könz reiste mehrmals nach Giessen und bearbeitete die Plättchen des Architekturkeramik-Herstellers Gail-Inax nach einer selbst erfundenen Methode: Er legte die fertig glasierten Quadrate dicht

nebeneinander, so dass eine Art Leinwand entstand. Dann verteilte er mit Kunststofftöpfchen, in deren Boden er ein Loch gebohrt hatte, verschiedene Farben so über die Fläche, dass die von ihm vorgesehenen Figuren und Formen entstanden. Besonders aufregend an diesem Verfahren fand Könz, dass er nie wusste, wie die Farben ineinanderfliessen und wie sie nach dem Brennvorgang aussehen würden. Insgesamt 45 m² Plättchen bearbeitete er auf diese Weise, einen Grossteil nach einem Schema, das er im Skizzenbuch erarbeitet hatte. Es erlaubte ihm, mit vier Grundformen in beliebiger Kombination Wellenlinien zusammenzustellen. Schliesslich «bemalte» Steivan Liun Könz noch die Keramikplatten für die Saunawand: ein lebensgrosses Porträt von Adam und Eva. Die Arbeit war langwierig und anstrengend, am Ende aber war der Künstler sehr zufrieden.

Umso grösser war später die Enttäuschung, als vor Eröffnung des Badezentrums eine Marketingfirma und ein Farbphysiologe beigezogen wurden. Die Firma Schiesser und Eric Chiavi fanden an Könz' Keramikarbeit keinen Gefallen, insbesondere Adam und Eva wurden mit dem Argument kritisiert, im Nacktbereich des Bads seien Figuren mit Hautausschlag (Ornamente und Farbpunkte auf der Hautoberfläche) abstossend. Schliesslich ordnete Duri Bezzola, Leiter der Planungskommission, an, die Kacheln an der bereits aufgezogenen Keramikwand wieder zu entfernen. Könz konnte noch durchsetzen, dass die Platten nicht mit dem Kompressor weggeschlagen, sondern mit Sorgfalt abgelöst und nummeriert wurden. Ansonsten blieben ihm nur die Enttäuschung und der Verdacht, nicht die Farbpunkte auf den Keramikplatten, sondern die Prüderie der Fachleute sei für die Entfernung seines Werks ausschlaggebend gewesen.

Scuol, Bogn Engiadina, Römisch-irisches Bad, Detail Kachelwand, Skizze und Ausführung

Wesentlich glücklicher verlief die Arbeit im Römisch-Irischen Bad. Mit dem Architekten war vereinbart, dass das zentrale Bewegungsbad mit Wänden aus weissem Laaser- und blauem Kunstmarmor und mit Böden mit Mosaiken nach frühchristlichen Vorbildern ausgestattet werden würde. In die Kuppel sollten nach alter Bädertradition kleine, bunte Glasscheiben eingesetzt werden, die das Licht zugleich färben und dämpfen. Die restliche Gestaltung der Kuppel war frei. Steivan Liun Könz entschloss sich für Stuck und fertigte ein Modell an, das die Hauptmotive und ihre Positionierung (aussen ein Kreis von doppelschwänzigen Sirenen, Wellen, Pflanzen, Vögeln und im Zentrum Spiralen) anschaulich macht. Nach diesem Modell arbeitete er im Herbst 1992 zusammen mit seiner Assistentin Julia Simeon jeweils von 18 Uhr abends bis 2 Uhr morgens auf dem Gerüst. Sie formten und kratzten die Gipsmasse und pressten im Bereich der Sirenen und der Vögel selbst geformte, gefärbte und gebrannte Tonplatten in den Stuck. Noch heute wirbt das Bogn Engiadina (und auf seiner Home-

Ftan, Hotel Paradies, Wellnessoase, Kachelwand «Adam und Eva» und Selbstporträt

page auch der Farbphysiologe Eric Chiavi) mit den Bildern der Kuppel im Römisch-Irischen Bad.

Als Letztes bearbeitete Steivan Liun Könz im Februar 1993 die Holzdecke im Ruheraum. Er trug grüne und gelbe Ölfarbe auf und erreichte damit einen Effekt, den er mit der Spiegelung von Wolken in einem Waldsee verglich.[21] Über diesen Grund malte er Spiralen in wechselnden Farben, die den meditativen Charakter des Ruheraums, der den Gang durchs Römisch-Irische Bad abschliesst, unterstreichen.

Trotz einigen Wermutstropfen war der Auftrag im Bogn Engiadina für Steivan Liun Könz sehr wichtig, ist das Bad doch für die ganze Region ein Anziehungspunkt mit repräsentativem Charakter. Die Enttäuschung über die vergebliche Arbeit mit den Keramikplatten wurde bald gelindert: 1993 gestaltete der Architekt Josef Brun im Erlebnisbad Alpamare Bad Tölz ein neues Restaurant. Wie schon im Restaurant Diavolo schlug er Könz für die künstlerische Arbeit vor. Könz fuhr erneut nach Giessen und erweiterte seine Handhabung der Keramikplatten. Er stellte für das Restaurant eine Keramik-Wasserwand mit dreidimensionalen Platten her.

Vielleicht seine schönste Arbeit auf Keramik konnte Steivan Liun Könz im Hotel Paradies in Ftan verwirklichen. Das Hotel wurde seit 1992 von Eduard und Waltraud Hitzberger geführt. 1995 kaufte der Hamburger Unternehmer und Kunstsammler Horst Rahe den erfolgreichen Betrieb und beauftragte Könz damit, den Wellnessbereich des Hotels künstlerisch zu gestalten. Entstanden ist ein differenziertes Werk von grosser Einheitlichkeit. Das ganze Areal ist mit blauen Boden- und gelblichen Wandkacheln

Steivan Liun
19 Könz 96

Ftan, Hotel Paradies, Wellnessoase, Kachelwand «Turm von Babylon»

ausgelegt. Dem Künstler bot sich die Gelegenheit, zwei Flächen für riesige Bilder zu nutzen. Er entschied sich, ausschliesslich mit dem Blau der Bodenplatten zu arbeiten und, dem Namen des Hotels getreu, biblische Motive darzustellen. Im Ruheraum sind Adam und Eva kurz vor dem Sündenfall abgebildet. Noch sind sie nackt und unbefangen, doch die Schlange hält ihnen bereits den Apfel entgegen. Die Wand hinter dem Schwimmbecken zeigt einen vielschichtigen, wankenden Turm von Babylon, auf dem sich Dutzende von Geschichten abspielen, bis ins letzte Detail und mit feinsten Linien erzählt.

Doch auch kleinere Flächen bieten Platz für Könz' Ideenreichtum: Da fliegen Vögel, Fische, Sterne und Sonnen durch die Luft, ein Zahlengitter lädt zum Knobeln ein, eine grosse Sonne mit Pentagramm scheint dem Betrachter entgegen. Selbstverständlich fehlt auch im Hotel Paradies der Könz'sche Humor nicht. An einer Wand steht man unversehens dem Künstler selbst gegenüber, der sich als Wellness-Gast samt Badetuch mit Namen und Datum verewigt hat. Die Damen- und die Herrengarderobe sind mit Spiegeln versehen, deren Keramikrahmen lauter eitle oder fratzenhafte Gesichter zieren, in den integrierten Seifenschalen sitzt als Überraschung eine dicke Spinne oder ein Skorpion, oder es wimmelt von krabbelnden Ameisen.

Hotel Paradies, Wellnessoase, Detail

Sozusagen als Abschluss der Arbeit in Ftan lud Horst Rahe Steivan Liun Könz im Oktober 1996 nach Hamburg ein. Dort stellte der Engadiner im «Kleinen Jacob», Rahes Hamburger Restaurant, Bilder zum Motiv «Turm von Babylon» aus. Dass er sich zur Vernissage für die deutschen Städter den Bart mit Henna rot färbte, versteht sich von selbst: Sie erlebten eine Art Rübezahl, oder eben den «Wilden Mann», direkt einem Engadiner Märchenbuch entstiegen.

Haupttext

1 Darstellung der Sgraffito-Technik und der Geschichte der Sgraffiti im Engadin nach: Iachen Ulrich Könz/Eduard Widmer: Sgraffito im Engadin und Bergell, Zürich 1977; Interview Constant Könz, 8.10.2008; Aussagen Steivan Liun Könz bei Magda Ganz: Schau-freudiges Guarda, NZZ, Nr. 49, 28.2.1991.
2 Steivan Liun Könz nach Magda Ganz: Schau-freudiges Guarda, NZZ, Nr. 49, 28.2.1991.
3 Vgl. im Folgenden: Von Böcken, Weibchen und Paradiesvögeln. Die Sgraffito-Geschichten des Steivan Liun Könz. Redaktion: Peter Egloff. SR DRS 1, 9.3.1995; Interviews Anita Sutter Ganter, 17.9.2008; Constant Könz, 8.10.2008.
4 Steivan Liun Könz nach Ueli Zindel: Steivan Liun Könz: «Ich erfinde mich täglich neu …» In: Beobachter Nr. 9, 1990.
5 Eintrag 8.6.1987 in: Skizzenbuch Nr. 104.
6 Interview Melcher Cadonau, 8.8.2006.
7 Eintrag 1989 in: Skizzenbuch Nr. 106.
8 Vgl. im Folgenden: Steivan Liun Könz: Vortrag über Sgraffiti, gehalten in Ardez am 22.11.1983 in: Skizzenbuch Nr. 51; Interviews Barbara Könz, 20.5.2006; Andrea Könz, 11.10.2006; Constant Könz 19.9. und 8.10.2008; Magda Ganz: Schau-freudiges Guarda, NZZ, Nr. 49, 28.2.1991; Gisela Kuoni: Fassaden voller Geheimnisse. In: Turicum. Schweizer Kultur und Wirtschaft. Juni 1992; Willi Wottreng: Den Teufel an die Wand gemalt. Alte und neue Sgraffiti-Kunst in Graubünden. In: NZZ, Nr. 144, 24./25.6.1995.
9 Vgl. im Folgenden: Interview Constant Könz, 8.10.2008; Iachen Ulrich Könz/Eduard Widmer: Sgraffito im Engadin und Bergell, Zürich 1977; Walter Angele: Die Figuren von Steivan Liun Könz. Wädenswil/Ardez 1999; Leza Dosch: Das Haus Balthasar von Planta in Ardez. Ein Engadinerhaus und seine Renovation durch Iachen Ulrich Könz und Steivan Liun Könz. In: Bündner Monatsblatt 1/2007, S. 64–86.
10 Vgl. im Folgenden: Interviews Barbara Könz, 26.8.2006; Theo Meierhans, 22.10.2008; Albertus Caviezel, 24.10.2008.
11 Eintrag 29.7.1986 in: Tagebuch Nr. 6.
12 Eintrag 24.10.1978 in: Skizzenbuch, Nr. 49.
13 Steivan Liun Könz in: Von Böcken, Weibchen und Paradiesvögeln. Die Sgraffito-Geschichten des Steivan Liun Könz. Redaktion: Peter Egloff. SR DRS 1, 9.3.1995.
14 Vgl. Interviews Barbara Könz, 8.7. und 12.8.2006; Cesare Ferronato, 21.7.2008; Agnese Cavezel, 3.10.2008; Fredi Murer, 13.10.2008.
15 Vgl. im Folgenden: Skizzenbuch Nr. 106; Interviews Andrea Könz, 11.10.2006; Anita Sutter Ganter, 17.9.2008.
16 Vgl. im Folgenden: Interview Marinda und Markus Hauser, 8.9.2008.
17 Vgl. im Folgenden Interviews Giacomin Ghilotti, 22.9.2008; Leonardo Savoldelli, 22.9.2008.
18 Vgl. Meta Denoth-Studer: Was ist ein Druidomobil? In: Engadiner Post, 14.1.1997.
19 Eintrag in: Skizzenbuch Nr. 107.
20 Vgl. im Folgenden: Interview Roland Oberli, 24.10.2008; und die Broschüre von Corina Clavuot Stecher: Art ed aua. Steivan Liun Könz. Kunstschatz im Römisch-Irischen Bad. Hg. Bogn Engiadina Scuol.
21 Vgl. Skizzenbuch Nr. 118.

Marginalien

1 Steivan Liun Könz zitiert nach: Pius Knüsel: Die beredten Mauern. In: Schweizer Familie, 10.4.1985.
2 Steivan Liun Könz ebenda.
3 Peter Stöckling: Steivan Könz. Meerjungfrauen und Monster. In: Schweizer Woche. Das Informations-Magazin der Schweiz. Nr. 14, 3.4.1995.
4 Willi Wottreng (Text) / Iris Krebs (Bilder): Den Teufel an die Wand gemalt. Alte und neue Sgraffiti-Kunst in Graubünden. In: NZZ, Nr. 144, 24./25.6.1995.
5 Eintrag 4.11.1982 in: Tagebuch Nr. 5.
6 Willi Wottreng (Text) / Iris Krebs (Bilder): Den Teufel an die Wand gemalt. Alte und neue Sgraffiti-Kunst in Graubünden. In: NZZ, Nr. 144, 24./25.6.1995.
7 Eintrag 1989 in: Skizzenbuch Nr. 107.

LEDA ED IL CIGN – LEDA UND DER SCHWAN

Leda
stampa e ün di-
lasura
chant dal
Cign

«Leda. Il chant dal cign», überarbeitete Radierung, undatiert

Leda und der Schwan, Wachsbild, um 1989

«BEZIEHUNGER»

Eu n'ha cumprà il listess tabac sco W. Binder ed üna püpina fich ligera cun nom Sabina pensond a Sabina L., Sabina P. e Sabina S.[1]

Ich habe mir den gleichen Tabak wie W. Binder und eine kleine, sehr leichte Pfeife namens Sabina gekauft. Dabei dachte ich an Sabina L., Sabina P. und Sabina S.

Die Pfeife Sabina, Anschaffung des zwanzigjährigen Steivan Liun Könz, erhielt im Lauf des Jahres Gesellschaft. Ende 1961 zählt Könz bei der Inventarisierung seines Besitzes neben Sabina weitere Pfeifen auf, die er Carla, Mengia, Sandra, Annamaria, Renata und Marianna getauft hatte. Der junge Könz – ein Kettenraucher der Liebe? Nichts weniger als das! Die Galerie der Pfeifen mit den Frauennamen weckte bei ihrem Besitzer keine süssen Erinnerungen an Liebesnächte, vielmehr zeigt sie, wie Könz seinem Problem mit Humor beizukommen versuchte. Er kam den Frauen namens Sabina, Carla, Mengia etc. nämlich nie so nah wie den Pfeifen, die ihre Namen trugen. Während der Ausbildung an der Kunstgewerbeschule Zürich war Könz' Sehnsucht nach einer Freundin ebenso gross wie seine Schüchternheit. Zwar knüpfte er zahlreiche Kontakte zu Frauen, die er attraktiv fand, doch entstanden daraus im günstigsten Fall geschwisterlich-liebevolle Freundschaften. Der junge Engadiner redete nach eigenem Dafürhalten «am Fliessband, wie der Regen, der aufs Dach tropft, in der ersten Minute interessant, danach schlief man ein» – «bajaiva a filun sco la plövgia sül tet, il prüm minut interessant e lura as indurmanzaiva».[2] Wie ehemalige Kolleginnen berichten, blieb auch ihnen Könz' Schüchternheit nicht verborgen. Er wirkte in sich gekehrt, erzählte dann aber wieder Witze und makabre Geschichten, die zwar faszinierend waren, aber auch garantierten, dass man zum Erzähler auf Distanz blieb.

Ich kann ohne Frauen nicht leben. Aber alle Probleme habe ich wegen der Frauen.[1]

In den folgenden Jahren gelang es Steivan Liun Könz, seine Einsamkeit wenigstens äusserlich zu durchbrechen. Dem unfreiwilligen Zölibat folgten eine Verlobung, einige mehr oder weniger kurzlebige Affären und zwei Ehen, die Könz drei Kinder bescherten. Dennoch meldeten sich das Gefühl der ungestillten Sehnsucht und der Drang, sich auf die Suche zu machen, immer wieder. Frauen und Sexualität blieben in Könz' Leben ein ebenso obsessives wie problematisches Thema, zu dessen Bewältigung er alle Mittel einsetzen musste, die ihm zur Verfügung standen: Er führte Gespräche mit seinem Psychoanalytiker und späteren Freund Andreas Vontobel und stellte in seinen Tagebüchern lange Überlegungen zu dieser Problematik

La sainza d'üna inquietezza nu voul mai svanir. L'inquietezza svess nu'm turmainta tant sco la sainza: sco üna buna pulenta cul liger gustin dad ars chi nu disturba ma es listess adüna palais. Üna brama irrealisabla. Üna quaida indefinida chi'm fa percuorrer vias crappusas per meis peis e spinusas per meis cour.[2]

Die Ahnung einer Unruhe will nie verschwinden. Die Unruhe selbst quält mich nicht so sehr. Es ist die Ahnung, so wie eine gute Polenta mit dem leichten Geschmack nach Verbranntem, der nicht stört, aber immer auszumachen ist. Eine unerfüllbare Sehnsucht. Ein unbestimmtes Verlangen, das mich Wege durchwandern lässt, die für meine Füsse steinig und für mein Herz dornig sind.

Radierung, 1968

Überarbeitete Radierung, 1969/89

Mi' art es ün mez per supportar mia vita. Mi' amur, meis desideris mal adressats. «Adressat unbekannt». Ingün nu voul mi' amur. Blers vöglian as laschar güdar da mai, ma per paja hana be üna pajada al chül ed eu disch amo grazcha. Grazcha n'haja eir adüna stuvü dir a mia mamma davo ch'ella m'ha torturà. La tortura es restada quotidiana. Disegnar e pitturar schligerischan la tortura sexuala dad esser sulet. Cun üna duonna in let suna amo plü sulet co sainza.[3]

an. Vor allem aber fand Könz in der Kunst ein Ventil und Ausdrucksmittel für seine Fantasien, Sehnsüchte und Ängste.

«Leda und der Schwan» war neben dem Schiff eines der allerersten Motive, das Könz exzessiv bearbeitete. Er zeigte die Frau und den verwandelten Gott in allen denkbaren Positionen und Leda in den unterschiedlichsten Stimmungen: mal amüsiert, dann entzückt, in Abwehr oder vergewaltigt. Wie für die Schiffe brachte Könz auch für das mythologische Paar die Geduld auf, Dutzende von Kupferplatten zu ritzen, um anschliessend einige Drucke im Original zu belassen, andere mit Tusche und Farben weiter zu bemalen oder mit Ausschnitten aus Zeitschriften zu Collagen umzuarbeiten. Im Lauf der Jahre und Jahrzehnte gestaltete er das Motiv auch in zahlreichen anderen Techniken.

Mischtechnik, undatiert

Mischtechnik, 1990

«Leda und der Schwan» war dazu prädestiniert, Steivan Liun Könz den Einstieg in die Darstellung sexueller Szenen zu ermöglichen. Auch seine anderen Bilder erotischen Inhalts zeigen Sexualität selten naturalistisch in der Standardkonstellation Mann / Frau, und wenn, dann meist in Form von Figurengruppen oder -ketten, die zu einer Orgie arrangiert sind. Begegnet die Frau nicht einem Schwan, so ist es vielleicht ein Stier oder ein Bock, der sie begattet. Könz' erotische Darstellungen sind bevölkert von Schlangen, Satyr- und Teufelsgestalten, die sich den Frauen nähern, oder sie lassen weibliche und männliche Mischwesen aus Mensch und Tier, vor allem maskierte Vogelmenschen, aufeinandertreffen und sich beispielsweise ihre langen, spitzen Schnäbel gegenseitig in die Augen drücken. Oft schwebt über der erotischen Szene eine Atmosphäre von Gewalt: In vielen Bildern sind Mann und Frau mit Kugeln und Schilden ausgestattet, ein Fuss ist durch einen Pfeil, ein Arm durch einen Flügel ersetzt. Auch wenn es nicht wenige Beispiele für heiteres, sinnenfreudiges Treiben gibt, überwiegt bei Könz' Darstellungen von Sexualität das Groteske, Abwegige, Unheimliche.

Meine Kunst ist ein Mittel, mein Leben zu ertragen: meine Liebe, meine falsch adressierten Wünsche: «Adressat unbekannt». Niemand will meine Liebe. Viele wollen sich von mir helfen lassen, aber als Lohn haben sie nur eine Tracht Prügel, und ich sage noch danke. Danken musste ich auch meiner Mutter, immer nachdem sie mich gequält hatte. Die Tortur ist alltäglich geblieben. Zeichnen und malen erleichtern die sexuelle Qual des Alleinseins. Mit einer Frau im Bett bin ich noch einsamer als ohne.

Ein grosser Teil der Bilder in den Skizzenbüchern dreht sich im engeren oder weiteren Sinn um Frauen und Sexualität, ebenso verhält es sich bei

den Einträgen über persönliche Erlebnisse und Gedanken. Steivan Liun Könz fühlte sich trotz seiner schier unglaublichen Menge von Kontakten einsam und ungeliebt. Ein ganzes Leben lang unternahm er Ausbruchsversuche aus seinem inneren Gefängnis, Linderung brachten diese Aktionen aber meist nur für kurze Zeit. Eine Art Schutz gewährten ihm die Jahre mit seinen beiden Ehefrauen und der Kontakt zu seinen Kindern, doch verlor er auch hier immer wieder die Balance. Einziger sicherer Zufluchtsort war und blieb die Arbeit, die die innere Spannung in künstlerische Formen zwang und dadurch vorübergehend Ruhe brachte.

Collage/Tusch, undatiert

Gouache/Tusch, undatiert

In seinen schwärzesten Stunden war Könz vor Frauenhass nicht gefeit. Er notierte dann giftige Gedanken über «Emanzen» oder über Frauen, die ihn bei einer Begegnung verletzt oder zurückgewiesen hatten, und versah seine Ansichten mit entsprechenden Illustrationen. Meistens aber blieb er bei der Selbstbefragung, oder er schrieb Gedichte.

Chanta utschè o chanta
chanta fin cha'l cour as sfenda.
Svoula utschè o svoula
fin cha las alas ardan.
Ama o ama utschè

cha t'arda il cour e't sfendan las alas.
Chanta utschè o chanta
cha tia chanzun es amur![3]

Sing Vogel, oh sing,
sing, bis das Herz Dir birst.
Flieg Vogel, oh flieg,
bis die Flügel brennen.
Lieb, o liebe Vogel,
dass Dein Herz brennt und Deine Flügel bersten.
Sing Vogel, oh sing,
denn Dein Lied ist Liebe!

«Ich bin dazu verdammt, allein zu sein, ein Eremit zu sein.» – «Eu sun cundannà a star sulet, ad esser ün eremit.»[4] Zerstörung und Tod als Konsequenz der Liebe, ein unerlöster, mit einem Fluch behafteter Mann – Könz fragte natürlich nach der Ursache seines Leidens. Es fiel ihm nicht schwer, eine Antwort zu finden. Er war davon überzeugt, dass seine Mutter und seine Beziehung zu ihr die Wurzel allen Übels sein mussten.

Leda und der Schwan: Radierung, 1969

Überarbeitete Radierung, 1969/undatiert

Überarbeitete Radierung, 1969/1983

AUF DER FLUCHT

An Pfingsten 1997, knapp ein Jahr vor seinem Tod, erinnerte sich Steivan Liun Könz an ein Wandbild, das er als Sechzehnjähriger im Dachstock seines Elternhauses gemalt hatte. Es zeigt einen Hirsch auf der Flucht vor einem Jäger:

Cha quel tschiervi füss eu stess savaiva. Ma cha quella chatscha iniziada da Selina düress fin l'ultim di da mia vita, mai nu vessa cret. Üna vita in fügia cuntinuanta. Üna suost pro l'Angelica Caviezel e pro Andrea, ma la chatscha mai nun ha fini. Eu vaiv' üna Selina in mai chi'm ha chatschà quotidianamaing tras frus-chaglia e spinatscha e sainza resguard ne chüra per meis corp.[5]

Dass dieser Hirsch ich selbst war, wusste ich. Aber dass diese von Selina begonnene Jagd bis zum letzten Tag meines Lebens dauern würde, hätte ich nie geglaubt. Ein Leben lang ständig auf der Flucht. Ein schützendes Obdach bei Angelica Caviezel und bei Andrea, aber die Jagd hat nie aufgehört. Ich hatte eine Selina in mir, die mich unaufhörlich durch Unterholz und Dornengestrüpp und ohne Rücksicht oder Sorge für meinen Körper verfolgt hat.

Bleistift, undatiert

Könz fand zahlreiche Metaphern für seine Problematik. Er verglich seinen Lebensweg mit einer Gratwanderung in Begleitung eines Adlers, der den Wanderer immer von neuem in den Abgrund zu stossen versucht. Oder er erfand die Geschichte vom armen König, der unter dem Gewicht seiner Krone zusammenbricht und über die Perlen stolpert, die die kalten Mütter ihm in den Weg legen. Ob Hirsch, Wanderer oder armer König, das erschöpfte, verfolgte Wesen ist Könz selbst, der Gegenspieler seine Mutter, oder besser: seine Vorstellung von ihr.

Eu fetsch meis viadi da mia vita sün ün spi tagliaint sco ün curtè. Quel spi tagliaint cucca güsta sur la tschiera oura. Tschiera naira da la depressiun. Las serps am fan inchambuorgiar e l'aglia am prouva da'm stumplar giò. Tuots sun schiglius e vöglian m'impedir da proseguir mia via. Selina nu supporta e seis success es mia disgrazcha. Aglia per prouva ma fingià daspö lönch perdast las pennas. Eu restarà sül spi bainschi sulet.[4]

Ich mache meine Lebensreise auf einem Grat, scharf wie ein Messer. Dieser schneidende Grat schaut gerade noch aus dem Nebel heraus. Schwarzer Nebel der Depression. Die Schlangen machen mich stolpern, und der Adler versucht, mich hinabzustossen. Alle sind neidisch und wollen mich daran hindern, meinen Weg weiterzugehen. Selina ertrage ich nicht, und ihr Erfolg ist mein Unglück. Adler für eine Kraftprobe, aber schon seit langem verlierst Du die Federn. Ich werde auf dem Grat bleiben, freilich allein.

Selina Chönz liess auch von ihrem erwachsenen Sohn nicht ab. Sie pflegte freundschaftliche Kontakte mit den Lehrern an der Kunstgewerbeschule und versuchte, ihr Sorgenkind nach Studienabschluss bei seinem frisch verheirateten Bruder unterzubringen.[6] Als sie sich damit nicht durchsetzen konnte, legte sie Freundinnen ihres Sohnes nahe, ihn zu heiraten. Sie schenkte ihm Autos, eine Fotoausrüstung, eine Wohnung in Zürich, später ein Haus in Guarda. Offenbar war sie von echter Sorge um diesen Sohn getrieben, der in ihren Augen immer am Rand der Verwahrlosung stand und der sich seinen Künstlerberuf ja tatsächlich nur dank ihrer materiellen Unterstützung leisten konnte.

Die mütterliche Sorge äusserte sich aber auch in Form von Kontrolle und Übergriffen. In der ersten Zürcher Zeit wurde Steivan Liun Könz von einem Privatdetektiv überwacht, der seine Beobachtungen nach Guarda übermittelte. Selina Chönz fuhr regelmässig zu ihrem Sohn und kontrollierte die (Un-)Ordnung seiner Behausung. Sie kritisierte sein ungepflegtes Äusseres, zupfte seine Kleidung zurecht, kaufte ihm Schuhe, Hemden, Hosen, die er allesamt nicht tragen wollte. Sie scheute sich nicht, Schränke und Schubladen zu durchsuchen, und dehnte ihr Stöbern später auch auf das Territorium ihrer Schwiegertöchter aus. Auch bezüglich seiner Kunst musste Könz von der Mutter einiges einstecken. Bei seinen ersten Ausstellungen kaufte sie jeweils ein Bild, liess ihren Sohn aber wissen, dass sie dies lediglich getan hatte, um durch den roten Punkt den Anschein zu erwecken, dass sich wenigstens eine Person für seine Werke interessierte. Später machte sie bei Zürcher Vernissagen ihrer Wut über die erotischen Bilder ihres Sohnes wortreich Luft, sobald sie Engadiner Bekannte traf, mit denen sie die «Geheimsprache» Romanisch sprechen konnte. Überhaupt liessen Mutter und Sohn viele wissen, was sie voneinander hielten. Das zerrüttete Verhältnis war im Freundes- und Bekanntenkreis ein offenes Geheimnis.

Über die Jahre lernte Steivan Liun Könz, mit seiner Mutter gelassener umzugehen. Auch der Tatsache, dass er immer wieder als «Schellenursli» gesehen und dadurch über seine Mutter definiert wurde, begegnete er – wenigstens öffentlich – mit Humor. 1989 äusserte er in einer Fernsehsendung gegenüber Beat Hirt:

Ich hatte früher ab und zu Mühe, als ich immer nur der Schellenursli war und immer nur der Sohn von Selina Chönz, ich wäre lieber ich selber gewesen. Das hat mich verfolgt, bis ich meinen Weg gefunden habe. Und jetzt finde ich das ganz lustig, die Leute haben das auch gern und möchten den Schellenursli sehen. (…) Sie sprechen mich hie und da an: «Sind Sie der echte Schellenursli?» Dann sage ich: «Ja, der echte, ja, ja.»[7]

Spätestens als Selina Chönz in den Neunzigerjahren durch eine Altersdemenz immer schwächer wurde, musste Steivan Liun Könz jedoch feststellen, dass die Abdrücke, die seine Mutter in seinem Inneren hinterlassen hatte, gravierender waren als jeder äussere Kampf, den er mit ihr ausgefochten hatte.

Samedan, Selina! I gira ün spiert vöd e pers tras las culissas da sia vegldüm. Da sia malizcha esa restà be amo sainzas, ma quellas sun arsas aint in mai. Quellas restaran sch'ella viva o sch'ella moura.[8]

Samedan, Selina! Es zieht ein leerer, verlorener Geist durch die Kulissen ihres Alters. Von ihrer Boshaftigkeit sind nur noch Spuren geblieben, aber die sind in mich eingebrannt. Sie werden bleiben, ob sie nun lebt oder stirbt.

Schon in den Krisenjahren nach dem Zerbrechen seiner ersten Ehe malte Könz in unzähligen Variationen ein geflügeltes weibliches Monster, das ein menschliches Wesen wie eine Beute umfängt. In derselben Phase entstanden andere Bilder, die todbringende weibliche Schreckgestalten zeigen. Könz sagte selbst, dass er beim Malen der «Flügelmonster» an seine Mutter gedacht hatte. Aber auch bei anderen Kompositionen haben die weiblichen Drohgestalten manchmal Gesichtszüge, die an Selina Chönz erinnern. Die Bilder machen die abgründige Mischung aus Schutz und Bedrohung deutlich, die für den Künstler von seiner Mutter ausging. Diese zwiespältigen Gefühle prägten auch Könz' Beziehung zu Frauen und liessen ihn in einem ewigen Zirkel von Annäherung und Rückzug, Lust und Schrecken rotieren.

Il pover rai
Our da la curuna dal rai chajan las mammas perlas! E las perlas croudan davant ils peis dal murdieu – Il murdieu s'inchambuorgia laint ed as startaglia ils peis, peis chi portan la curuna. Eu büt las perlas davant mai. Meis peis nu portan plü quel cheu chi paisa da massa – chi muossa quella via sainza stizi ne segnal. Via vers la grippa, via pro las mammas albas e fraidas ch'eu nu pudaiva mai charezzar. Mammas chi cun lur perlas han fat stendscher mi'amur!
----- poesia dal 1976 scritta forsa a Marthalen e revissa in avuost 1985 a Guarda güsta davo meis divorzi. Hommage mai rendü per Selina, daman 4 avuost 1985 ha'la 75 ons.[5]

Der arme König
Aus der Krone scheissen die Mütter Perlen! Und die Perlen fallen vor die Füsse des Bettlers. Der Bettler stolpert hinein und verletzt sich die Füsse, Füsse, die die Krone tragen. Ich werfe die Perlen vor mich hin. Meine Füsse tragen diesen Kopf nicht mehr, er ist zu schwer. Wer zeigt diesen Weg ohne Spur oder Wegweiser? Hin zum Felsen, hin zu den weissen, kalten Müttern, die ich nie streicheln konnte. Mütter, die mit ihren Perlen meine Liebe erstickt haben!
----- Gedicht 1976, vielleicht in Marthalen geschrieben und im August 1985 in Guarda überarbeitet, gerade nach meiner Scheidung. Nie überreichte Hommage an Selina, die morgen, 4. August 1985, 75 Jahre alt wird.

Bleistift, 1983

Gouache/Tusch, undatiert

«Il triunf», Mischtechnik, 1986

Perche tantas duonnas, tant n'haja difficil cun ellas. Tant chi'm fan mal, tant chi m'attiran. Sco ün chan da guardgia perchüra mia mamma mia suldüm. Las duonnas passan sco comets, ed avant da's plachar, ardan sco fös artificials, ma eir fös da strom dan chod, s-chodan e nun ardan però. E Selina es ün vulcan chi maglia ed arda. Ün vulcan chi voul esser üna pigna e mazza sainza mai vulair chapir svess.

Eu n'ha temma dad esser ars. N'ha temma dad esser desdrüt, extirpà da l'amur, e tscherch l'amur. Cur ch'eu n'ha üna duonna lura stuna bain sulet, e cur ch'eu sun sulet vulessa üna duonna.

Desdrüer la mamma, tilla tour ourdglioter e culs tocs far ün'otra bellina e chara. Bütschs e charezzas, ma cur cha la spada tocca il fuond dal puoz, lura sorta ün spiert chi stendschainta e chanta victoria. Selina es qua e stendschainta il spiert, tuot es seis e resta uschè. Quist fö es bod in mai e bod arda'l dadour, mo el arda ed am consüma.[9]

So viele Frauen, wie ich habe, so viele Schwierigkeiten habe ich mit ihnen: Warum? Ebenso sehr, wie sie mir wehtun, ziehen sie mich an. Wie ein Wachhund bewacht Mama meine Einsamkeit. Wie Kometen ziehen die

1986
Stevan

Collage, 1984

Frauen vorbei, und bevor sie landen, verbrennen sie wie Feuerwerk, aber auch Strohfeuer geben warm, sie wärmen, aber versengen nicht. Selina ist ein Vulkan, der frisst und verbrennt. Ein Vulkan, der ein Ofen sein will, und tötet, ohne das je verstehen zu wollen.

Ich habe Angst, verbrannt zu werden, Angst, zerstört, ausgelöscht zu werden von der Liebe – und suche die Liebe. Wenn ich eine Frau habe, geht es mir gut allein, wenn ich alleine bin, möchte ich eine Frau.

Mama zerstören, sie auseinanderreissen und mit den Stücken eine andere, schöne, liebe machen. Küsse und Liebkosungen, aber wenn das Schwert den Grund des Teichs berührt, kommt ein Geist heraus, der mich erstickt und «Sieg» singt. Selina ist da, und indem sie den Geist erstickt, gehört alles ihr, und es bleibt so. Dieses Feuer ist bald in mir, bald brennt es draussen, aber es brennt und frisst mich auf.

AUF DER SUCHE

Verer tuot quai chi's vezza e tocker, mo evitar ils movimaints aint illa profuondità.[10]

Alles sehen, was man sehen kann, und es anfassen, aber die Bewegungen in der Tiefe vermeiden.

Der Tagebucheintrag vom Mai 1982 formuliert auf knappem Raum eine Art Programm, das es Steivan Liun Könz ermöglichte, erotische Augenblicke ohne Schrecken geniessen zu können. Schon früh suchte und fand er Begegnungsformen, die ihm den Raum öffneten, den er brauchte, und gleichzeitig die Grenzen zogen, die für ihn notwendig waren. Dabei kam ihm sein Beruf als Maler zustatten.

Akt, Mischtechnik, undatiert

Bereits während der Zeit an der Kunstgewerbeschule hatte Steivan Liun Könz Freikurse in Aktzeichnen bei Willi Alexander Bärtschi belegt. Später fand er sich regelmässig beim Zürcher Maler und Zeichner Peter Grenacher ein. Dieser organisierte jeweils am Samstagmorgen ein Modell für eine kleine Runde von Kolleginnen und Kollegen, die in seinem Atelier bei einem Glas Wein Aktstudien betreiben wollten.[11] Bei Grenacher zeichnete Könz unzählige Skizzen – Vorstudien für Akt- und andere Bilder. Oft sass er auch im Opernhaus und füllte seine Skizzenbücher mit Zeichnungen und Körperstudien von Ballett- oder Musiktheaterproben.

Ohne Skizzenbuch, aber mit hellwachem Blick sass er vielerorts in der Sauna oder am FKK-Strand im südfranzösischen Agde. Steivan Liun Könz' Interesse an nackten Frauen war unstillbar. Er beobachtete, skizzierte direkt oder aus der Erinnerung und notierte seine Gedanken. Nicht alle Sauna- oder FKK-Besucherinnen kamen mit seinem intensiven, eindringlich suchenden Blick zurecht. So kam es hin und wieder zu unangenehmen Szenen, die Könz aufgebracht notierte. Im Bogn Engiadina Scuol, zu dem er dank seinen Arbeiten einen immerwährenden Pass besass, wurde ihm auf die Reklamation einer Besucherin hin sogar der Besuch der Sauna verboten. Könz fühlte sich durch solche kleinere und grössere Ereignisse missverstanden, verwahrte sich gegen den Verdacht, ein Voyeur zu sein, und betonte in seinen Aufzeichnungen die Professionalität seines Interesses am menschlichen Körper.

FKK (...) serva per detagls: Möds da's schmuantar, möd da abstrahar ils pimpels o las muzlas, eir per examinar perche ch'ün uman saja bel o perche na. Ais quai bellas surfatschas o bels detagls. Ingio es l'uman il plü nüd, regiun dal stomi o las varts dal batschigl, che fa l'uman bunmarchà o inflaziunari.[6]

FKK (...) ist gut für die Details: Bewegungsarten, Möglichkeit, die Pimmel oder Mösen zu abstrahieren. Auch um zu studieren, warum ein Mensch schön ist oder nicht. Sind es schöne Oberflächen oder schöne Details? Wo ist man am nacktesten: in der Magenregion oder beim Becken? Was macht einen Menschen billig oder aufgeblasen?

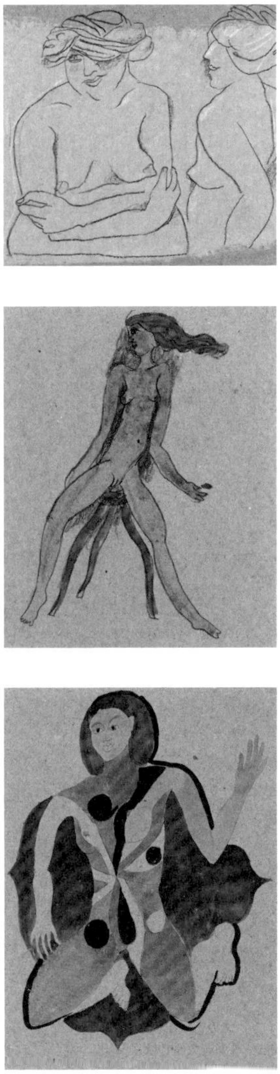

Drei Akte, Mischtechnik, undatiert

Schon im Lauf der Siebzigerjahre begann Könz, neben dem ganz oder halb öffentlichen Rahmen von Sauna, FKK oder Aktmalen in der Gruppe auch die Zweiersituation zwischen Maler und Modell zu suchen. Aus dem schüchternen jungen Mann der Anfangszeit war ein Virtuose des Kontaktknüpfens geworden. Im Lauf der Jahre entwickelte Könz gar eine eigene Methode, um junge Frauen, die seinen Weg kreuzten, kennenzulernen und sie davon zu überzeugen, im privaten Rahmen mit ihm zu arbeiten.

Quai as splaja seguaintamaing. Observar vista, mans e corp. (...) Lura cumanzar cun bajar, il meglder güsta cun üna frasa inaspettada, ma chi sta in alch connex cun quai ch'eu n'ha observà. Scha'l glatsch nun es ruot davo il prüm ferm sfrach rumpara'l plü tard cul soffel chod e cun associaziuns. Dir alch da simpatic e büttar ün' associaziun dubiusa uschè ch'ella cumainza a s'interessar. Lura leger il man. Eu vez bler e sa lura tocker il viv.[12]

Das spielt sich folgendermassen ab: Gesicht, Hände und Körper betrachten. (...) Dann anfangen zu reden, am besten gleich mit einem unerwarteten Satz, der aber in Bezug zu dem steht, was ich beobachtet habe. Wenn das Eis nach dem ersten starken Hieb nicht gebrochen ist, wird es später mit dem warmen Windhauch und mit Assoziationen schmelzen. Etwas Sympathisches sagen und eine vieldeutige Assoziation einwerfen, so dass sie anfängt, Interesse zu fassen. Dann die Hand lesen. Ich sehe viel und verstehe es, das Lebendige zu treffen.

Auf diese Weise sammelte Steivan Liun Könz Hunderte von Namen und Adressen, Spuren flüchtigen Kontakts, vorübergehender Zusammenarbeit, manchmal auch jahrelanger Freundschaft. Das private Aktzeichnen bot dem Maler die doppelte Chance, sein ganz persönliches erotisches Setting herzustellen und daraus Kunst zu schöpfen. Zu einer vollständigen Maler-Modell-Beziehung gehörten in seinen Augen das Gespräch über Leben und Probleme der jungen Frau, der Blick auf den nackten Körper und, falls die Frau dies zuliess, die Berührung in Form von Massage oder Liebkosung. Ähnlich wie in der Sauna oder am FKK-Strand war die Situation, die Könz herstellte, ambivalent: Mehr als einmal verliess ein Modell fluchtartig sein Atelier, es kam zu unerfreulichen Szenen und Missverständnissen. Fanden Maler und Modell aber eine vertrauensvolle Basis für die Zusammenarbeit, entstanden schöne Akt- und Bewegungsstudien, oder Könz behandelte den weiblichen Körper als Leinwand und fotografierte die Haut, die vorübergehend zum Kunstwerk geworden war.

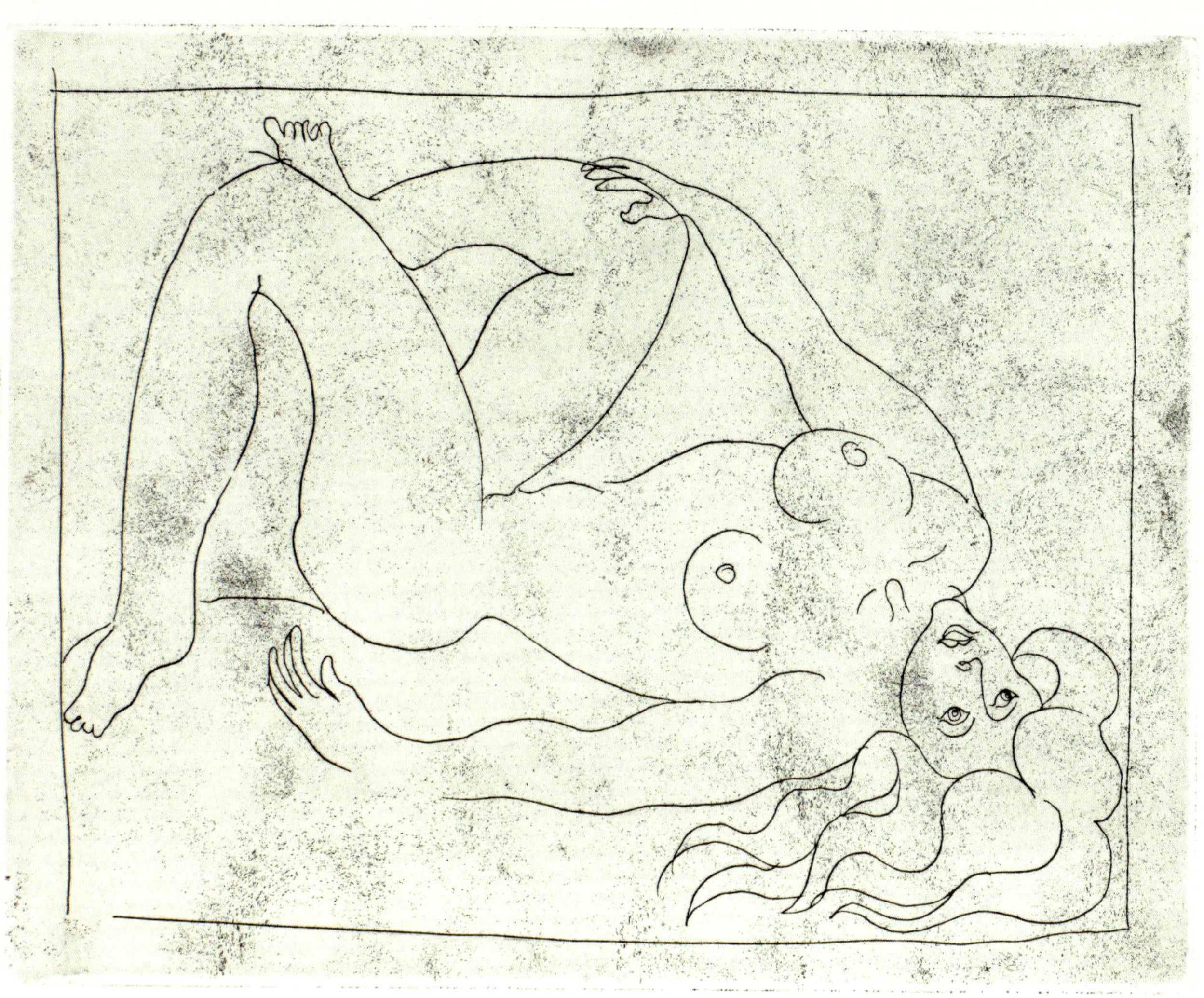

Radierung, um 1970

In den Achtzigerjahren, als Steivan Liun Könz wieder allein in Guarda lebte, vermochten die Sitzungen mit verschiedenen Modellen seine komplexe Sehnsucht nach Liebe nicht zu stillen. Beim Arbeiten ergab sich zwar eine gewisse Nähe, denn der Maler interessierte sich nicht nur für das Äussere der jungen Frauen, sondern auch für ihre Geschichte und Gedanken. So wurde Könz für viele seiner Modelle ein wichtiger Begleiter bei der Ablösung vom Elternhaus oder in anderen Umbruchsituationen. Er selbst hielt sich aber mit Äusserungen über seine Person zurück. Er fühlte sich durch die Begegnungen zwar belebt, doch blieben seine äussere Situation und innere Landschaft unverändert.

Es gab in diesen Jahren auch immer wieder Frauen, die Könz' Hoffnung weckten, von den Sehnsüchten und Ängsten, die ihn hin- und herrissen, erlöst zu werden. Meist waren es mehrere Kandidatinnen, die seine Gedanken und Fantasien beherrschten. Nur selten aber entstanden daraus

Mischtechnik, undatiert

Liebesbeziehungen, und diese waren nur von kurzer Dauer. Im Mai 1984 machte Könz seiner Frustration Luft:

Blers vöglian meis purtrets, oters mia lavur e l'ün o l'oter meis disegns. Mias istorgias sun eir zuond bramadas, mo a mai nu voul ingün. As laschar cusgliar psicologicamaing gratuit e davo in let cun ün oter, quai es mia sort. – Sulet stuna però adüna meglder e sun cuntaint ch'eu poss lavurar mias 16 uras e cur ch'eu vegn in let am suna güsta eir subit indurmanzà e dorm in pasch. Las duonnas sun per mai fös da strom chi ardan ferm e cuort e nu s-chodan ne cour ne sex. Mia fantasia am lascha insömgiar a tuott'ura che ch'eu vögl.[13]

Viele wollen meine Bilder, andere meine Arbeit und die eine oder andere meine Zeichnungen. Meine Geschichten sind auch sehr begehrt, aber mich will niemand. Sich gratis psychologisch beraten lassen und anschliessend ins Bett mit einem anderen, das ist mein Schicksal. – Allein geht es mir aber immer besser, und ich bin zufrieden, dass ich meine 16 Stunden arbeiten kann. Und wenn ich ins Bett gehe, schlafe ich auch sofort und friedlich ein. Die Frauen sind für mich Strohfeuer, die heftig und kurz brennen und weder Herz noch Sex erwärmen. Meine Fantasie lässt mich stündlich träumen, was immer ich möchte.

Illustration zu «Kinder des Mondes», Tusch, undatiert

Steivan Liun Könz erlebte ähnliche Vergeblichkeiten, wie er sie als junger Mann gekannt hatte, nur war es jetzt offensichtlich nicht mehr seine Schüchternheit, die ihn von der Verwirklichung seiner Wünsche fernhielt. «Quai nu po as trattar da problems dimpersai dad ün program malgratià.»[14]

Mischtechnik, undatiert

«Bettlandschaft», Mischtechnik, 1986

– «Es kann sich nicht um Probleme handeln, sondern um ein missglücktes Programm», notierte er im Frühling 1986, nachdem er sein Tagebuch von 1960 wieder einmal durchgelesen und die Parallelen zur Gegenwart entdeckt hatte.

Könz' Liebesproblemen sind unzählige Bilder und Texte entsprungen. Er überarbeitete seine erotischen Radierungen aus den späten Sechzigerjahren oder fand die Motive und Geschichten in der Mythen- und Sagenwelt (zum Beispiel Leda und der Schwan oder Minotaurus). Er schrieb aber auch eigene erotische Geschichten, die ihm neben der literarischen Beschäftigung die Möglichkeit gaben, Illustrationen zu entwerfen: Schon um 1970 hatte er Recherchen über die Prostituierten des antiken Rom angestellt und kleine Szenen über sexuelle Begegnungen auf dem Meer, in der Backstube, auf dem Friedhof oder in der Arena geschrieben. Ausserdem hatte er eine kleine Geschichte mit dem Titel «Uffants da la glüna / Kinder des Mondes» verfasst – Bruder und Schwester, die aus zwei Eiern schlüpfen, sich getrennt auf eine erotische Initiationsreise begeben und am Ende als Paar wieder zusammenfinden. In den Achtzigerjahren griff Könz auf diese Geschichten zurück, überarbeitete die Texte und illustrierte die eine oder andere Episode. Gleichzeitig mit diesem Rückgriff auf älteres Material erarbeitete sich Könz entsprechend seiner veränderten Situation auch neuen Stoff. Er fand Bilder für seine erotischen Wunsch- oder Alpträume, malte idealisierte oder aggressiv entstellte Frauen und schrieb sich in Gedichten seine Verzweiflung von der Seele. Sensibilisiert durch seine eigene Verfassung entdeckte er hie und da Leidensgenossen, wie immer eher Frauen als Männer:

Radierung, 1968

Gouache/Tusch, um 1995

«La sentenzia da Paris», Mischtechnik, 1981

Kein Prinz

Todmüde und
Leichenblass
Die Träne in der
Wimperntusche
Eingeklemmt.
Die Rose, die sie
Hält, entdornt
Und künstlich
Rot gefärbt,
Wangen unter
Dem Puder versteckt.
Im letzten
Tram alleine,
Ins Leere zurück gehetzt.
Bleiche Rose,
Niemand hat
Dich gepflückt.
Du hast dich verschenkt,
Als Perle
Den Säuen hingegeben
Tag für Tag, und
Kein Prinz will Dich
Aus dieser Trauer erwecken.[15]

DA PARIS STEIVAN
KÖNZ

Gouache/Tusch, 1983

SCHÜTZENDES OBDACH

Zwei Mal ging Steivan Liun Könz das Wagnis der Ehe ein, beide Male mit voller Überzeugung. Barbara Könz-Jenny und Andrea Könz-Meier waren seine herausragenden, grossen Lieben, in die er alle Hoffnungen setzte. Beide Beziehungen waren beflügelt durch Könz' zeitweiligen Überschwang und lebendig durch seine nie versiegenden, überraschenden Ideen, aber auch schwer belastet von Könz' Depressionen und seiner Ambivalenz: Die Ehefrauen gaben ihm ein Zuhause, von dem aus er in die Welt ziehen und in das er wieder zurückkehren konnte.[16] Dieses Zuhause war schützend und stabil, hatte dadurch aber auch Aspekte von Ordnung und Struktur, wogegen sich Könz reflexartig auflehnte. Die beiden Ehefrauen wurden von ihm zeitweise gefährlich nah an die Rolle der schützenden und gleichzeitig bedrohlichen Mutter gedrängt.

Mit Steivan war man immer gespannt, wie es wohl weitergeht.
Andrea Könz

KAPITÄNIN AUF HOHER SEE

Die Gymnasiastin Barbara Jenny war achtzehn Jahre alt, als sie Steivan Liun Könz 1967 an einem Ball in Zernez zum ersten Mal begegnete. Durch ihre Schulfreundin Agnese von Hoven aus Guarda ergab sich eine zwanglose Bekanntschaft. Steivan Liun Könz war begeistert von der schönen, grossen Frau, forderte sie zum Tanz auf und erzählte sogleich von einer wilden Tigerjagd, die er in Afrika bei den Massai erlebt habe. Ausserdem legte er ihr dar, warum seiner Meinung nach alle Metzger verkappte Mörder seien und erwähnte am Rande, dass er mit seiner Verlobten, einer Pfarrerstochter aus Zürich, Streit habe. Auf die Frage, was sie denn einmal werden wolle, antwortete Barbara Jenny: «Restauratorin.» Da könne er ihr behilflich sein, er habe Verbindungen, meinte Könz. Barbara Jenny solle sich unbedingt bei ihm melden, wenn es so weit sei.

Was für die Schülerin eine etwas exotische Begegnung ohne Folgen gewesen war, bedeutete dem angehenden Künstler offenbar mehr. Er rief sie im nächsten Jahr an und fragte, wie alt sie jetzt sei, dasselbe tat er im übernächsten Jahr. Da war Barbara Jenny zwanzig Jahre alt und im Begriff, für die Ausbildung zur Restauratorin nach Zürich überzusiedeln. Als sie in Zürich Praktikum und Studium begonnen hatte, besuchte Könz mit ihr eine Vorlesung in Kunstgeschichte. Seine Aufregung, bei diesen Gelegenheiten neben der jungen Frau zu sitzen, wurde offenbar von der langweiligen Vortragsweise des Dozenten übertroffen: Könz schlief jeweils ein und schnarchte laut, was seine Begleiterin etwas genierte. Umso mehr war sie beeindruckt, als sie von ihm beim ersten Besuch in seinem Atelier an der Wildbachstrasse mit Dschellaba, Häkelmütze und Wasserpfeife empfangen wurde. Könz zog alle Register seiner Verführungskunst, was auch notwendig war: Barbara Jenny war lange Zeit nicht verliebt in ihn. Für sie war es «eine allmähliche Annäherung an diese Figur, die unglaublich unterhaltsam und lustig und voller Überraschungen war».[17]

Im Frühling 1970 löste Steivan Liun Könz seine Verlobung auf, denn aus ihm und Barbara Jenny war ein Paar geworden. Die beiden lebten noch zwei Jahre getrennt, er in seinem Atelier an der Wildbachstrasse, sie in mehr oder weniger sturmfreien Buden. Anfang 1972 bezogen sie ihre erste gemeinsame Wohnung im Zürcher Triemli-Quartier, im September wurde in Vitznau Hochzeit gefeiert.

Obwohl Könz an der Zürcher Niederdorfstrasse einen Raum gemietet hatte, glich auch die Wohnung im Triemli bald einem riesigen Atelier. Zu Beginn der Ehe war Barbara Könz als Restauratorin am Zürcher Institut für Kunstwissenschaft beschäftigt und fuhr jeden Morgen früh zur Arbeit. Wenn sie abends nach Hause kam, war ihr Mann oft schon am Kochen für die Gästerunde, die er eingeladen hatte. Könz hatte mittlerweile einen grossen Freundeskreis, dessen innerer Kern sich aus Künstlerkollegen

Inviern (a mia marusa)
Il corv svoula sur la naiv e tschercha alch dret da magliar. Il chavriöl sgratta davent la naiv da la blaisch e maglia pissun da la stà. Il pesch guarda tras il glatsch da l'En.
Ed eu stun in mia stüvetta davo pigna ed am s-chod ils mans, per cha possa scriver üna charta a mia prümavaira chi'm s-choda d'inviern meis cour, ed am spordscha da stà ün früt e d' utuon ün magöl d'vin. Ell'am dà da di ün cour e da not ün corv chi svoula sur la naiv.[7]

Winter (für meinen Schatz)
Der Rabe fliegt über den Schnee und sucht etwas Rechtes zu essen. Das Reh kratzt den Schnee vom Hang und frisst verdörrtes Sommergras. Der Fisch blickt durch das Eis im Inn.
Und ich stehe in meiner Stube hinter dem Ofen und wärme meine Hände, damit ich einen Brief schreiben kann an meinen Frühling, der mir im Winter das Herz wärmt, und mir im Sommer eine Frucht und im Herbst ein Glas Wein anbietet. Sie gibt mir bei Tag ein Herz und nachts einen Raben, der über den Schnee fliegt.

Mit Barbara Könz-Jenny, 1979

und psychologisch interessierten Leuten um den Analytiker Andreas Vontobel zusammensetzte. Zu ihnen zählten die Textilfachlehrerin Angelica Caviezel und ihr Mann, der Architekt Albertus Caviezel, die Künstler Cesare Ferronato, Bernd Höppner, Alex Sadkowsky, Jürg Altherr, die Psychotherapeutin Thea Altherr, der Schriftsteller Jürg Schubiger, der Filmer Fredi Murer und viele andere. Oft wurde bis tief in die Nacht gegessen, getrunken und diskutiert. Wenn sich der letzte Gast verabschiedet hatte, legte Steivan Liun Könz eine Opernplatte auf und begann zu arbeiten. Gegen Morgen legte er sich zu seiner Frau ins Bett, die schon bald darauf aufstehen und ihrer geregelten Tätigkeit nachgehen musste.

Für Barbara Könz' Entscheidung war neben der Faszination an der Originalität ihres Mannes auch die Vertrautheit, die Steivan Liun Könz für sie ausstrahlte, ausschlaggebend gewesen: Sie war zwar in Chur aufgewachsen, doch stammte ihre Mutter aus einer Oberengadiner Hotelierfamilie: Das Paar konnte zusammen ein Stück Engadiner Heimat nach Zürich zaubern. Hinzu kam Steivan Liun Könz' Fähigkeit, Menschen, die er gern hatte, maximale Aufmerksamkeit zu schenken: Er liebte es, Freude und Überraschung auszulösen. Einmal fand seine Frau mitten im Sommer ein Paar nagelneue weisse Schlittschuhe unter ihrer Bettdecke – sie hatte erzählt, dass sie in ihrer Kindheit immer nur gebrauchte, braune Schlittschuhe erhalten und vergeblich von weissen geträumt hatte. Dann erfuhr Könz, dass

Das war ein grosser Teil von ihm: Das absolute Eingehen auf einen Menschen. Das war auch sicher das, was machte, dass er so viele Freunde, so eine Wirkung auf die Leute hatte, weil er in einem Moment, wo die Person ihm auch etwas zu geben hatte, voll auf sie einging und von sich ebenso viel gab.
Barbara Könz

Rindermark früher ihre Lieblingsspeise gewesen war, also servierte er ihr in den nächsten drei Wochen täglich Rindermark zum Frühstück.

Beruflich waren sowohl Barbara als auch Steivan Liun Könz in der Welt des Sehens und Gestaltens zu Hause, sie interessierten sich gegenseitig für ihre Projekte, manchmal führten sie sogar gemeinsam Aufträge aus. Ebenso wichtig für die Beziehung waren die vielen Reisen. Glanzpunkt war sicher die einjährige Reise nach Indien. Das Ehepaar hielt sich aber auch regelmässig in Guarda und auf dem Könz'schen Landgut in Sassuolo auf, es reiste nach Deutschland, Österreich, Frankreich und Rumänien, und Steivan Liun Könz besuchte seine Frau, als sie in München und Rom arbeitete.

Es gab wichtige Gemeinsamkeiten zwischen Barbara und Steivan Liun Könz, ebenso bedeutend waren die Wege, die sie getrennt gingen. Barbara Könz schloss ihre Ausbildung ab, arbeitete als Restauratorin im In- und Ausland und war dadurch manchmal monatelang nicht zu Hause. Steivan Liun Könz begann in den 70er Jahren regelmässig auszustellen – gemeinsam mit Iachen Ulrich und Constant Könz in Bellinzona, allein in verschiedenen Zürcher Galerien. Nach und nach fand er einen festen Kreis von Liebhabern und Käufern seiner Kunst und war dadurch gezwungen, mit einer gewissen Konstanz zu produzieren. Er entwickelte die Lebensweise, der er ein Leben lang folgen würde: Arbeit im Atelier an der Wildbachstrasse oder auf Gerüsten im Engadin und anderswo, Studium alter Drucke in der Zürcher Zentralbibliothek. Daneben pflegte und erweiterte Könz seinen Freundeskreis und ging auf Jagd nach Modellen. Trotz dieser riesigen Palette an Aktivitäten und Kontakten nahm seine Ehefrau in seinem Innern eine ganz besondere Stellung ein. Ein undatierter Eintrag in ein Skizzenbuch, das Könz in den Siebzigerjahren in Gebrauch hatte, lautet:

A mai nun as poja salvar! Mia barcha nu va amo suot, ella neir nu va inavo e neir torta. Eir perche cha la stuvess ir suot, nu sa'l dir l'ami. La barcha es uossa plaina e sto pür gnir s-chargiada. Ils vegls passagers chi sun süls albers tegnan inavo, però güdond e sentind la burasca ouravant. Eir sun tschertas fouras suotaint be malamaing cumadadas. Spranza es il mar ün pa calm.

Las temmas da far naufragi sun passadas daspö ch'eu n'ha ün nouv chapitani. B., tü est meis nouv chapitani, nu cugnuoschast ne passagers ne defects dal bastimaint. Forsa ün di cur cha'ls sbagls as fan palais na t'inschnuir ed am volver la rain. Resta pro mai cha be tü am salvarast. Ed ils oters dscharan, quai savaivan daspö lönch ed at vain eir averti.

Eu sun disperà e n'ha temma, temma da mai stess. Eu nu poss am parar ed am sentir sgür oter co aint in tai B. Tü però stoust savair manar la barcha pustüt cur cha'l mar es gruogl e grisch e cur ch'eu craj cha la barcha gia-rà suot perche ch'eu craj a las fouras ed als passagers.

Cur cha lura ün di nus rivain in ün post giarana al terrain süt ch'eu at regalarà meis cour per etern e nus varan be ün cour insembel ed eu nu varà plü temma, perche ch'eu nun exist plü dimpersai i darà be amo «nus».[18]

Mich kann man nicht retten! Mein Schiff geht noch nicht unter, auch fährt es weder rückwärts, noch ist es schief. Auch warum es untergehen sollte, kann der Freund nicht sagen. Das Schiff ist jetzt voll und muss erst entladen werden. Die alten Passagiere, die in den Masten hängen, bremsen, aber sie haben geholfen und den Sturm vorausgeahnt. Auch sind gewisse Löcher unten im Schiff nur schlecht geflickt. Hoffentlich ist das Meer ein bisschen ruhig.

Die Ängste, Schiffbruch zu erleiden, sind vorbei, seit ich einen neuen Kapitän habe. B., du bist mein neuer Kapitän, du kennst weder Passagiere noch Defekte des Schiffs. Wenn vielleicht eines Tages die Fehler offenbar werden, sei nicht entsetzt und kehr mir nicht den Rücken. Bleib bei mir, denn nur du wirst mich retten können. Und die anderen werden sagen, dass sie das schon lange wussten und dich auch gewarnt haben.

Ich bin verzweifelt und habe Angst, Angst vor mir selbst. Ich kann mich nicht wehren und sicher fühlen ausser in dir, B. Du aber musst das Schiff lenken können, vor allem wenn das Meer rau und grau ist und wenn ich denke, dass das Schiff untergehen wird, weil ich an die Löcher und an die Passagiere glaube.

Wenn wir dann eines Tages an einem Ort ankommen, gehen wir auf trockenes Terrain, und ich werde dir für immer mein Herz schenken, und wir werden zusammen nur noch ein Herz haben, und ich werde keine Angst mehr haben, weil ich nicht mehr existiere, es wird nur noch «wir» geben.

Sicher war der jungen Frau im Lauf der Jahre die haltlose Seite ihres Ehemannes nicht entgangen: Intensive Schaffensphasen wechselten sich ab mit langen Krisen, die meist ausbrachen, wenn ein grösseres Projekt abgeschlossen war. Könz war dann düster, ruhelos, gereizt, hatte Wutausbrüche, verreiste für einige Tage, kam vorzeitig wieder zurück, zerstritt sich mit Freunden und machte sich und seiner Umgebung das Leben schwer. Barbara Könz wäre aber wohl überrascht gewesen, wenn sie von ihrer Rolle als Kapitän erfahren hätte, denn sie hatte alle Hände voll zu tun, für sich selbst einen Halt zu finden. Im dramatischen Auf und Ab von Könz' Stimmungen, dem Chaos, das sich um ihn verbreitete, und der Verunsicherung, in die seine unzähligen erotisch gefärbten Abenteuer sie stürzten, blieb ihr nur die innere Distanznahme und die Konzentration auf ihren Beruf, der sie finanziell unabhängig machte. Es war in der Ehe schon sehr spät, als im November 1979 Simon Andreia Könz geboren wurde. Barbara und Steivan Liun Könz waren sich während der Schwangerschaft wieder nähergekommen, und hatten ähnlich wie vor der grossen Indienreise, als sie in der Christkatholischen Kirche Luzern intensiv zusammenarbeiteten, gemeinsam eine Fassadenrestauration in Wädenswil realisiert. Auch erwies sich Steivan Liun Könz als begeisterter Vater, der geschickt und zärtlich mit dem Baby umging. Aber als das Kind nachts viel weinte, ging er dazu über, auswärts zu übernachten: wie sich herausstellte, bei seiner Geliebten. Gegen seinen Willen trieb es Steivan Liun Könz immer weiter von seinen Liebsten weg. 1981 notierte er:

Am sdasdà suna hoz ad urezzas circa a las 5 e mez davo üna choda not, la prüma da quista stà. Bigna nun ha lö cun mai in let, ma üna cria d'aua cun aschaid e zücher han eir güdà a passantar quella. Quist chod fa bain a mia pizcha neurotica. Cortison cunter ün'orma sainza pasch. Ma avant cha Simon s'ha sdasdà suna mütschi üna jada daplü ed adüna darcheu da mai svess, stat suna lura in meis atelier o mia chombra da meis vizis e da mias cuolpas fictivas. Che mâ es quai chi chastia mia orma e chi s-charpa meis cour? Sun lura i ad Urdorf pro Sachs SAX per verer la fabrica e propuoner üna nouva culissa per ün teater vegl e schmari. A Luzern lura fat visita ad üna veglia scolara da l'Angelica e discurrü da sias sours schizofrenas (...) Qua ad Engelberg n'haja chattà a la Bernadette, davo avair bajà ün pa e soflà sü quel pouver «dudelsack». Schmaladi sajan ils dudels. Schmaladi quel chi sa be soflar sü ils oters o chi sto soflar sü ils oters per na stuvair dar pro ch'eu svess sun sainza flà per meis fö, mia Bigna e meis Simon.[19]

Aufgestanden bin ich heute früh, etwa um halb sechs, nach einer warmen Nacht, der ersten in diesem Sommer. Bigna hat im Bett keinen Platz neben mir, aber ein Krug Wasser mit Essig und Zucker haben auch geholfen, die Nacht hinter mich zu bringen. Diese Wärme tut meinem neurotischen Juckreiz gut. Kortison gegen eine friedlose Seele. Aber bevor Simon aufwachte, bin ich einmal mehr und immer von neuem geflüchtet vor mir selbst. Dann war ich in meinem Atelier oder im Zimmer meiner Laster und meiner fiktiven Schuld. Was ist das nur, das meine Seele straft und mein

Herz zerreisst? Ich bin dann nach Urdorf zu Sachs SAX gegangen, um mir die Fabrik anzuschauen und Vorschläge für eine neue Kulisse eines alten, verblassten Theaters zu machen. In Luzern habe ich dann eine alte Schülerin von Angelica besucht und mit ihr über ihre schizophrenen Schwestern gesprochen. (...) Hier in Engelberg habe ich mit Bernadette geschwatzt, und nach dem Schwatzen ein wenig diesen armen Dudelsack aufgeblasen. Verflucht seien die Dudels. Verflucht derjenige, der nur die andern aufblasen kann oder der die anderen aufblasen muss, um nicht zuzugeben, dass ich selbst ohne Atem für mein Feuer, für meine Bigna und meinen Simon bin.

Es half nichts, dass Steivan Liun Könz die Ursache für die Eheschwierigkeiten in erster Linie bei sich selbst sah. Er konnte sein Verhalten nicht ändern, und das «missglückte Programm» nahm seinen Lauf. Schliesslich verliebte sich Barbara Könz in einen anderen Mann und bat Steivan Liun Könz um die Trennung. Am 24. Mai 1982 musste sich Könz eingestehen, dass er «den Zug verpasst» hatte: «Eu n'ha manchantà il tren. Ün tren chi ha spettà lönch ch'eu vegna laint, ma chi ha eir spettà ch'eu chatta il bigliet valabel. Mia mamma Bigna ha chattà sia via suletta.»[20] – «Ich habe den Zug verpasst. Einen Zug, der lange darauf gewartet hat, dass ich einsteige, der aber auch erwartet hat, dass ich die gültige Fahrkarte finde. Meine Mama Bigna hat ihren Weg allein gefunden.» Nach 25 Jahren Zürich zog er zurück nach Guarda und richtete im Haus 86, das seiner Mutter gehörte, Wohnung und Atelier für sich allein ein.

DER ENGEL AUF DEM BALKON

Am 18. September 1988 war Steivan Liun Könz mit der Rhätischen Bahn unterwegs und suchte sich, wie es seine Gewohnheit war, eine möglichst vielversprechende Reisebegleiterin. Er entschied sich für eine ganz in Pink gekleidete, grosse, dunkelhaarige Frau und begann sogleich, sich mit ihr zu unterhalten. Es lief zuerst nicht ganz nach seinen Vorstellungen: Er duzte sie, sie blieb beim Sie, er stellte sich mit Namen und Beruf vor (schliesslich kannte man ihn im Engadin), sie meinte unbesorgt, da habe sie wohl eine Bildungslücke. In Bergün stellten die beiden fest, dass sie noch bis Zürich dieselbe Fahrt vor sich hatten. Das Gespräch wurde entspannter, nachdem Könz sich erkundigt hatte, ob Andrea Meier, so hiess die junge Frau, die aus Burgdorf stammte und als Apothekerin in Samedan arbeitete, nichts gegen das Du habe. Die beiden unterhielten sich angeregt, jetzt gegenseitig per Du, und bevor sie in Zürich ankamen, hatten sie für den kommenden Frühling eine gemeinsame Reise nach Ägypten geplant. Ganz Gentleman trug der Maler das Gepäck seiner Bekanntschaft zum Anschlusszug, verabschiedete sich und schrieb ihr einen Tag später einen langen Liebesbrief.

Dieser Brief verfehlte seine Wirkung nicht. Andrea Meier war tief berührt von Könz' Gefühlsintensität, seiner vertrauensvollen Offenheit und seiner bildlichen Ausdrucksweise. Sie war 29 Jahre alt und befand sich innerlich im Umbruch. Der Maler aus Guarda war offensichtlich ein Mensch, der unbeeindruckt von Konventionen seinen Weg ging. «Er war ein extrem spannungsvoller Mensch», erinnert sie sich, «ein barocker Mensch, sehr genussfreudig. Exzess war für ihn nicht fremd. Und auf der anderen Seite war ihm auch Askese nicht fremd. Diese existenziellen Spannungen gab es in allen Bereichen, sie prägten seine Persönlichkeit. Er war ein sehr polarisierender Mensch. Und auch äusserlich so eine Mischung aus Urkraft, wildem Mann, und auf der anderen Seite extrem sensibel. Als ob die Extreme sich immer berührt hätten in ihm, auf ganz verschiedenen Ebenen. Daher hatte er als Mensch etwas Dramatisches, ganz egal, was er tat. Darum hat er bei anderen nie Gleichgültigkeit bewirkt. Entweder eine enorme Faszination oder auch Furcht und Ablehnung.»[21] Andrea Meier gehörte zu den Leuten, die von Steivan Liun Könz fasziniert waren. Bei ihrem ersten Besuch in Guarda war es ihr vollkommen klar, dass die Begegnung mit diesem Mann etwas Schicksalhaftes hatte. Da er sich ihr offen zeigte und nichts beschönigte, war ihr bewusst, dass sie es mit einer schwierigen Persönlichkeit zu tun hatte. Die Angst wog aber leichter als die Überzeugung, dass eine Partnerschaft mit Könz ein Leben jenseits vorgefertigter Bahnen garantierte, das ihr Raum für freie Entwicklung bot. Steivan Liun Könz hatte nichts abzuwägen, er war überglücklich und genoss das «totale Sein» mit der jungen Frau, die ihm offenbar auf allen Ebenen, die ihm wichtig waren, Partnerin sein konnte.

Champfèr uossa in chombra Nr. 138 (…). Eu stun qua in quista chombra be qua o là uschigliö suna pro Andrea a Samaden, là gioda il esser «TOTAL»: Spiert, sens, sexualità. Leger, baiver, amar, mangiar, bellezza, musica, tuot quant ch'eu be am pudess giavüschar.[8]

Champfèr, jetzt im Zimmer Nr. 138 (…). Ich bin hier in diesem Zimmer nur hin und wieder, sonst bin ich bei Andrea in Samedan und geniesse das «TOTALE» Sein: Geist, Sinne, Sexualität. Lesen, trinken, lieben, essen, Schönheit, Musik, alles, was ich mir nur wünschen kann.

Im Oktober beschloss das Paar, im nächsten Frühjahr zu heiraten und eine Familie zu gründen. Am 17. Februar 1989 wurde geheiratet, im April begaben sich die beiden mit Tramperrucksäcken ausgerüstet auf die Hochzeitsreise nach Ägypten. Dort stellte sich heraus, dass Andrea Könz schwanger war. Könz ging das Wagnis, mit bald fünfzig Jahren noch einmal Vater zu werden, gerne ein. Die Begeisterung über sein Glück, eine Frau gefunden zu haben, die ihn liebte und ihm gleichzeitig Raum liess, beflügelte ihn. Am 8. Mai 1989 schrieb er:

Güsta frais-ch tuornà da l'Egipta. (…) Uossa suna aint il tren vers Cuoira, n'ha stranglà giò duos tschiculattas ed arsantà la gula cun Coca Cola,

Mit Andrea Könz-Meier, um 1990

s-chatschà la fom cun quai ch'eu nu vaiva ne culazchun ne giantar. A mai visavi in diagonala tschainta üna matta cun ün profil da pasler, lascha verer che chi'd es laint. Eu sun schligeri ch'eu nu stögl plü tscherchar üna duonna e ch'eu n'ha chattà la megldra chi exista. Mo bajar cun l'üna o l'otra quai nu'm po tour ingün, uschigliö dvainta amalà.[22]

Grade frisch aus Ägypten zurückgekehrt. (...) Jetzt bin ich im Zug nach Chur, habe zwei Schokoladen verschlungen und die Kehle mit Coca-Cola verbrannt, den Hunger vertrieben, da ich weder Frühstück noch Mittagessen hatte. Mir diagonal gegenüber sitzt ein Mädchen mit einem Spatzenprofil, lass sehen, was drinnen ist. Ich bin erleichtert, dass ich keine Frau mehr suchen muss und dass ich die beste, die es gibt, gefunden habe. Aber mit der einen oder anderen reden, das kann mir niemand nehmen, sonst werde ich krank.

Die Liebesgeschichte zwischen Andrea und Steivan Liun Könz verlief in der ersten Zeit wie im Zeitraffer: Kennenlernen im September 1988, Heirat fünf Monate später, Geburt des Sohnes Mario im Dezember 1989, ab 1990 gemeinsames Wohnen, im April 1991 Geburt der Tochter Fiona.

Ebenso rasch zeigten sich auch die wesentlichen Züge der Beziehung. Andrea Könz hatte Pharmazie studiert, dann zusätzlich eine Ausbildung in Astrologie in Angriff genommen. Steivan Liun Könz interessierte sich für alle esoterischen Lehren und unterstützte seine Frau dabei, neben der Teilzeitstelle als Apothekerin in Samedan auch ihre astrologische Ausbildung voranzutreiben. Das Paar meisterte den anspruchsvollen Alltag mit Kindern und zwei Berufstätigen gut und unterstützte sich gegenseitig mit Interesse und Anteilnahme. Der gemeinsame Haushalt war vergleichbar mit der Wohnung, die Könz mit seiner ersten Frau Barbara teilte: Andrea Könz hatte im Souterrain ein kleines Zimmer für ihre Astrologie-Studien. Ansonsten fand das Leben im grossen, chaotischen Atelierraum statt: Kochen, essen, schlafen, Kinder versorgen, Gäste empfangen, zu klassischer Musik arbeiten, alles fand nebeneinander und gleichzeitig statt. Im Winter 1990/91 zog die Familie zurück ins Wohnhaus, das Atelier blieb Ort für Steivan Liun Könz' künstlerische Aktivitäten.

Astrologie, Tarot, I Ging, Märchen, Mythen, Symbole, Kunst, ein Leben voller Geschichten – das Ehepaar hatte es nicht schwer, eine gemeinsame geistige Welt aufzubauen. Andrea Könz kam auch gut mit der Dissidenz ihres Mannes in sozialen Dingen zurecht. Sie machte sich nichts daraus, zu Einladungen und öffentlichen Anlässen zu spät zu kommen, weil Könz solche Dinge nicht in seinen Alltag einplante, und sie stand bei Vernissagen ungerührt mit schickem Kleid neben ihrem Partner im zerschlissenen Pullover und dem grünen und roten Schuh. Dafür kam sie bei anderen Gelegenheiten in den Genuss von Könz' Spontaneität und seiner unkomplizierten Art, mit einfachsten Mitteln den Alltag spannend zu gestalten. Auf der Hochzeitsreise hatte sie auch erstmals einen Wutausbruch ihres Mannes erlebt und rasch verstanden, dass die dramatischen Szenen, in denen Steivan Liun Könz gegen sich selbst wütete, seine Brille zertrampelte, Material zerstörte etc., Ausdruck von Verzweiflung und Hilflosigkeit waren und am besten mit ruhigem Verständnis pariert wurden.

Trotz aller Affinitäten zur anarchischen Seite ihres Mannes übernahm Andrea Könz in der Familie die Rolle derjenigen, die Strukturen errichtet und verteidigt. Bei der Kindererziehung war sie der Elternteil, der gegebenenfalls Zurechtweisungen und Verbote aussprach, und hin und wieder wehrte sie sich auch gegen die drohende Überflutung mit Besucherinnen und Besuchern, die, von Könz eingeladen, überraschend oder angekündigt vor der Tür standen. Vor allem aber beendete sie die neugierigen Übergriffe ihrer Schwiegermutter. Als Selina Chönz zum zweiten Mal eine Abwesenheit der Familie genutzt hatte, um den Haushalt zu durchstöbern, verbot ihr die junge Frau kurzerhand das Haus.

Steivan Liun Könz war Künstler geblieben, doch war er durch Heirat und Vaterschaft nun auch ein integriertes Mitglied der Gemeinde Guarda. Die Zeit seiner zweiten Ehe fällt zusammen mit deutlich steigender öffentlicher Anerkennung im Engadin und in Graubünden. Zu den regelmässigen Ausstellungen in der Zürcher Galerie Trittligasse kamen jetzt zahlreiche Ausstellungen in seinem Heimatkanton: 1991 zeigte Könz eine Retrospektive in der Galerie Nova Pontresina, 1992 sizilianische Aquarelle in der Galaria d'Art (Center Augustin) in Scuol und Gouachen, Zeichnungen und Collagen in Alex's Art Galerie Klosters. An Weihnachten 1995 stellte Könz in der Aurora Ardez zwei- und dreidimensionale Miniaturen und 1996 in der Galerie Riss Samedan seine neusten Bilder zu den Motiven Labyrinth und Turm von Babylon aus. Ebenfalls 1996 war er mit einem Exponat an der Ausstellung «Übergänge – Kunst aus Graubünden 1936–1996» im Bündner Kunstmuseum Chur beteiligt. Mit Sgraffito-Arbeiten vertrat Steivan Liun Könz ausserdem 1989 das Engadin an der Inn-Ausstellung in Rosenheim und 1991 die Schweiz im Museum of American Folk Art in New York.

Auch die Medien entdeckten Steivan Liun Könz: Auf das schöne TV-Porträt «Le Temps d'un Sgraffito» von Gilbert Bovay (TSR 1985) folgte 1989 auf SF DRS der Beitrag «Schellenursli lebt. Das Geheimnis des Künstlers Steivan Könz» und 1991 im TV-Film «Red & White. Coulours of Switzerland» eine Sequenz, in der Könz eine Sgraffito-Fassade ritzt. In den 1990er-Jahren erschienen zudem Dutzende längere und kürzere Artikel in Zeitungen und Zeitschriften, die sich mit dem Künstler, seinem Leben und seinen Arbeiten auseinandersetzten.

Die Ehe erwies sich für Steivan Liun und Andrea Könz als stabilisierende und gleichzeitig inspirierende Lebensform. Eine Klippe allerdings, die das Zusammenleben mit Steivan Liun Könz mit sich brachte, bereitete auch Andrea Könz grosse Schwierigkeiten. Beinahe ebenso rasch, wie die Flamme der gegenseitigen Begeisterung aufgelodert war und das Leben des Paares von Grund auf verändert hatte, nahm auch Könz' Liebesproblem wieder Gestalt an. Sosehr er sich auch über seine Kinder freute und bei den beiden Geburten als einfühlsamer Begleiter zeigte, weckte die biologische Mutterschaft seiner Frau wohl alte Ängste in ihm und veränderte sein erotisches Verhalten. Schon nach wenigen Ehejahren geschah ein Seitensprung, der vieles von dem, was es in der Beziehung an Vertrauen und gegenseitigem Gewähren gegeben hatte, erschütterte. Könz stellte sich zwar den Problemen und Fragen, die sein Verhalten aufwarf, doch war es ihm nicht möglich, sich zu ändern.

Quists contacts am tegnan eir aint ill' art ed aint illa vita. Qua e là ün bel modellin es sco l'aua per las plantas. Cur cha quai am manca lura n'haja vöglia da magliar dutscharias. E quai sainza ingün criteri.

Che mâ sara quai? Quista fom insaziabla ha nom «BEZIEHUNGER».[23]

«Leda ad infinitum», Gouache/ Bleistift, undatiert

Diese Kontakte halten mich auch in der Kunst und im Leben fest. Hie und da ein schönes Modell ist für mich wie Wasser für die Pflanzen. Wenn mir das fehlt, habe ich Lust, Süssigkeiten zu essen, und das völlig wahllos.

Was ist das nur? Dieser unstillbare Hunger heisst «BEZIEHUNGER».

Das Paar lebte mit den Konsequenzen weiter. Der schwungvolle Aufbruch, der die Eheschliessung begleitet hatte, erhielt einen Dämpfer, und es gab bei beiden Partnern Zweifel und depressive Stimmungen, die sie mit sich alleine ausmachen mussten. Doch machten die gegenseitige Liebe und Solidarität die knapp zehn Jahre, die der Familie vergönnt waren, trotz allen Schwierigkeiten zu einer reichen und fruchtbaren Zeit voll von Arbeit, gemeinsamen Unternehmungen, schönen und weniger erfreulichen Überraschungen, insgesamt also einer Zeit voller Leben, wie es mit Steivan Liun Könz auch gar nicht anders möglich war.

Als Steivan Liun Könz auf seiner Reise nach Äthiopien im Frühjahr 1997 bemerkte, dass seine Kräfte nachliessen, stellte er auch fest, dass seine Neugierde auf junge Frauen am Schwinden war. Voller Dankbarkeit dachte er an seine Familie in Guarda und schrieb für sich alleine noch einmal eine Geschichte auf, die er zuvor schon unzähligen Bekannten erzählt hatte: Kurz bevor er Andrea Meier im Zug traf, hatte ihm eine russische Emigrantin aus dem Kaffeesatz die Glück verheissende Begegnung mit einer grossen, dunklen Frau vorausgesagt: «Du kennst diese Frau bereits!», hatte sie zu ihm gesagt. Tatsächlich hatte sich Andrea Meier einmal geweigert, Könz in der Apotheke ohne Giftschein Salpetersäure abzugeben. Die Russin hatte auf der ganzen Linie Recht gehabt. Könz brachte sein Glück mit seiner zweiten Ehefrau immer mit demselben Bild zum Ausdruck:

Ün di s'ha plachà ün anguel sün mia lobgia. Svelt n'haja rivi la porta e til tschüf e maridà davo 2 mais.[24]

Eines Tages ist ein Engel auf meinem Balkon gelandet. Rasch habe ich die Tür geöffnet, ihn gepackt und nach zwei Monaten geheiratet.

Im langen Jahr der Krankheit, das auf die Äthiopien-Reise folgte, zog sich Steivan Liun Könz physisch und psychisch mehr und mehr in den Kreis seiner beiden Familien zurück. Der «Schutzengel» und die «Kapitänin», die sich übrigens vom ersten Moment an sehr gemocht hatten, waren auch jetzt seine wichtigsten Begleiterinnen.

Haupttext

1 Eintrag Frühling 1961 in: Tagebuch Nr. 2. Zu den Sechzigerjahren vgl. dieses Tagebuch und Interviews Stefanie Knapp-Länzlinger, 3.10.2008; Armgard Pelz, 5.11.2008.
2 Eintrag 27.1.1997 in: Tagebuch Nr. 7.
3 Eintrag um 1970 in: Skizzenbuch Nr. 48.
4 Eintrag 15.2.1986 in: Tagebuch Nr. 6.
5 Eintrag Januar 1997 ebenda.
6 Vgl. im Folgenden Interviews Barbara Könz, 20.5.2006, 8.7.2006; Andrea Könz, 14.6.2006, 6.9.2006; Peider und Giovannina Könz, 30.7.2007; Agnese Caviezel, 3.9.2008; Stefanie Knapp-Länzlinger, 3.10.2008; Armgard Pelz, 5.11.2008.
7 Zitiert nach: Beat Hirt: Schellenursli lebt. Das Geheimnis des Künstlers Steivan Könz. SF DRS 1989.
8 Eintrag 1992 in: Tagebuch Nr. 6.
9 Eintrag um 1985 in: Skizzenbuch Nr. 91.
10 Eintrag Mai 1982 in: Tagebuch Nr. 5.
11 Vgl. im Folgenden Interviews Barbara Könz, 20.5.2006; Andrea Könz, 11.10.2006; Urs Frey, 31.7.2007; Susanna Fanzun, 21.5.2008; Claudia Ferronato, 5.7.2008; Stefanie Knapp-Länzlinger, 3.10.2008; Armgard Pelz, 5.11.2008; Dumeng Secchi, 13.11.2008; Christine Kessler, 20.11.2008; Werner Frei, 3.12.2008; Claire Hauser Pult und Chasper Pult, 2.2.2009.
12 Eintrag um 1990 in: Skizzenbuch Nr. 110.
13 Eintrag Mai 1984 in: Tagebuch Nr. 5.
14 Eintrag Frühling 1986 in: Tagebuch Nr. 6.
15 Eintrag Januar 1988 in: Skizzenbuch Nr. 106.
16 Vgl. im Folgenden Interviews Barbara Könz, 17.2., 20.5., 8.7., 5.8., 12.8., 26.8.2006, 24.3.2007; Andrea Könz, 27.2., 14.6., 4.7., 6.9., 11.10., 18.12.2006.
17 Barbara Könz, Interview 20.8.2006.
18 Eintrag um 1970 in: Skizzenbuch Nr. 48.
19 Eintrag 1981 in: Skizzenbuch Nr. 86.
20 Eintrag 24.5.1982 in: Tagebuch Nr. 5.
21 Andrea Könz, Interview 14.6.2006.
22 Eintrag 8.5.1989 in: Tagebuch Nr. 5.
23 Eintrag Dezember 1990 in: Skizzenbuch Nr. 107.
24 Eintrag 27.1.1997 in: Tagebuch Nr. 7.

Marginalien

1 Steivan Liun Könz, ein Künstler und sein Dorf, ein Kunststück von Heimat und Heimatlosigkeit zugleich. In: Graubünden. Die 23 Kantone der Schweiz. Eine Schriftenreihe, publiziert von 1987–1991. Hg. Rentenanstalt. 1987, S. 23–36.
2 Eintrag 23.8.1992 in: Tagebuch Nr. 6.
3 Eintrag 1987 in: Skizzenbuch Nr. 106.
4 Eintrag 1987 in: Skizzenbuch Nr. 106.
5 Eintrag um 1975 in: Skizzenbuch Nr. 67.
6 Eintrag um 1992 in: Skizzenbuch Nr. 120.
7 Eintrag um 1970 in: Skizzenbuch Nr. 48.
8 Eintrag 13.12.1988 in: Skizzenbuch Nr. 106.

IL NAR – DER NARR

Harlekin/Narr, überarbeitete Radierung, 1969/89

Gouache/Tusch, undatiert

Le fou est mort! Le fou vivra, vive le fou! (...) Il vegl nar es mort in Africa. Sco cha'l nouv sarà nu sa ingün. In mincha cas oter.[1]

Nar sun e rest. Dragun Nar Könz.[2]
Ich bin und bleibe Narr. Drache Narr Könz.

«Der Narr ist tot! Der Narr wird leben, es lebe der Narr!» Steivan Liun Könz bezeichnete sich oft und gerne als «Narr». Er tat dies auch in ernsten Situationen, zum Beispiel am Ende seiner Äthiopien-Reise im März 1997, als er einsehen musste, dass ihn das Alter eingeholt und verändert hatte: «Der alte Narr ist in Afrika gestorben. Wie der neue sein wird, weiss niemand. Auf jeden Fall anders.» Die Bezeichnung «Narr» gebrauchte Könz nicht naiv, sondern im vollen Wissen um die kulturgeschichtliche Vielfalt und Tiefe des Motivs. Am gründlichsten hatte er sich mit der Narren-Figur im Tarot befasst: Der Narr war seine Lieblingskarte, die er manchmal Briefen beilegte, um Aussenstehenden seine Stellung in der Gesellschaft deutlich zu machen.

Ich lege Ihnen die Karte des Narren aus dem Tarot bei. Er ist ein Mensch, der in seiner Gemeinschaft einen persönlichen Kurs eingeschlagen hat. Wohin er geht, wird sich schon ergeben, er weiss es nicht genau, und lügen möchte er nicht. Von hinten aber beisst ihn ein Hund in den Hintern. Das entblösst und schmerzt. Der Narr aber geht unbeirrbar weiter seines Weges.[1]

Der Narr nimmt eine besondere soziale Stellung ein. Ihm werden (Narren-)Freiheiten eingeräumt, doch bezahlt er dafür auch einen Preis: Er ist Einzelgänger und zieht Angriffe auf sich, die verletzen können. Könz

Tusch/Gouache, 1980/89

Narr aus der Tarot-Serie, Gouache/ Tusch, 1989

kannte die Geschichte der historischen Narren an Herrscherhöfen und die verschiedenen Schelme und Narren der Literaturgeschichte und identifizierte sich mit vielen ihrer Eigenschaften. Während der Schelm, getrieben von Heisshunger und ungezügelter Sexualität, durch die Welt streift und seine Tricks, Streiche und Maskeraden spontan erfindet, wenn er in Bedrängnis gerät, macht der weise Narr aus seiner Not, gesellschaftlichen Normen nicht zu entsprechen, eine Tugend: Er gestaltet sein Aussenseitertum und wird zu einer Kunstfigur, über die gelacht werden darf, die aber dieses Gelächter unversehens auf das Publikum zurücklenkt, unangenehme Wahrheiten ausspricht und so der Gesellschaft den Spiegel vorhält. Das Auftreten des Narren erweckt deshalb Heiterkeit und Schauder zugleich. Der Narr ist ein Geschichtenerzähler, doch ebenso viele Geschichten kursieren über ihn und seine Streiche. Schelm und Narr sind Söhne der Unordnung, Feinde aller Grenzen, und auch als Personen durch die permanenten Maskeraden, die sie betreiben, widersprüchlich und letztlich unfassbar.

Nicht nur Steivan Liun Könz selbst, sondern auch seine Umgebung beobachtete an ihm schelmische und närrische Züge und reagierte darauf traditionsgemäss: mit Gelächter und Begeisterung, aber auch mit Schrecken und Zurückweisung.

«DRAGUN NAR KÖNZ»

Es gibt wohl niemanden aus Könz' Bekanntenkreis, der im Gespräch über den Künstler nicht sehr bald auf dessen auffällige Erscheinung und die Originalität seines Auftretens hinweist.[2] Der junge Mann aus den Bergen war in seiner Zürcher Anfangszeit vielleicht noch unfreiwillig durch Körperlänge und Kleidung aufgefallen, der ältere Könz hatte sein Outfit unter Kontrolle. Legendär sind der rote und der grüne Schuh, die bei besonderen Anlässen seine Füsse zierten. Im Alltag trug Steivan Liun Könz betont unmodische Kleidung: ausgelatschte Schuhe mit offenen Schnürsenkeln, formlose Hosen, weite, zerschlissene Pullover (sommers und winters dieselben), oft auch eine Zipfelmütze oder fremdländische Kopfbedeckungen. Offenbar galt die Regel: Je mehr bei einem Anlass auf korrekte oder feierliche Kleidung geachtet wurde, desto tiefer griff Könz in die Mottenkiste. Der Engadiner Bauer und Schriftsteller Göri Klainguti berichtet von einer rundum typischen Begebenheit:

Ich bin auf der Wiese am Heuen, nicht weit weg vom Hof, da nähert sich mir der grosse Mann in langen Schritten. Ich begrüsse Steivan Lium – so wird sein Name bei uns im Oberengadin ausgesprochen –, er murmelt mir einen Gruss zurück, um dann recht schnell ganz klar und deutlich zu sagen: «Ich muss heute Abend an eine Veranstaltung nach St. Moritz gehen, hättest du mir nicht einen alten, durchlöcherten Pullover, ich kann doch nicht in diesem Hemd in der guten Gesellschaft erscheinen.»

Ich sage ihm, dass es mich freut, ihn endlich mal auf meinem Hof empfangen zu dürfen, wir lassen das Heu liegen und gehen sogleich nach Hause, ich möchte mit ihm was essen und trinken. Beim Anblick unserer Hühner und Gockel erzählt er sogleich, was ihm mal in Afrika, vielleicht war's auch in Asien, mit kämpfenden Gockeln passiert war, er erzählt und erzählt … (leider ist mir seine spannende Geschichte völlig entfallen). Inzwischen ist längst etwas Brot und Salsiz auf dem Tisch, auch ein Glas steht da, aber die Geschichte geht weiter. Eigentlich möchte ich rasch einen meiner vielen durchlöcherten Pullover holen gehen – ich werfe kaum einen fort, denn die Wolle wird immer wieder für ein Kätzlein, irgendeinen Wurf junger Hunde oder gar für Küken oder Kitze gebraucht –, aber die Geschichte ist dermassen spannend, dass an ein Weggehen nicht zu denken ist. Steivan Liun erzählt, ohne auch nur eine kleine Pause einzuschalten, und zu den Gockeln kommen auch noch die Ameisen, auch die Kakerlaken, auch die Vögel und die Leute, die bei der Gockelszene äusserst wichtige Rollen zu spielen haben.

Schliesslich finde ich einen Moment, um den zerlöcherten Pullover zu holen. Ich bringe ihn, und während meine Frau schockiert ist, dass ich gerade den schlimmsten ausgesucht habe, ruft Steivan Liun begeistert aus: «Genau dieser, das ist genau der richtige für St. Moritz. Schau, ich kaufe immer Hosen, wie sie die Köche tragen – sie sind billiger und zudem viel zäher als die blöden Bluejeans, die jeder trägt. Was? Du trägst auch Bluejeans? Kann ich einfach nicht verstehen, die sind ja viel teurer ...», und stolz zeigt er auf seine klein karierte Hose, die Hose eines Kochs.

Nachdem wir sicher ein oder zwei Stunden dagesessen haben, steht er plötzlich auf und sagt, er müsse jetzt gehen. Ich will ihn mit dem Auto nach St. Moritz bringen, aber er will unbedingt zu Fuss an die noble Veranstaltung gehen.

Ich lasse ihn ziehen. Noch lange muss ich an seine Erzählweise denken, bei der das Wort «fesselnd» nicht bildlich, sondern wörtlich aufzufassen ist. Und überrascht bin ich, wie präzise und detailbesessen Steivan Liun an seinem Image zu feilen scheint.[3]

Die Geschichten, die man sich noch heute über Könz erzählt, kreisen meist um grössere oder kleinere Regelverstösse. Seine Eulenspiegeleien waren humorvoll bis boshaft. Er liebte es, sich hinter verquerem Benehmen, Streichen und Schabernack zu verstecken und zu beobachten, wie seine Umgebung auf die Provokation reagierte. Ob er im siedend heissen Bombay einen Tampon benutzte, um seinen Schweiss abzuwischen, und das Objekt am Schnürchen aus der Hemdtasche hängen liess oder in Guarda die sorgsam gehüteten, nur zögerlich reifenden Tomaten einer Nachbarin heimlich mit Kalkmilch bleichte – stets war Könz' Spannung und Aufmerksamkeit ganz beim überraschten Publikum.

Galerien waren offensichtlich ein bevorzugtes Parkett. Werner Frei, Könz' Zürcher Hausgalerist an der Trittligasse, erinnert sich an den ersten Besuch, bei dem sich der Maler vorstellte und nach Ausstellungsmöglichkeiten fragte. Man verstand sich auf Anhieb bestens, und nach ein paar Stunden verliess Könz mit seinem rot-grünen Schuhpaar die Galerie. Am Abend fand Frei ein Fischskelett auf der Türschwelle, eine Art Ad-hoc-Visitenkarte des Künstlers. Der Romanist Clà Riatsch erzählt von einer Vernissage in der Zuger Galerie Zur Münz: Während im Ausstellungsraum eine Laudatio auf Könz gehalten wurde, stand dieser in der offenen Küche, bemüht, eine meterhohe Flamme zu bändigen, die er für die Feuerzangenbowle entzündet hatte, und die dabei war, den Raum schwarz einzufärben. Als ihn jemand herbeirief, um die Rede mit anzuhören, stellte sich Könz kurz zur Zuhörerschaft, trottete aber nach zwei Minuten desinteressiert wieder zurück in die Küche.

Wachsbild, 1990

Die Geschichte, an die sich Fredi Murer erinnert, liegt weit zurück in Könz' Studentenzeit. Sein Zimmer an der Winkelriedstrasse war mit einfachen Brockenhausmöbeln eingerichtet. Was noch fehlte, war eine bequeme Sitzgelegenheit. Auf der Veranda im Nachbarhaus gab es vier alte Korbsessel, die, wie der junge Könz beobachtete, wochenlang unbenutzt herumstanden. Also kletterte er eines Nachts über den Gartenzaun, kontrollierte den Zustand der Möbel und trug die zwei am besten erhaltenen hinüber in sein Zimmer. Zu seiner Überraschung erbarmte sich die Besitzerin in den nächsten Tagen der beiden noch verbliebenen Sessel und strich sie weiss. In der darauf folgenden Nacht schlich Könz mit seinen ungestrichenen Stühlen erneut über den Zaun und tauschte sie gegen die restaurierten Exemplare. Am Ende waren alle Korbstühle gepflegt, frisch gestrichen und gerecht verteilt: Zwei von ihnen standen bei der Nachbarin auf der Veranda, zwei in Könz' Studentenbude.

Persönlicher Briefbogen, Collage/ Tusch, 1978

Steivan Liun Könz tritt in all diesen Episoden als aktiver Narr auf, der seine Rolle bewusst zelebriert. In ähnlicher Weise gestaltet waren viele von Könz' privaten und geschäftlichen Briefen. Dies nicht nur, weil er in späteren Jahren auf riesige Papierbögen schrieb, die er mit einem Rahmen aus fantastischen Collagen und Tuschzeichnungen versehen hatte. Oft waren auch der Inhalt oder die Form der Briefe dem intelligenten, kritischen Narrentum verpflichtet. Als er im Sommer 1992 von der Schweizerischen Volksbank, bei der er einen Entwurf eingereicht hatte, eine Absage erhielt, verfasste er eine Replik:

Lieber Herr H.!
Ich war gar nicht enttäuscht, dass meine Kunst nicht «Mode» ist. Gremien von Kunsthistorikern müssen, um sich selber treu zu bleiben, mir ablehnend gegenüberstehen. Die jetzige Mode diktiert eine negative und pessimistische Stimmung. Dazu neige ich als Optimist und Menschenfreund nicht. Ich setze immer auf das Positive im Mitmenschen, suche mit meinen Bildern das Gute in den noch so verschlossenen Herzen. Ich spreche mit vielen Menschen im Tram, in den Restaurants oder anderswo und sehe, wie wichtig es in der Stadt ist, alle auf das Positive, auf die Farben, auf die heute trotz Krieg und Unruhe noch vorhandenen schönen Seiten des Lebens aufmerksam zu machen. So sind auch meine Bilder.

Ein Entwurf kann immer verrissen werden. Das ist so eine Art, die anderen klein zu machen, um sich selber zu erhöhen. Wählt eine Jury grosse Namen, so kommt sie auch gross heraus. Fast immer sind unsichere Leute

Chi guarda our dals ögls orbs
da la mascra d'or
da quista mascra
chi balbagia e chanta
pleds amars.
Ün sdratsch bletsch da larmas
cuverna seis pet
si' orma es absainta
seis cour maglià dal fö.
Chommas d'ardschiglia portan
la curuna d'or.
Chommas da crap stiran
il sindal our dal mar.
Chommas daman cuorran tras il god
tras il god chi arda
tras il muond
tras il cumün
salvar üna mamma arsa
ün'aurora tramuntada
ün cumün abandunà.
Ella bütscha la mort
e sota aint in tschêl
cun seis ögls blaus
e sia leua cotschna.[3]

Wer blickt aus den blinden Augen
der Goldmaske,
dieser Maske,
die bittere Worte
lallt und singt.
Ein Tuch, nass von Tränen,
bedeckt ihre Brust,
ihre Seele ist fort,
ihr Herz vom Feuer verzehrt.
Beine aus Lehm tragen
die Goldkrone.
Beine aus Stein ziehen
den Schleier aus dem Meer.
Beine rennen morgens durch den Wald
durch den brennenden Wald,
durch die Welt
durch das Dorf,
um eine verbrannte Mutter zu retten,
eine untergegangene Morgenröte,
ein verlassenes Dorf.
Sie küsst den Tod
und tanzt im Himmel
mit ihren blauen Augen
und ihrer roten Zunge.

in wichtigen Gremien, machen sich gegenseitig noch unsicherer und fühlen sich stark, weil sie sich meistens in der Dummheit einig sind.

Ein Entwurf von mir ist auch keine Gewähr, dass das Original auch so aussehen wird. Habe ich vor der Leinwand eine bessere Idee, so mache ich eben etwas anderes. Diese Situation ist für viele unhaltbar und ich werde mal aufgehängt, dann hie und da nicht bezahlt. Ob ein Auftragswerk dem Auftraggeber gefällt oder nicht, ist einerlei. Wichtig ist nur, dass ich hinter diesem Werk stehen kann. Es kommt dann schon die Zeit, wo viele Menschen es gut finden und sich daran erfreuen.

In diesem Sinne warne ich Sie im Umgang mit Menschen wie mir.

Liebe Grüsse

Steivan Liun Könz

PS Ich werde Sie, wenn ich in Zürich bin, einmal anrufen und mit Ihnen einen Kaffee trinken. Dies, weil ich Sie als guten, sympathischen Menschen in Erinnerung habe.[4]

Ein Brief, den Steivan Liun Könz an seine Freunde Mengia und Rudolf Viletta-Semadeni schrieb, ist halb bedeckt mit Bändern und Säulen. Viele Satz- oder Wortteile fehlen, da sie, wie der Verfasser kommentiert, «hinter den Säulen stehen», ein Band ist nicht gemalt, sondern besteht aus klitzeklein geschriebenen Wörtern: Hier erläutert Könz, welche Kleinigkeiten ihn davon abgehalten haben, das Ehepaar Viletta zu besuchen. «Hinter den Säulen» stand Könz auch selbst sehr gern. Er spielte dann den Tölpel, der Dinge nicht versteht und dem man alles genau erklären muss. Auf diese Weise gelang es ihm manchmal, einen Gesprächspartner zu demaskieren, während er selbst in Deckung bleiben konnte. Sein Gegenüber merkte wohl nicht immer, dass es genarrt worden war.

Narrentum und Maskeraden waren nicht nur ein wichtiger Teil von Könz' Lebenspraxis, sie beschäftigten ihn auch bei der Arbeit. Masken, Narren und karnevaleske Szenen durchziehen sein bildnerisches Werk von den Anfängen bis zum Ende, einige Projekte sind unverwirklicht geblieben. So plante Könz einen Text, der die Schöpfung als Serie von Streichen einer Narr-Gottheit beschreibt. Zur Geschichte wollte er auch Bilder malen und Objekte gestalten.[5]

La mascra am permetta da na m'identifichar cun mi'orma. L'uman less adüna esser daplü o alch oter sco quai ch'el es, quai nu va. Mo almain far finta, quai es pussibel. L'uman es nüd, cun quai eir debel, el nun ha alas per svolar o 4 chommas per cuorrer plü svelt. Ne crousla ne pail. El es flaivel e ligermaing feribel.[6]

Gouache/Tusch, 1992

Die Maske erlaubt es mir, mich nicht mit meiner Seele zu identifizieren. Der Mensch möchte immer mehr sein oder etwas anderes, als er ist, aber das geht nicht. Aber wenigstens so tun, als ob, das ist möglich. Der Mensch ist nackt, damit auch schwach, er hat keine Flügel, um zu fliegen, oder vier Beine, um schneller zu laufen. Auch keine Schale und keinen Pelz. Er ist schwach und leicht verletzbar.

Im Jahre 1986 befasste sich Steivan Liun Könz besonders intensiv mit Masken. Er erstellte eine lange Liste von Maskierungsarten und fragte ganz allgemein nach den Gründen für das Bedürfnis, Masken zu tragen. In diesem Text wird deutlich, dass der Künstler seine Narrenstreiche und Maskeraden nicht nur aus einer Position der Stärke heraus betrieb. Wie bei vielen Narren der Kulturgeschichte gab es auch bei ihm eine Not, ein unfreiwilliges Aussenseitertum, das der souverän inszenierten Narrenrolle vorausgegangen war.[7] Das Anderssein und dafür ausgelacht oder bestraft werden, die Unfähigkeit, an ihn gestellte Erwartungen zu erfüllen, zog sich wie ein roter Faden durch Könz' Kindheit. In seiner Bedrängnis wählte er nicht den

Mischtechnik, undatiert

Mischtechnik, 1986

Weg der Anpassung, sondern die lebenslange Opposition. Fühlte sich Könz eingeengt oder in ein Schema gepresst, scherte er instinktiv aus und benahm sich «daneben». Er zerstritt sich sofort und heftig mit Polizisten, Zöllnern und anderen Leuten, die in seinen Augen die Ordnung vertraten. Seine verbalen Attacken konnten aber auch Freunde und Bekannte treffen, die bei einem cholerischen Ausbruch zufällig zugegen waren. Überhaupt schien Könz hin und wieder Lust daran zu finden, andere zu brüskieren und an ihrer empfindlichsten Stelle zu treffen. Er ging in keiner Gruppe ganz auf, immer spürte man die Botschaft: «Ich bin nicht so, wie ihr denkt!»

Wo Steivan Liun eine Regel witterte, verstiess er garantiert dagegen.
Clà Riatsch

Neben Amüsement und Bewunderung weckte Steivan Liun Könz deshalb auch Befremden, Angst und Ablehnung. Vor allem in der Engadiner Heimat taten sich viele schwer mit seinem losen Mundwerk, dem als Provokation empfundenen ungepflegten Äusseren und seiner erotischen Kunst. Als Könz in den 1980er Jahren allein nach Guarda zurückkehrte, hatte er im Dorf keinen einfachen Stand. Er pflegte zwar scherzhaften Umgang mit einigen Bauern, sass oft in der Ustaria Crusch Alba und erzählte seine Geschichten. Auch gab es Einwohner, mit denen er sich gut verstand. Wenn er eine Arbeitspause brauchte, ging er spontan bei ihnen vorbei und blieb so lange, wie es ihm Spass machte – und das konnte sehr lange sein. Bei vielen im Dorf galt der Künstler aber als spinnerter Kauz, der ein dubioses Leben führt und nicht richtig arbeitet. Die Tatsache, dass Könz seine oft abweichende Meinung zu den Dorfangelegenheiten offen kundtat, aber kaum je an einer Gemeindeversammlung teilnahm und den Dienst bei der Feuerwehr verweigerte, trug ebenfalls wenig zu seiner Integration bei.

Die Dorfgemeinschaft nahm ihn zwar als einen der Ihren hin, doch begegneten ihm viele Einwohner mit Skepsis und liessen ihn spüren, dass es für sie nicht einfach war, ihn ernst zu nehmen.

In jungen Jahren hatte Könz davon geträumt, ein Maiensäss seines Vaters am Hang zwischen Guarda und Lavin auszubauen und sich dorthin zurückzuziehen. Die Position etwas ausserhalb, aber dennoch bezogen auf das Dorf zeigt die Mischung aus Nähe und Distanz, die der Künstler sich wünschte. Er fühlte sich mit dem Unterengadin, seiner Landschaft und Natur verbunden, es gab für ihn keine Zweifel daran, dass hier seine Heimat war. Könz' Aussenseitertum weckte deshalb nicht nur seinen Stolz, es war auch eine Quelle echten Leids. Obwohl er andere gerne attackierte und mit scharfen Worten nicht sparte, war Könz sehr sensibel und verletzbar, wenn er sich angegriffen oder respektlos behandelt fühlte. Nach aussen zeigte er sich ungerührt, machte weiter seine Sprüche und erzählte Geschichten, doch in den Skizzenbüchern treten Kränkung und Ärger offen zu Tage.

Giò'n üert sventulaiva üna bella bindera orandscha. Alch cumond (...) ha tramis ün tip, nun sa chi, a tilla strar giò. A mai hana dat blers tschegns ch'eu saja malvis in cumün, perche ch'eu saja üna carogna verda comunista. – Hoz ed uossa esa cuvits. Eu nun am muoss plü ne a radunanzas ne ad üsanzas ne a qualunque activitä cumünaivla! Nos cumün es üna caricatura da sai svess, tuot es fos e marsch, tuots sun marionettas.[8]

Unten im Garten flatterte eine schöne, orangefarbene Fahne. Irgendein Kommando (...) hat einen Typen vorbeigeschickt, ich weiss nicht wen, um sie herunterzureissen. Sie haben mir viele Hinweise gegeben, dass man mich im Dorf nicht gern sehe, weil ich ein grüner, kommunistischer Schweinehund sei. Heute und jetzt findet Cuvits [Amtseinsetzung der Behörden in Guarda am ersten Samstag im März, ks] statt. Ich zeige mich an keiner Versammlung, bei keinem Brauchtum oder sonst irgendeiner gemeinschaftlichen Aktivität mehr! Unser Dorf ist eine Karikatur seiner selbst, alles ist falsch und faul, alle sind Marionetten.

Obwohl Könz später vermutete, dass nicht ein offizielles Kommando, sondern ein verwirrter Mann, der einige Monate zuvor in Guarda schon ein Wohnhaus in Brand gesetzt hatte, hinter der Aktion steckte, blieb er hellhörig gegenüber Signalen der Ausgrenzung. Noch 1996 konnte er über einen Silvesterstreich der Guardaner Jugend gar nicht lachen. Als er am 1. Januar seine Haustür durch einen Stapel Holz versperrt vorfand, notierte er: «Quai voul dir: ‹Tü Steivan Liun, tü toc merda suos-cha, tü sta dadaint tia porta e nöglia at muossar plü in quist cumün, ne in radunanza, ne in baselgia, ne in ustaria.›» – «Das heisst: ‹Du Steivan Liun, du dreckiges Stück Scheisse, bleib in deinem Haus und zeig dich nicht mehr in diesem Dorf, weder bei Versammlungen noch in der Kirche, noch im Wirtshaus.›»[9]

Arbeiten von Steivan Liun Könz in Guarda:
- Einige Sgraffito-Fassaden an privaten Neubauten
- Fassade Haupt- und Gästehaus Hotel Meisser
- Schriftzug Hotel Piz Buin
- Restauration Fassade Pensiun Val Tuoi
- Innendekoration und Wirtshausschild Ustaria Crusch Alba

Vor allem in den Achtzigerjahren scheinen sich Steivan Liun Könz und sein Heimatdorf in einem Teufelskreis gedreht zu haben: Könz' Verhalten rief Abwehrreaktionen hervor, die ihn zu weiteren Provokationen oder zum Rückzug veranlassten, was wiederum übel vermerkt wurde. Bezeichnenderweise blieb die Fassade eines Neubaus in Guarda Pitschen lange Zeit die einzige Arbeit, die der Künstler in seinem Dorf realisieren konnte: Könz hatte seinen Freunden Ilda und Jon Ritz angeboten, die Sgraffito-Arbeit gratis auszuführen, teils, um ihnen eine Freude zu machen, teils auch, um endlich eine sichtbare Spur in Guarda zu hinterlassen. Als der Künstler 1989 heiratete und wieder Familienvater wurde, verbesserte sich die Situation, und er konnte in Guarda einige Arbeiten für Private und die Gastronomie ausführen.

Parallel zur Entwicklung im Dorf verlief Könz' Karriere im Engadin. Als Sgraffito-Künstler war er zwar im ganzen Tal seit Jahrzehnten aktiv, doch fand die erste grosse Engadiner Einzelausstellung in der Galerie Nova in Pontresina erst im April 1991 statt. Dies obwohl der Maler seit den Siebzigerjahren im Unterland regelmässig und erfolgreich ausgestellt hatte. Könz fühlte sich daher oft ganz allgemein unverstanden und von Feinden und Neidern umzingelt. Sein Optimismus, den er so oft selbst beschwor, schlug um in schwärzesten Pessimismus.

Mazzar a sai svess
Qua e là daja dis ch'eu nu stögl mazzar a mai svess, chars conumans han fingià fat lur meglder e m'han coppà. Els m'han manà là ingio ch'els sun da chasa ed ingio ch'els as saintan sgürs. Els ris-chan dad esser eroes morts chi resüstan davant la televisiun. – Eu tils tegn il spejel da la vardà davant lur gniffas schmarschidas ed els am dischan: «Artist bravo che bel purtret,» ma nu's cugnuoschan a sai svess laint.

I dà però da quels dis ch'eu nu support il purtret da meis cadaver nair e surdorà. Là stüda meis buonder e s'impizza la not. Mia butiglia es bod finida e cun l'ultim schluc sarà eir stat l'ultim di.[10]

Sich selbst töten
Hie und da gibt es Tage, an denen ich mich nicht selbst töten muss, liebe Mitmenschen haben bereits ihr Bestes getan und mich umgebracht. Sie haben mich dahin gebracht, wo sie zu Hause sind und sich sicher fühlen.

Sie riskieren, tote Helden zu sein, die vor dem Fernseher auferstehen. – Ich halte ihnen den Spiegel der Wahrheit vor ihre vermoderten Gesichter, und sie sagen zu mir: «Bravo, Künstler, was für ein schönes Bild», aber sie erkennen sich darin nicht selbst.

Es gibt aber auch Tage, da ertrage ich das Bild meiner schwarzen und vergoldeten Leiche nicht. Da erlischt meine Neugier und die Nacht bricht an. Meine Flasche ist bald leer, und mit dem letzten Schluck wird auch der letzte Tag vorbei sein.

«CHAR BUONDER» – «LIEBE NEUGIER»

Die für einen Narren so typische Mischung aus Heiterkeit und Melancholie, Freude und Schmerz war bei Steivan Liun Könz bis in die Extreme ausgeprägt. Könz kannte Zeiten radikalen Rückzugs und exzessiver Geselligkeit. Klagen über Einsamkeit und Leere erscheinen schon in den ersten Tage- und Skizzenbüchern und lassen auch nicht nach, als ab den Siebzigerjahren die langen Adresslisten mit immer neuen Namen auftauchen.

Tuschskizze, 1986

Tira ün tun aint il vöd
E taidla il sbrai
Chi rebomba,
Invlida a sai svess
E perda la vusch!
Sang guotta
E culurischa il nair.
Tira ün tun vers il spejel
Chi rumpa in tai svess
Chi stendschainta la glüm
E vendscha il sulai.[11]

Wirf einen Laut in die Leere
Und hör den Schrei,
Der widerhallt,
Sich selbst vergisst
Und die Stimme verliert!
Blut tropft
Und färbt das Schwarz.
Wirf einen Laut zum Spiegel,
Der in dir selbst zerspringt,
Der das Licht erstickt
Und die Sonne besiegt.

In fuond am vöglian tuots be sco üna part o pel sgrafit o per l'abstract o per il figürativ o per l'erotica, istorgias, be il total quel spüzza.[4]

Letztlich wollen mich alle nur zu einem Teil, entweder für die Sgraffiti oder für die abstrakten oder die figurativen oder die erotischen Bilder, oder für die Geschichten, nur das Ganze, das stinkt.

Tusch/Blattgold, 1998

Die persönlichen Notizen erwecken den Eindruck einer ständig drohenden Depression, die ausbrach, sobald nicht genügend Abwehrkraft vorhanden war. Auslöser konnte eine Zurückweisung sein, die Könz das Gefühl gab, unverstanden und ungeliebt zu sein. Vor allem aber der Abschluss grösserer Arbeiten war ein gefährlicher Moment. Steivan Liun Könz geriet dann in schwere Krisen.[12] Er befürchtete, keine Ideen mehr zu haben, und warf sich Faulheit vor. In Wirklichkeit arbeitete er oft bis zur Erschöpfung und fühlte sich überfordert zu liefern, was von ihm erwartet wurde. Konnte er Termine nicht einhalten, gab er sich gelassen, insgeheim jedoch nahm er sich solche Versäumnisse sehr übel.

Eu sun e stun e d'eira adüna ün besch nair, tschient diavels m'han lavà invan, resultat: Sun gnü amalà, ma nair sun e rest in etern.[5]

Ich bin und war immer ein schwarzes Schaf. Hundert Teufel haben mich gewaschen, Resultat: Ich bin krank geworden, aber schwarz bin und bleibe ich ewig.

Eu nu poss dar nöglia perche ch'eu sun vöd e mort tanter vivs. (...) Bainbod sarà mi' exposiziun a Turich. Quai am vegn avant sco la porta da la mort. Stögl far amo uschè bler. Stess svolar ma las alas sun arsas. Less siglir cun mia chomma da lain. Nodar cun crappa aint il vainter. Pitturar pitturar pitturar sbegla il besch nair da mia conscienza alba, dai, tegna l'impromischiun. (...) Daman ün dad öli, puschman ün dad acril, e dumengia ün da chaschöl sco'ls oters![13]

Ich kann nichts geben, weil ich leer und tot unter Lebenden bin. (...) Bald ist meine Ausstellung in Zürich; das kommt mir vor wie die Tür zum Tod. Ich muss noch so viel machen. Ich müsste fliegen, aber die Flügel sind verbrannt. Ich möchte hüpfen mit meinem Holzbein, schwimmen mit Steinen im Bauch. Malen, malen, malen, blökt das schwarze Schaf meines weissen Gewissens, komm, halt das Versprechen. (...) Morgen eins in Öl, übermorgen eins in Acryl, und Sonntag eins mit Käse, wie die anderen!

Char buonder
nu'm laschar sulet
cun meis dubis
in quista not
sainza spranza.[6]

Liebe Neugierde
lass mich nicht allein
mit meinen Zweifeln
in dieser Nacht
ohne Hoffnung.

Könz wusste sehr gut, was er brauchte, um sich aus dem Sumpf der Depression zu ziehen. Es war die Neugier, vor allem die Neugier auf andere Menschen, und wenn er etwas fürchtete, so war es das Erlöschen dieses Interesses. Begegnungen waren für den Künstler eine Art Lebensprinzip, das ihn daran hinderte, den Mut zu verlieren. Von da kamen oft ein Funke oder eine Anregung, die ihn inspirierten und wieder mit Energie versorgten. Bis es so weit war, war Steivan Liun Könz unermüdlich unterwegs auf der Suche nach Inspiration. Die Tagebucheintragungen zeigen in diesen Phasen eine wochenlange, ununterbrochene Serie von Aktivitäten und Kontakten, die den Eindruck erweckt, dass der Schreiber keine Minute allein war. Er eilte dann vom Stützpunkt Zürich aus in alle Himmelsrichtungen, um Freunde und Bekannte zu treffen. Unterwegs, in Restaurants oder in der Sauna lernte er neue Leute kennen, er malte bei Künstlerkollegen,

Mischtechnik, undatiert

traf sich mit privaten Modellen zum Aktzeichnen und besuchte Opern- und Ballettproben oder Konzerte, Theateraufführungen und Vernissagen von Freunden.[14]

Steivan Liun Könz plante seine Kontakte nicht. Meist stand er überraschend bei Freunden oder Bekannten vor der Tür, selbst wenn er vorher monate- oder jahrelang nichts von sich hatte hören lassen.[15] Im Gegenzug lud er unzählige Leute ein, ihn in Guarda zu besuchen und ein paar Tage auszuspannen, und viele machten von diesem Angebot Gebrauch. Wenn er Besuch hatte, arbeitete Könz normal weiter, doch kochte er für sich und die Gäste und verbrachte seine freien Stunden mit ihnen.

Minch' uman ch'eu inscuntr e ch'eu poss discuorrer am maina ün pa inavant sün mia via o meglder sün mias vias da mia vita.[7]

Jeder Mensch, den ich treffe und mit dem ich mich unterhalten kann, führt mich ein wenig weiter auf meinem Lebensweg, oder besser meinen Lebenswegen.

Ebenso unkompliziert zeigte er sich, als sein Nachbar Dumeng Secchi 1985 eine neue Bleibe suchte.[16] Secchi, Lehrer und ebenfalls Künstler, bezog bei Könz das Erdgeschoss mit eigener Küche und separatem Eingang. Im Januar 1986 sah sich der Deutsche Georg Lindner, der für Guarda und Lavin als Hirte und Holzfäller arbeitete, nach einer Bleibe um. Von Bombay aus gab Könz sein Einverständnis, dass Lindner probeweise im Haus woh-

THE RAKES
PROGRESS

Radierung, um 1970

Gouache/Tusch, undatiert

nen konnte. Nach seiner Rückkehr vereinbarte er mit dem neuen Mitbewohner, dass dieser gegen eine kleine Miete und die Verpflichtung, das Haus ordentlich und sauber zu halten, bleiben konnte. Die drei Männer lebten in lockerer Gemeinschaft. Jeder behielt sein Leben und seinen Rhythmus bei, aber es gab auch Gemeinschaftliches. Hatte Könz Besuch, lud er alle im Haus zum Essen ein. Er machte zwar einige zwiespältige Erfahrungen, wenn er, was öfters vorkam, Frauenbesuch hatte. Nicht selten nämlich landeten weibliche Gäste, die Könz kennengelernt und spontan eingeladen hatte, schliesslich bei einem seiner Mitbewohner. Vor allem Dumeng Secchi schien auf junge Frauen eine ähnlich faszinierende Wirkung zu haben wie sein Vermieter. Unbeirrt von solchen kleinen Enttäuschungen betrachtete Könz Secchi bei Damenbesuch weiterhin als seinen Gast.

Ich war tags im Wald holzen, Steivan Liun arbeitete meist des Nachts, durchweg lief im Radio klassische Musik (...). Dumeng lebte in der Gartenwohnung und wir auf den restlichen Etagen. Das Haus war lebendiger geworden, arteigen, und die Guardaner hatten sich von nun an etwas mehr zu erzählen.
Georg Lindner

Die Anziehungskraft, die junge Frauen auf Steivan Liun Könz ausübten, war nicht nur künstlerisch und erotisch motiviert. Könz interessierte sich, als er selbst etwas älter wurde, nicht für etablierte, gesetzte Persönlichkeiten, sondern für Menschen, die (noch) unsicher und suchend waren.[17] Diese erkannte er mit seismografischem Gespür und suchte den Kontakt zu ihnen. Für einige Erwachsene wurde er zum Katalysator in einer Krise,

Steivan hat mich nie hängenlassen. Er hat mir immer wieder ein Törchen geöffnet, mich ermutigt, am Ball zu bleiben, sogar, wenn es ihm selbst schlecht ging.
Anita Sutter Ganter

Steivan ist für mich ein Vorbild für die Auseinandersetzung mit sich selbst, dafür, zu sich selbst zu stehen mit allem, was das bedeutet und umfasst. Steivan war eine kreative Präsenz.
Michael Altherr

In der Zeit der Ablösung vom Elternhaus war Steivan für mich eine zentrale Figur, eine künstlerische Welt, die ich entdecken konnte neben allen anderen Welten, die ich damals entdeckte.
Christine Kessler

Steivan war einer der Menschen, die mir geholfen haben, meinen eigenen Weg zu finden.
Claudia Ferronato

für viele junge Männer und Frauen zu einer Art zweitem Vater, zum Mentor, der sie durch schwierige Zeiten begleitete und dabei unterstützte, ihren eigenen Weg zu finden.[18] Dabei spielte es keine Rolle, ob Könz und sein Schützling durch eine Männerfreundschaft, ein Arbeitsverhältnis oder eine erotische Beziehung verbunden waren. Er lud die betreffende Person ein, für einige Zeit bei ihm in Guarda zu wohnen, liess sie an seinem Alltag, manchmal auch an seiner Arbeit teilnehmen und knüpfte für sie berufliche und private Verbindungen, die er für vielversprechend hielt. So schuf er für seinen jungen Freund Michael Altherr Kontakte, die diesem die Mitarbeit bei einem Projekt in Kamerun ermöglichten. Seiner Assistentin Anita Sutter Ganter, mit der ihn auch eine kollegiale Freundschaft verband, ermöglichte er zahlreiche Auslandaufenthalte, die für ihren Werdegang wichtig waren, und hielt in diesen Phasen Briefkontakt mit ihr. Trotz seiner Sprunghaftigkeit und den grossen Freiheiten, die er in Beziehungen brauchte, konnte Könz in solchen Konstellationen ein Fels in der Brandung sein.

In Guarda wurde Steivan Liun Könz einmal von einem kleinen Mädchen gefragt, warum er immer seine rote Mütze trage. Das Kind zeigte auf die Kopfbedeckung, die der Maler eine Weile lang fast ununterbrochen auf hatte. «Unter dieser Mütze lebt ein kleines Entlein», antwortete er. Daraufhin verlangte das Mädchen, das Tier zu sehen. «Das geht leider nicht», sagte Könz. «Das Entlein schwimmt auf einem kleinen Teich. Wenn ich die Mütze ausziehe, rinnt das Wasser fort, und das Entlein muss sterben.»[19]

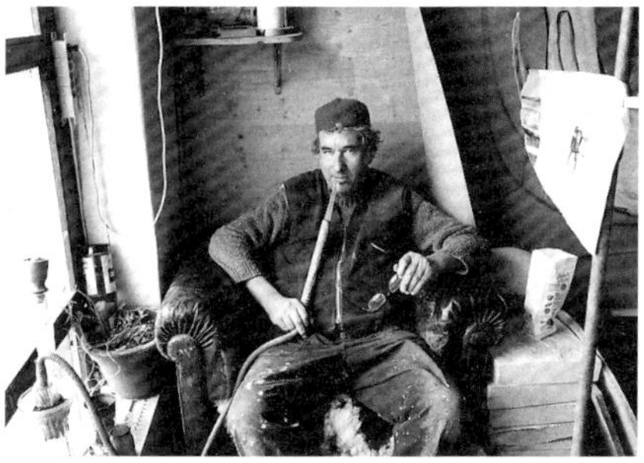

Mit Wasserpfeife und roter Mütze im Atelier, um 1992

Von Steivan Liun Könz' fantasievoller Denk- und Handlungsweise war der Weg zur Welt der Kinder nicht weit. Entsprechend gross war seine Nähe zu den eigenen drei Kindern.[20] Könz war bei allen Geburten dabei und beteiligte sich mit Vergnügen an der Säuglingspflege. Es fiel ihm nicht schwer, seine beiden Söhne und seine kleine Tochter so zu akzeptieren, wie sie waren. Seine Haltung ihnen gegenüber war beobachtend, neugierig und zielte nicht auf Korrektur ab. Sich selbst gegenüber konnte er sehr ungnädig sein, bei den Kindern mobilisierte er viel Geduld und Humor, auch bei kleinen Vergehen oder wenn Dinge zu Bruch gingen. Überwältigte ihn doch einmal der Zorn, zum Beispiel, wenn Sohn Mario eine Serie Blattgold auf dem Atelierboden verstreute, sah er seinen eigenen Anteil am Unglück und richtete die Wut gegen sich selbst. Dass dies allerdings auch ein imposantes Schauspiel sein konnte, jäh, zerstörerisch, schmerzhaft anzuschauen, berichten viele von Könz' Freunden und Bekannten. Die Rolle des strengeren Elternteils überliess Könz gern den Müttern, manchmal unterlief er sogar erzieherische Massnahmen, indem er sich mit den Kindern verbündete und sie gewähren liess, wo sie in die Schranken gewiesen worden waren. Er selbst war, wenn es ihm gutging, den Kindern gegenüber eine Art lustiger Bär, mit dem man spannende Dinge erleben konnte. Könz verblüffte seine Tochter und seine Söhne mit kleinen Zaubertricks, unternahm mit ihnen Ausflüge in die Natur, und er verwöhnte sie mit ihren Lieblingsspeisen, Letzteres mit Tendenz zum Übermass: So schenkte er seiner Tochter Fiona, die gerne Marzipan ass, eine reine Marzipantorte – ein unvergessliches Erlebnis, vor allem, weil Fiona nach dem Essen speiübel war. Die Kinder lernten, wie man ein Grubenfeuer entfacht, wie man trinkt, ohne zu schlucken, wie man durch einen Grashalm pfeift und vieles andere mehr. Selbstverständlich waren sie bei Schulanlässen mit den schönsten Kostümen und Masken ausgestattet, und sie durften ihrem Vater bei der Arbeit zuschauen, ihm helfen oder im Kleinen ausprobieren, was er im Grossen machte.

Steivan Liun Könz war ein Vater, der gern mit seinen Kindern zusammen war und viel Zeit mit ihnen verbrachte. Dies gilt besonders für seinen ältesten Sohn Simon, der für seinen Vater während den schwierigen 1980er Jahren oft der entscheidende Lichtblick war.

Simon Andreia Könz um 1983

Mario Silvester Könz um 1993

Fiona Annarella Könz um 1994

Mia vita es ün morast, tuot es sfoundrà ed invisibel. Da temp in temp resürischa üna visiun, sia quai la Titanic o ün otra. Vegn sü in belezza e pumpa e svanischa darcheu, sia quai l'üna o l'otra matta, Claudia, Irena o bleras otras. Sömis, fös, ma tuot sto svanir ed eu reist sulet cun meis destin. Simon resta sco exepziun, e be ad el stögl tour seri. L'oter es eir tuot be s-chima.[21]

Mein Leben ist ein Sumpf, alles ist eingesunken und unsichtbar. Von Zeit zu Zeit aufersteht eine Vision, sei dies die Titanic oder etwas anderes. Sie taucht auf in aller Pracht und verschwindet wieder, sei dies das eine oder andere Mädchen, Claudia, Irena oder viele andere. Träume, Feuer, aber alles muss wieder verschwinden, und ich bleibe allein mit meinem Schicksal zurück. Simon bleibt als Ausnahme, und nur ihn muss ich ernst nehmen. Alles andere ist doch nur Schaum.

Nach der Scheidung seiner Eltern verbrachte Simon Könz sämtliche Schulferien bei seinem Vater. Für ihn waren das paradiesische Wochen, in denen er lästige Pflichten wie Schulaufgaben, Zähneputzen, Duschen oder ausgewogene Ernährung weit hinter sich lassen konnte. Steivan Liun Könz' Alltag kinderfreundlich zu gestalten, erforderte keine grossen Anpassungen:

Gouache/Tusch, undatiert

Zum Frühstück servierte er Berliner, auch sonst war das Essen üppig und ausgiebig, da Könz seinen Sohn für viel zu dünn hielt. Gab es einen Sgraffito-Auftrag zu erledigen, sass der Kleine auf der Baustelle und spielte mit dem Zement, später half er beim Auskratzen der Zeichnungen. Auch bei Arbeiten in der Glasi Hergiswil durfte Simon dabei sein, sein Vater erklärte ihm, was er machte und wie alles funktionierte. War Könz vor allem mit Zeichnen und Malen beschäftigt, sass sein Sohn im selben Raum, malte oder bastelte etwas für sich oder äusserte Ideen für die Bilder, die sein Vater malte. Simon Könz teilte mit seinem Vater die Freude am Tüfteln und Werken. Die beiden bastelten Blasrohre aus Kerbel und Vogelbeeren, sie konstruierten Rindenschiffchen, die mit einer Pampe aus Olivenöl und Schiesspulver angetrieben wurden und oberhalb von Guarda über den Lajet brausten oder, falls die Antriebsröhrchen schief befestigt waren, in die Luft schnellten oder auf Nimmerwiedersehen im Wasser versanken. Einmal bastelte Simon Könz für seinen kleinen Bruder Mario eine Tischbombe. Im letzten Moment entschied er sich dazu, die Geburtstagsüberraschung im Freien zu zünden. Wie sich herausstellte, war das eine kluge Entscheidung gewesen: Nach einem ohrenbetäubenden Knall geschah lange gar nichts mehr, dann fiel aus luftiger Höhe die Röhre zurück auf den Boden, etwas später regnete es dann doch noch bunte Bonbons. Steivan Liun Könz hatte die Idee, mit dem restlichen Schwarzpulver die Dachrinne zu reinigen. Auch das gelang auf seine Weise. Der Schmutz war hinterher tatsächlich weg, aber auch die Dachrinne war nicht mehr da. Könz legte Wert darauf, dass sein Kind, das in Zürich gross wurde, dennoch die Beobachtungsgabe der Landmenschen entwickelte. Auf unzähligen Ausflügen ins Val Tuoi, auf den Plan dal Növ und die weitere Umgebung von Guarda erzählte er Simon nicht nur vom Schneegorilla, der leider so scheu war, dass er sich immer schon versteckt hatte, wenn der Junge hinschaute, sondern zeigte ihm auch Tierspuren, erklärte ihm, welche Pflanzen man essen, kochen oder destillieren konnte und welche man meiden musste. Vater und Sohn machten auch kleinere und grössere Reisen. Sie holten Steinplatten im Bergell oder im Südtirol und übernachteten im VW-Bus oder reisten nach Stromboli, nach Tunesien und in die Türkei. Manchmal wollte Könz auch alleine seiner Wege ziehen und liess Simon für einige Stunden oder Tage bei Verwandten oder Bekannten, manchmal erlaubte er sich auch in Anwesenheit des Kindes kleine Ausbrüche in die Erwachsenenwelt. Simon Könz beobachtete dann mit gemischten Gefühlen, wie sich sein Vater in Querelen mit Personen verbiss, die ihn gereizt hatten, oder wie er seine ausgefeilte Technik des Anbandelns auf eine junge Zugpassagierin oder eine Sitznachbarin im Restaurant anwandte.

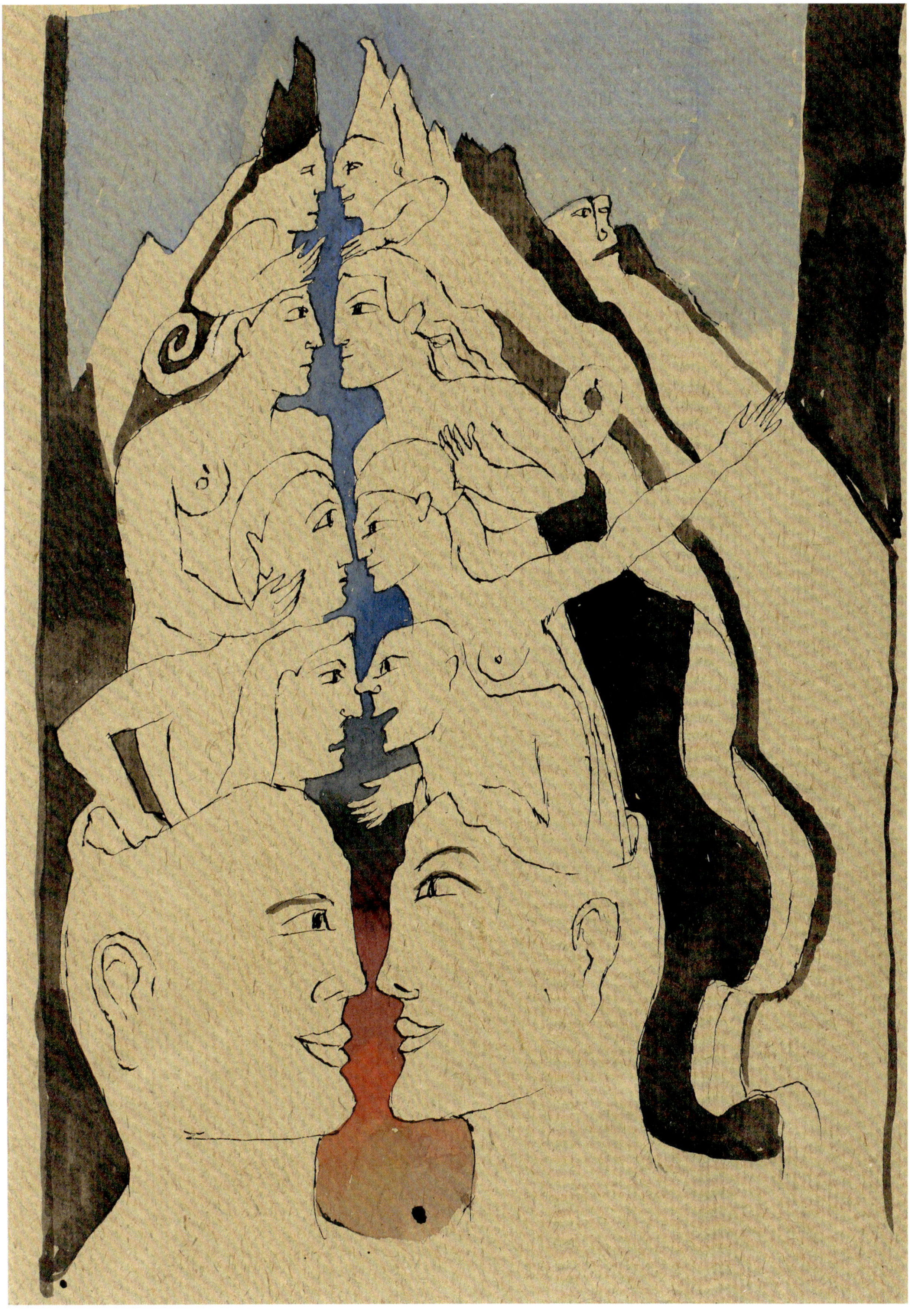

Gouache/Tusch, 1984

Als Steivan Liun Könz 1989 wieder heiratete, war das Paar nicht lange allein. Anders als ihr älterer Bruder teilten die Kinder aus zweiter Ehe mit ihrem Vater den Alltag. Allerdings waren es nur wenige Jahre, die sie gemeinsam mit ihrem Vater verbringen konnten. Steivan Liun Könz aber hatte in seiner zweiten Lebenshälfte in Simon, Mario und Fiona ein starkes Gegengewicht zur Depression gefunden: Kleine Gefährten, die seine unkonventionelle Lebensart gerne und mühelos teilten und denen er vieles von dem geben konnte, was er selbst in seiner Kindheit vermisst hatte.

POLARITÄTEN

Dilemma sco tema. Dilemma tanter ils extrems.[8]

Dilemma als Thema. Dilemma zwischen den Extremen.

Wie der Narr eine unauflösbare Mischung aus Unzulänglichkeit und Geschick, Komik und Tragik ist und als Person hinter seinen vielen Masken unfassbar bleibt, war auch Könz kein Mann aus einem Guss, sondern jemand, der scheinbar Unvereinbares in sich vereinte. Andri Könz sagte beim Versuch, seinen Bruder zu beschreiben: «Man kann alles sagen über Steivan, und das Gegenteil stimmt auch.»[22] Tatsächlich kommt viel Wesentliches ins Blickfeld, wenn man Steivan Liun Könz unter dem Aspekt von Polaritäten beschreibt.

SPRÜNGE IN ZEIT UND RAUM

Könz war ein Mensch, der seine Erfahrungen bewusst verarbeitete, Entwicklungsschritte machte, anderen eine väterliche Instanz sein konnte, und doch steckten in ihm ein Leben lang auch viele Eigenschaften, die zu einem Kind gehören. Überhaupt hatte er einen eigenwilligen Umgang mit Zeitabläufen. Er führte keine Agenda, machte aber viele Anläufe dazu in seinen Skizzenbüchern. Manchmal bereitete er dort viele Monate eines Jahres vor, indem er Linien zog, Wochentage und Mondphasen eintrug und hübsche Illustrationen zeichnete. Der Elan, seine Vorhaben in diesen Tabellen aufzuschreiben, verebbte aber meist schon nach wenigen Wochen. Oft findet man in den Skizzenbüchern auch Listen für zwei, drei Wochen oder nur für einige Tage. Um welchen Monat oder gar welches Jahr es sich dabei handelt, ist nicht herauszufinden. Insgesamt ist es ein Ding der Unmöglichkeit, in Könz' Skizzenbüchern eine Chronologie auszumachen. Der Künstler begann auf der ersten Seite mit Skizzen und Einträgen und wechselte nach einigen Seiten ans andere Ende oder gar zu einem anderen Buch. Wer die Skizzenbücher durchsieht, muss sie immer mal wieder auf den Kopf drehen, leere Seiten überspringen, und damit rechnen, dass der nächste Eintrag vielleicht vom selben Tag stammt, möglicherweise aber auch zehn Jahre älter ist. Ähnlich schwierig kann die Datierung von Bildern sein. Könz arbeitete häufig an verschiedenen Werken gleichzeitig, zeichnete mit Bleistift vor und begann, die einzelnen Blätter mit einer Farbe zu kolorieren. Tage danach rührte er eine zweite Farbe an und trug sie überall auf, später folgten weitere Durchgänge mit anderen Farben. Äusserst gern überarbeitete der Maler auch Werke, die er Jahre zuvor fertiggestellt hatte. Von vielen Radierungen sind so unzählige Variationen im Collageverfahren, mit Tusch oder Pigmentfarben entstanden. Wann ein Bild fertig war, wusste nur Könz zu sagen. Klarheit verschaffen hier Datierung und Signatur, die aber nicht immer vorhanden sind. Bei nicht signierten Bildern aus dem Nachlass ist es immer denkbar, dass sie der Künstler eines Tages noch weiter bearbeitet hätte. Auch Könz' undogmatischer Umgang mit der Engadiner Sgraffito-Tradition entspringt wohl nicht nur seinem progressiven Traditionsverständnis, sondern auch seiner Tendenz, Zeitschichten durcheinanderzuwirbeln.

Steivan Liun Könz machte nicht nur auf der Zeitachse unvorhersehbare Sprünge. Auch räumlich lebte er immer im Spannungsfeld zwischen hier und dort. Das Bergdorf Guarda und das städtische Biotop Zürich, die Schweiz und die Türkei, Europa und Afrika oder Asien: Wo auch immer er war, gab es ein Anderswo, das ihn und die Optik, aus der er seine Umgebung betrachtete, mitbestimmte. Könz reagierte auf sein Fern- und sein Heimweh mit grossen und kleineren Reisen; überall war er ein wenig zu Hause und gleichzeitig fremd, in den exotischen Ländern Europäer, in Europa Schweizer, in Zürich Bergler und in Guarda ein Einheimischer, der sein befremdliches Anderssein mit Mitbringseln von seinen Reisen unterstrich. Dass er seinen Haushalt mit Gegenständen und Objekten aus diversesten Ländern ausstaffierte, sahen nur Freunde und Bekannte, seine Kleidung aber, die je nach Laune ebenso zusammengewürfelt war, sahen alle, und hie und da stiftete sie Verwirrung. Nach seiner ersten grossen Afrika-Reise trug Könz am liebsten eine Pumphose mit afrikanischem Oberteil und Mütze. Als er eines Tages so ausstaffiert im Garten seiner Vitznauer Freunde sass und sich mit einer Nonne unterhielt, die dort ebenfalls zu Besuch war, sagten zwei Passanten zu Angelica Caviezel: «Die haben's aber schön hier, in dieser Klinik!»[23]

Zeitlebens kämpfte Steivan Liun Könz gegen die Unordnung, die natürlich und immer wieder von Neuem um ihn herum zu wachsen schien.[24] Noch Ende 1994 notierte er mit einer Mischung aus Resignation und Amüsement:

Il dischuorden es meis passagier da cuntrabanda. Til büt davo oura, schi vegna'l aint davant e viceversa. Troclas e chaistas as prunan e spettan da gnir in pigna, ma la pigna tegna serrà la bocca e meis mans vöglian far otras lavurs.[25]

Die Unordnung ist mein blinder Passagier. Wenn ich sie hinter mich werfe, kommt sie von vorn zurück und umgekehrt. Schachteln und Kisten stapeln sich und warten darauf, in den Ofen zu wandern, aber der Ofen sperrt sein Maul zu und meine Hände wollen andere Arbeiten verrichten.

Die Unordnung war zuallererst und vor allem eine optische, eine unüberblickbare Menge von bunt gemischten Dingen, die sich in seinem Wohnumfeld ausbreiteten und auch vor den Bereichen seiner Mitbewohner nicht ohne weiteres Halt machten. In jungen Jahren herrschte das Chaos aber auch in Könz' Tagesablauf, was zur Folge hatte, dass er und seine Ehefrau nur sehr wenig gemeinsame Zeit hatten, während der beide wach waren. In einem Skizzenbuch notierte der Verursacher dieses Missstandes einen halb ironischen Vertragsentwurf:

Star sü a las 7.00 h
Far cafè e culazchun e far lavuors administrativas
e telefons fin las 9.00 h
Ir a l'atelier fin las 12.00 h
Ün plat salata al Feldschlössli
üna bierra o üna stanga 13.00 h
Pittura da las 13 fin las 16.30 h
A chasa e metter sü la schoppa
e lavurar vi dal taroc
In let! 23.00 h
E scha tü Steivan nu fast uschè, schi vainst grass e tais sco üna culla ed eu Bigna a't büt giò per l'auaröl insembel cul fundach dal cafè!
Bigna la bella [suottascripziun imitada, ks][26]

Aufstehen um 7.00 Uhr
Kaffee und Frühstück machen, administrative
Arbeiten und Telefonate bis um 9.00 Uhr
Ins Atelier gehen bis um 12.00 Uhr
Ein Teller Salat im Feldschlössli, ein Bier
oder eine Stange bis um 13.00 Uhr
Malerei von 13 Uhr bis 16.30 Uhr
Nach Hause und die Suppe aufsetzen und
am Tarot arbeiten
Ins Bett! 23.00 Uhr
Und wenn du, Steivan, es nicht so hältst, wirst du dick und fett wie eine Kugel und ich, Bigna, werfe dich zusammen mit dem Kaffeesatz den Schüttstein runter.
Bigna die Schöne [imitierte Unterschrift, ks]

Der Kampf gegen die Unordnung mag kleine Erfolge gezeitigt haben, im Grossen und Ganzen war er aber vergeblich. Der Künstler blieb in seiner Alltagsgestaltung spontan und arbeitete mit Vorliebe in der Nacht, die Schachteln und Kisten blieben leer oder standen halb gefüllt zwischen allen grossen und kleinen Gegenständen, statt sie in eine Ordnung zu zwingen.

Steivan Liun Könz

KÜNSTLERISCHE FORM

Collage/Mischtechnik, 1981

Aber Könz wäre nicht Könz, wenn es zum chronischen Durcheinander, das zu ihm gehörte, nicht ein Gegenstück gegeben hätte. Als Kind und Jugendlicher hatte er unter der Ordnung und den Strukturen, die ihm vorgegeben wurden, gelitten, später rieb er sich fortwährend daran auf. Und doch galt seine aufrichtige Bewunderung immer wieder Menschen, die sich durch besondere Strenge und Strukturiertheit auszeichneten. Ein typisches Beispiel dafür ist sein Vorgesetzter Josef Müller-Brockmann, von dessen unbarmherziger Genauigkeit er als Fotograf viel lernte und als Künstler profitierte. Sosehr ihn das Chaos im «wirklichen Leben» im Griff hatte, als Künstler schöpfte Könz aus seiner unbändigen Fantasie und schaffte es, ihr Form und Struktur zu verleihen. Die Sorgfalt und Genauigkeit, die ihn bei seinen künstlerischen Arbeiten auszeichnete, war gepaart mit einem unfehlbaren Form- und Ordnungssinn, sobald es galt, eine Fläche zu bearbeiten. Dabei war es egal, ob er mit Hilfe eines Binokulars feinste Linien auf eine Metallplatte ritzte oder auf einem Gerüst vor vielen Quadratmetern frisch getünchter Wand stand. Überall konnte sich Könz auf sein Gespür für Kontraste und Proportionen verlassen. In der Kunst verfügte der Maler über einen untrüglichen Sinn für Ordnung in der Unordnung. Seine Bilder sind oft voll von unzähligen Details, von denen aber jedes einzelne stimmig ist und bewusst platziert wurde.

Seine Unordnung so zu fassen, dass daraus ein Kunstwerk wird, das war seine persönliche Leistung.
Andri Könz

Könz' Persönlichkeit war bestimmt durch Polaritäten, und auch in seinem Werk ist die Faszination für Gegensätze spürbar. Schon seine künstlerischen Anfänge brachten ihn mit einer Technik in Kontakt, die von der Spannung zwischen zwei Polen lebt: Jedes Sgraffito wirkt durch das Verhältnis zwischen hell und dunkel. Meist erscheinen die Motive dunkel geritzt auf hellem Grund. Steivan Liun Könz entwickelte im Lauf der Jahre einen Stil, der die beiden Elemente ins Gleichgewicht brachte, so dass es keinen Vorder- oder Hintergrund mehr gab. Eine zweite Technik, mit der Könz sehr gern arbeitete, ist die Radierung. Wie Sgraffiti leben auch diese Drucke vom Wechselverhältnis zwischen hell und dunkel. Der Effekt von positiv und negativ entsteht auch beim Sandstrahlen, einer weiteren bevorzugten Methode des Künstlers, die er auf verschiedenen Materialien anwandte.

«Positiv und Negativ sind immer interessant. Ein faszinierender Effekt.» Tuschskizze, um 1986

Oppositionen und Spannungsverhältnisse waren auch wichtig für Könz' Wahl seiner Motive. Vor allem bei Wandarbeiten arbeitete er oft mit Gegensatzpaaren. 1969 renovierte Iachen Ulrich Könz das Haus Balthasar von Planta in Ardez.[27] Sein Sohn verrichtete am Gebäude einige Detailarbeiten,

Gouache/Tusch, undatiert

Gouache/Tusch, 1989

unter anderem bemalte er die zahlreichen Holzfensterläden. Sind die Läden geschlossen, zeigen sie Blumenmotive. Sind sie aber geöffnet, verlockt eine Art Galerie der Gegensätze (Feuer und Wasser, Luft und Erde, Tag und Nacht, Jugend und Alter, Leben und Tod, Frieden und Krieg, Geiz und Verschwendung) dazu, stehen zu bleiben und die Bedeutung der Bilder zu erraten.

In Collagen, Zeichnungen und Bildern brachte Könz zusammen, was nach den Regeln von Erfahrung und Vernunft nicht zusammengehört, oder er riss Einheiten in Stücke. Er kombinierte verschiedene Zeitebenen, kreierte Mischwesen aus Mensch und Tier, Mensch und geometrischen Formen oder Mensch und Werkzeugen, malte Figuren, die weitere Figuren enthalten, konstruierte Spiegelszenen mit überraschenden Effekten oder zerlegte Menschen in Stücke. Teils humoristisch, teils makaber und abgründig wirbelt Vertrautes durcheinander, entsteht aus bekanntem Material Ungeahntes.

ZWISCHEN REALITÄT UND FANTASIE

«Il Centaur», Collage/Mischtechnik, 1978

Esser fantasia, avair realtà.[9]
Fantasie sein, Realität haben.

Ich schätze es, wenn alle zuhören. Ob etwas erfunden ist oder nicht, ist doch unwichtig. Ich behaupte Sachen, weil es mir gefällt. Ich erfinde mich täglich neu.[10]

Viele Leute sagen, der hat ja nur gelogen. In Wirklichkeit war Steivans Fantasie dafür verantwortlich, dass er nichts einfach stehenlassen konnte. Er musste alles weiterentwickeln, das sieht man zum Beispiel auch an den überarbeiteten Radierungen.
Agnese Caviezel-von Hoven

«La fantasia tira insü, la realtà ingiò.»[28] – «Die Fantasie zieht hinauf, die Realität hinunter», notierte Könz auf seiner zweiten Indienreise im Frühjahr 1986. Seit seiner Kindheit verbrachte er sein Leben als Grenzgänger zwischen diesen beiden Welten, und seine berühmten Geschichten, die er Freunden und Bekannten erzählte, sind Berichte aus dem Zwischenbereich: kunstvolle Gebilde voller Aberwitz, Humor, unvorhersehbaren Wendungen und Pointen.[29] Im Kopf des Künstlers schien es von Ideen zu brodeln, er knüpfte an Tatsächlichem an, entwickelte es, während er erzählte, weiter, liess sich von den Reaktionen seiner Zuhörerschaft zu Improvisationen inspirieren und gelangte so unversehens von einer Geschichte zur nächsten. Gutgläubige Leute kamen aus dem Staunen nicht heraus. Fragten sie nach, ob denn das alles tatsächlich so geschehen sei, ernteten sie vom Erzähler schallendes Gelächter. Einige taten die Geschichten als Lügen ab, andere bewunderten Könz' Kreativität und genossen das Abenteuer, sich den Erzählungen zu überlassen und die Gesetzmässigkeiten, die sonst den Alltag beherrschen, für eine Weile zu vergessen.

Wie so vieles andere beurteilte Könz die Thematik von Wahrheit und Lüge nicht mit den Kategorien der Moral. Die Frage, die ihn beschäftigte, war nicht, ob es moralisch gut oder schlecht war, die Realität mit Erfundenem zu ergänzen, ausschlaggebend war für ihn, ob ein Erlebnis oder eine Geschichte etwas auslöste oder in Bewegung brachte.

Agde es stat per mai üna revelaziun. Eu n'ha vis là la Venus suot la duscha, eir Lorelei e bleras bellezzas indescriviblas. Lapro ün sulai begnign chi m'ha però listess ars meis chül e meis möz stats al s-chür per 42 ons. – Hoz davomezdi n'haja incuntrà ün homet a Scuol. Il prüm n'haja cret cha quai saja il vegl cuafför Brückert, ma i m'es gnü adimmaint cha quel es mort daspö lönch. El am gniva avant cuntschaint e l'ultima secunda n'haja badà cha quai d'eira Elias Canetti. Forsa neir nu d'eira'l, mo quai nu quinta, scha quella mattetta ad Agde d'eira la Venus svessa o na neir nu saja. Eu n'ha in mincha cas vis tuots duos e sun cuntaint. Minchün m'ha inspirà e regalà blers bels impissamaints, la Venus ideas da disegnar ed Elias Canetti da pensar ün pa plü precis.[30]

Agde war für mich eine Offenbarung. Ich habe die Venus unter der Dusche gesehen, auch die Loreley und viele andere unbeschreibliche Schönheiten. Dazu eine wohltuende Sonne, die mir aber dennoch den Hintern und meine Geschlechtsteile, die 42 Jahre lang im Dunkeln waren, verbrannt hat. –

De Centaur

Gouache/Tusch, 1994

Heute Nachmittag bin ich in Scuol einem kleinen Mann begegnet. Zuerst glaubte ich, es sei der alte Coiffeur Brückert, aber dann fiel mir ein, dass der schon lange tot ist. Er kam mir bekannt vor, und in der letzten Sekunde merkte ich, dass es Elias Canetti war. Vielleicht war er es auch nicht, aber das zählt nicht. Ob das Mädchen in Agde die Venus war oder nicht, weiss ich auch nicht. Ich jedenfalls habe beide gesehen und bin zufrieden. Jeder hat mich inspiriert und mir viele schöne Gedanken geschenkt, die Venus Ideen zum Zeichnen und Elias Canetti die Idee, etwas genauer zu denken.

Der weitaus grösste Teil der Könz'schen Geschichten bestand aus mündlichen Erzählungen. Oft hatten sie abenteuerliche Situationen zum Inhalt, die der Erzähler auf seinen Reisen erlebt zu haben behauptete, manchmal kreiste die Geschichte aber auch um einen anderen Helden, vorzugsweise um einen Aussenseiter, der einen Mächtigeren überlistete. Ob nun ein Engadiner Dorftrottel dafür sorgte, dass an seiner Stelle der Gemeindepräsident in die psychiatrische Anstalt eingeliefert wurde, oder Steivan Liun Könz in Kairo eine Militärparade mit einer Tüte klebrigem Lokum zum Stehen brachte, nie fehlte den Geschichten die überraschende Wendung, die Pointe, die für Staunen und Gelächter sorgte.

Etwas anders verhält es sich mit den Geschichten, die Könz schriftlich festhielt und teilweise über Jahre hinweg immer wieder überarbeitete. Sie sind meist länger als die mündlichen Erzählungen und bewegen sich

Mischtechnik, undatiert

«la fin da las poppas!», überarbeitete Radierung, 1975/88

nicht unbedingt auf eine Pointe zu. Diese Texte entsprangen gleichzeitig der sprachlichen und der gestalterischen Erzähllust ihres Verfassers, denn es schwebten ihm jeweils auch Illustrationen vor. Dass seine Fantasien sich bis zur Publikation illustrierter Geschichten vorwagten, ist unwahrscheinlich, da Könz absolut entschlossen war, zu Lebzeiten seiner Mutter niemals etwas Geschriebenes zu veröffentlichen.

Vor den bereits erwähnten erotischen Geschichten über die römischen Prostituierten[31] und über die «Kinder des Mondes» verfasste Steivan Liun Könz einen ausführlichen Text über die Abenteuer, die Adam zu bestehen hatte, als er sich in der Hölle und im Paradies auf die Suche nach Eva machte. Von den drei Erzählungen gibt es keine definitive Fassung, sondern zahlreiche Versionen in Deutsch und Romanisch. Systematisch illustriert wurden sie nicht, doch findet man unter den Radierungen und Bildern Darstellungen einzelner Szenen. Ausschliesslich deutsch notierte Könz eine grosse Anzahl von überlieferten und selbst erfundenen Sprichwörtern, die er als Vorlage für teilweise deftige Illustrationen verwendete.

Sprachlich recht sorgfältig ausgearbeitet hat Steivan Liun Könz drei romanische Texte: Die kleine Lehrfabel über ein Stück Brot, das ins Feuer geworfen wurde («Il pan büttà in fö»), ist mit ihrer drastisch-ironischen Heiterkeit sehr nah bei den mündlichen Erzählungen ihres Verfassers.

Ernsthaft bis abgründig sind hingegen eine toskanische Novelle ohne Titel und die historische Erzählung «Mia Mare». Erstere erzählt von einer Nacht,

Prosa von Steivan Liun Könz:
- Adam (deutsch und romanisch, 1967–1970)
- Die Kinder des Mondes – Ils uffants da la glüna (1969–1980)
- Meretrix oder die römischen Huren – Meretrix. Las schluonzras romanas (1970–1987)
- Il pan büttà in fö (Kurzgeschichte um 1975)
- Sprichwörter. Sammlung (1981)
- Ohne Titel: Nacht in der Toscana (romanisch, 1984/5)
- Mia Mare (historische Erzählung, romanisch, 1985/6)

die ein Italien-Reisender in einer abgelegenen Hütte erlebt. Dort kreuzen sich überraschend verschiedene Schicksale aus Vergangenheit und Gegenwart und gehen, nachdem die Hütte vollständig abgebrannt ist, wieder auseinander. Die Geschichte «Mia Mare» spielt im 19. Jahrhundert und berichtet vom Schicksal Irenas alias «Mia Mare», die als Jugendliche von Kopf bis Fuss tätowiert und dann ein Leben lang zur Schau gestellt wurde. Ihr Ausbruchsversuch, den sie nach vielen Jahren zusammen mit ihrem blinden Geliebten wagt, scheitert an der Brutalität derjenigen, die mit ihrem malträtierten Körper Geld verdienen.

1974 notierte Steivan Liun Könz in Madras, tausende Kilometer von Guarda entfernt und somit aus sicherer Distanz, die Idee, zusammen mit seiner Mutter ein Kinderbuch zu machen.[32] Wer weiss, ob nicht die frühen Eindrücke von der Zusammenarbeit zwischen Selina Chönz und Alois Carigiet und die «Schellenursli»-Bücher Könz' Wunsch, Texte zu illustrieren, in die Welt gesetzt hatten? Dass ein gemeinsames Werk von Mutter und Sohn nicht ernsthaft in Frage kam, versteht sich von selbst, immerhin gestaltete Steivan Liun Könz aber in den Siebzigerjahren den Einband zu Selina Chönz' Erzählband «L'otra via».[33] Ein paar Einbände für Bücher befreundeter Autoren folgten.

Um 1986 beschäftigte sich Könz unter dem Titel «Märchen vom kleinen Mädchen, Geschichte vom wilden Wolf und vom starken Stier und auch von der grossen Frau!» mit Vorstudien zu Illustrationen, die er zu einem Kinderbuch seines Freundes Jürg Schubiger machen sollte.[34] Er zeichnete Entwürfe, stellte Überlegungen zu den mythischen Figuren an und malte ihr Äusseres. Jürg Schubiger war von den farbenfrohen Tuschzeichnungen begeistert, konnte Könz aber beim Verlag nicht als Illustrator durchsetzen. So erschienen Schubigers Geschichten schliesslich 1988 unter dem Titel «Wie man eine Hilfe findet» in seinem Erzählband «Das Löwengebrüll», versehen mit Illustrationen von Edith Schindler. 1995 publizierten Könz und Andreas Vontobel im Selbstverlag das Buch «Der Himmel gehört allen», eine moderne Schelmengeschichte, zu der Vontobel die Texte, Könz die farbigen Illustrationen geschaffen hatte.

Seine bedeutendste Arbeit als Illustrator leistete Steivan Liun Könz aber bereits in den frühen Achtzigerjahren. Der Zürcher Verlag Tanner+Staehelin plante damals zusammen mit Peter Egloff einen Band mit Sagen aus der Surselva.[35] Der Volkskundler und Journalist hatte die Erzählungen aus älteren rätoromanischen Publikationen ausgewählt und ins Deutsche übersetzt. Als die Frage nach Illustrationen zur Sprache kam, schlug Peter Egloff Könz vor. Er hatte während eines WKs in Bergün eine Sgraffito-Fassade entdeckt, deren üppiger Humor ihn in den drei öden Militärdienstwo-

Mischtechnik, undatiert

Il pan büttà in fö
Ün clap man blau vegn giò dal chamin e salva quel panin chi vain tut – da las flommas. Quel chi füss ars perche ch'el d'eira sech e fingià büttà. Ma'l bel man blau cun stailas til ha manà pro la glüna fomantada chi vaiva savurà il bun baccun. Ella driva sia bocca e travuonda il baccun. Il panin quel d'eira fingià magari chod e la glüna sainza s'impissar inguotta arda la bocca, dà ün sbrai, ün scrach ed ün soffel, cha'l muond nu po plü trar il flà. Il bel panin quel svoula uossa sco satellit sur noss cheus oura e cloma ad ün clomar: «Mangiai sü vos pan e na til laschar sechantar.»

Das Brot, das ins Feuer geworfen wurde
Eine grosse, blaue Hand kommt den Kamin hinunter und rettet das Brötchen, das weggeworfen wurde, vor den Flammen. Das Brötchen, das verbrannt wäre, weil es hart geworden und weggeworfen worden war. Aber die schöne, blaue Hand mit Sternen brachte es zum hungrigen Mond, der den guten Bissen gerochen hatte. Der Mond öffnet seinen Mund und verschlingt den Bissen. Das Brötchen war aber schon ziemlich heiss, und der Mond, ohne etwas zu denken, verbrennt sich den Mund, schreit auf, spuckt und bläst so sehr, dass die Erde nicht mehr atmen kann. Das schöne Brötchen fliegt jetzt als Satellit über unsere Köpfe und ruft immerzu: «Esst euer Brot auf und lasst es nicht vertrocknen!»

Weitere Einbände von Steivan Liun Könz:
– Andri Peer: La ruina da Plür. Samedan 1982.
– Clà Riatsch: Mehrsprachigkeit und Sprachmischung in der neueren bündnerromanischen Literatur. Chur 1998.
– Leo Tuor: Onna Maria Tumera oder Die Vorfahren. Aus dem Rätoromanischen von Peter Egloff. Zürich 2004.

Illustrationen aus der «Die Kirche im Gletscher», Tusch, 1982

chen immer wieder aufheiterte. Der Verleger Christian-Georg Stähelin war mit Könz durch gemeinsame Freunde bereits bekannt geworden und war sofort einverstanden. Im November 1979 besuchten die beiden eine Vernissage im Möbelhaus Zingg-Lamprecht in Zürich, um den Künstler für das Projekt zu gewinnen. Steivan Liun Könz las die Texte, liess sich von Peter Egloff die Originalschauplätze der Geschichten zeigen und machte sich, wie die Skizzenbücher belegen[36], mit grossem Elan an die Arbeit. Er entwarf ganzseitige Tuschzeichnungen zu Schlüsselszenen, kleinere Embleme und schliesslich noch ornamentale Schriftzeichen, die später nicht ins Buch aufgenommen wurden. Die Sagen, die von verhexten Kälbern, vom Teufel, dem Wilden Mann, von Feen und Spukgestalten, vom Alpdrücken, Sündigen und Sterben berichten, kamen Könz' Bilderwelt entgegen. Er zeichnete Illustrationen, die die Drastik der Geschichten und Lust und Schrecken, die sie hervorrufen, einfangen und auf den Punkt bringen.

Die Zusammenarbeit zwischen Autor und Illustrator hatte heiter und beschwingt begonnen. Könz hatte auf der gemeinsamen Tour durch die Surselva auf einem Maiensäss in der Val Sumvitg Haifischsteaks gebraten, und die beiden Männer hatten sich bestens verstanden. Als aber Egloff die schönen Entwürfe nicht nur lobte, sondern auch auf zwei sachliche Fehler aufmerksam machte, zog sich Könz beleidigt zurück. Über ein halbes Jahr liess er nichts mehr von sich hören, der geplante Erscheinungstermin für das Buch verstrich, Verleger und Autor waren ratlos. Dass Steivan Liun Könz die Arbeit an den Illustrationen schliesslich doch wiederaufnahm, liegt vermutlich daran, dass ihm die Aufgabe, diesen Stoff zu illustrieren und die Möglichkeit, sich als Buchillustrator bekannt zu machen, doch sehr am Herzen lagen. Im September 1982 erschien «Die Kirche im Gletscher» im Tanner + Staehelin Verlag, ein Jahr später als geplant, aber dennoch aufs Sorgfältigste illustriert.

Könz konnte zwar streiten und schmollen, Leute, die er mochte, gab er aber trotzdem nicht so leicht auf. Dem Nachwort des Autors und Jägers Peter Egloff folgt wie ein Gruss eine kleine Jagdszene. Sowohl mit ihm als auch mit Christian-Georg Stähelin verkehrte Steivan Liun Könz nach Erscheinen des Buchs freundschaftlich weiter, und viele Jahre später schenkte er Egloff das Original von dessen Lieblingszeichnung: die Illustration zur Sage vom «verhexten Kalb auf der Val Tenigia». Auch eine Widmung fehlte nicht: «Per Peter E da Steivan Liun K in algordanza dals temps cha no d'eiran eir vadels striunats.» – «Für Peter E von Steivan Liun K in Erinnerung an die Zeiten, als wir auch verhexte Kälber waren.»[37]

Illustrationen aus der «Die Kirche im Gletscher», Tusch, 1982

Haupttext

1 Entwurf eines Briefes an F. Stierli, Präsident Chramschopf Zollikerberg, 9.3.1990.
2 Vgl. Interviews Andrea Könz, 14.6.2006, 11.10.2006; Barbara Könz, 8.7.2006; Andri Könz, 4.9.2006; Christian-Georg Stähelin, 3.10.2006; Mengia und Rudolf Viletta-Semadeni, 2.8.2007; Susanna Fanzun, 21.5.2008; Men Steiner, 15.9.2008; Regula Verdet, 24.9.2008; Fredi Murer, 13.10.2008; Dumeng Secchi, 13.11.2008; Werner Frei, 3.12.2008; Clà Riatsch, 4.12.2008; Christof Rösch, 11.2.2009.
3 Göri Klainguti, Mail vom 5.12.2008.
4 Briefentwurf in: Skizzenbuch Nr. 118.
5 Vgl. Einträge in Skizzenbuch Nr. 76.
6 Eintrag 1986 in: Skizzenbuch Nr. 102.
7 Vgl. Interviews Barbara Könz, 24.3.2006; Andrea Könz, 14.6. und 11.10.2006; Melcher Cadonau, 8.8.2006; Andri Könz, 19.9.2006; Christian-Georg Stähelin, 3.10.2006; Giovannina und Peider Könz-Mengiardi, 30.7.2007; Urs Frey, 31.7.2007; Mengia und Rudolf Viletta-Semadeni, 2.8.2007; Regula Verdet, 24.9.2008; Dumeng Secchi, 13.11.2008; Ilda und Jon Ritz-Brunold, 14.11.2008; Doris Lehmann Frey, 30.11.2008; Clà Riatsch, 4.12.2008; Christof Rösch, 11.2.2009.
8 Eintrag 14.3.1987 in: Tagebuch Nr. 6.
9 Eintrag Anfang Januar 1996 ebenda.
10 Eintrag 1986 oder 1987 in: Skizzenbuch Nr. 104.
11 Eintrag 1986 in: Skizzenbuch Nr. 104.
12 Vgl. Interviews Andrea Könz, 14.6.2006; Barbara Könz, 8.7.2006; Werner Frei, 3.12.2008.
13 Briefentwurf um 1981 an Annatina Miescher in: Tagebuch Nr. 4.
14 Vgl. z.B. Zürichaufenthalt vom 30.8. bis zum 23.9.1990 anlässlich einer Ausstellung in der Galerie Trittligasse in: Skizzenbuch Nr. 97.
15 Vgl. Interviews Albertus Caviezel, 26.8.2006; Jürg Altherr, 20.12.2006; Cesare Ferronato, 21.7.2008; Urs Frey, 31.7.2007; Eduard Widmer, 14.8.2006.
16 Vgl. im Folgenden Interview Dumeng Secchi, 13.11.2008; Mails / Brief Georg Lindner, 19.12.2008, 23.12.2008, 4.2.2009.
17 Vgl. Interviews Barbara Könz, 20.5.2006; Andrea Könz, 14.6.2006.
18 Vgl. Interviews Claudia Ferronato, 5.7.2008: Anita Sutter Ganter, 17.9.2008; Michael Altherr, 5.11.2008; Christine Kessler, 20.11.2008.
19 Berichtet von Andrea Könz am Gedenkanlass für Steivan Liun Könz, La Vouta Lavin, 23.7.2007.
20 Interviews Barbara Könz, 8.7.2006; Eduard Widmer, 26.9.2006; Andrea Könz, 18.12.2006; Fiona und Mario Könz, 24.7.2007; Simon Könz, 4.11.2008.
21 Undatierter Eintrag in: Skizzenbuch Nr. 14.
22 Andri Könz, Interview 4.9.2006.
23 Interview Albertus Caviezel, 26.8.2006.
24 Vgl. Interviews Barbara Könz, 8.7.2006; Andri Könz, 4.9.2006; Andrea Könz, 6.9.2006.
25 Eintrag 17.12.1994 in: Tagebuch Nr. 6.
26 Eintrag um 1978 in: Skizzenbuch Nr. 77.
27 Vgl. Vorarbeiten im Skizzenbuch Nr. 41 und Leza Dosch: Das Haus Balthasar von Planta in Ardez. Ein Engadinerhaus und seine Renovation durch Iachen Ulrich Könz und Steivan Liun Könz. In: Bündner Monatsblatt 1/2007, S. 64-86.
28 Skizzenbuch Nr. 99.
29 Vgl. Interviews Christian-Georg Stähelin, 3.10.2006; Peider und Giovannina Könz-Mengiardi, 30.7.2007; Urs Frey, 31.7.2007; Agnese Caviezel-von Hoven, 3.10.2008; Fredi Murer, 13.10.2008; Werner Frei, 3.12.2008; Clà Riatsch, 4.12.2008. Pius Knüsel: Die beredten Mauern. In: Schweizer Familie, 10.4.1985; Kunst und Kulinarik. Der Bündner Künstler Steivan Liun Könz in der «Heuwiese». In: Sarganserländer, 3.6.1986.
30 Eintrag 5.8.1982 in: Tagebuch Nr. 5.
31 Römische Prostituierte: vgl. Skizzenbücher Nr. 46, 53, 55, 104, 106. Kinder des Mondes: vgl. Skizzenbücher Nr. 38, 80. Adam: vgl. Skizzenbücher Nr. 31, 32, 35, 37, 39, 42, 45, 46, 48. Sprichwörter: vgl. Skizzenbuch Nr. 85. Märchen vom kleinen Mädchen ...: vgl. Skizzenbuch Nr. 82. Il pan büttà in fö: vgl. Skizzenbuch Nr. 67. Toskanische Novelle: vgl. Skizzenbuch Nr. 91. Mia Mare: vgl. Skizzenbuch Nr. 100.
32 Eintrag in: Tagebuch Nr. 3.
33 Selina Chönz: L'otra via. Chasa paterna 98. Lavin 1979.
34 Vgl. Skizzenbuch Nr. 82. Interview und Mail Jürg Schubiger, 4.2.2009, 9.2.2009.
35 Vgl. Interviews Christian-Georg Stähelin, 3.10.2006 und 28.1.2008; Peter Egloff, 21.1.2009.
36 Vgl. Skizzenbücher Nr. 71 und 72.
37 Zitiert nach: Peter Egloff, Mail vom 2.2.2009.

Marginalien

1 Eintrag 9.3.1997 in: Tagebuch Nr. 7.
2 Eintrag um 1986 in: Skizzenbuch Nr. 104.
3 Eintrag um 1977 in: Skizzenbuch Nr. 75.
4 Eintrag Anfang März 1998 in: Tagebuch Nr. 6.
5 Eintrag November 1997 in: Tagebuch Nr. 6.
6 Eintrag 1986 in: Skizzenbuch Nr. 104.
7 Eintrag 1992 oder später in: Skizzenbuch Nr. 117.
8 Eintrag 1985 in: Skizzenbuch Nr. 93.
9 Eintrag 1986 in: Skizzenbuch Nr. 99.
10 Steivan Liun Könz zitiert nach: Ueli Zindel: Steivan Liun Könz: «Ich erfinde mich täglich neu ...» in: Beobachter Nr. 9, 1990.

LA TUOR DA BABILON – DER TURM VON BABYLON

ZWISCHEN HIMMEL UND ERDE

Aus der Serie Turm von Babylon, Mischtechnik, 1995

Steivan Liun Könz war kein analytischer Denker mit dem Ziel, widerspruchsfreie Gedankengebäude zu errichten. Doch hatte er neben seiner Fabulierlust ein intensives und anhaltendes Interesse an dem, was hinter den sichtbaren Erscheinungen steht. Und er stellte an sich als Künstler den Anspruch, diese symbolische Dimension in seine Bilder zu integrieren. Könz befasste sich deshalb mit den grossen Religionen, mit Mythen und esoterischen Lehren und übersetzte Elemente davon in sein Weltbild und seine Bildersprache.

Auf seiner langen Indienreise im Jahr 1974 hatte er zudem eine Inspiration, die fortan viele seiner Bildkompositionen bestimmen sollte. «Tanter il tschêl e la terra es l'aua da la vita. In ella noudan noss sömmis, fantastics ed irreals.» – «Zwischen Himmel und Erde ist das Wasser des Lebens. In ihm schwimmen unsere Träume, fantastisch und irreal», notierte er in Purnea in eines seiner Skizzenbücher.[1] Was Könz an diesem poetischen Satz, in dem alchemistisches und mystisches Gedankengut anklingt, fasziniert, ist nicht nur die Polarität zweier Gegensätze, sondern vor allem auch die Dynamik, die aus der Opposition entsteht und sich in deren Zwischenraum abspielt: Zwei einander entgegengesetzte Prinzipien erzeugen etwas Drittes, eine Energie, die er mit «Leben» oder «Liebe» bezeichnet. Als Beispiele für dieses Phänomen nennt Könz die rinnende Sanduhr, die Spannung zwischen Kathode und Anode, die Kristallisationen aus Säure und Base und die Leben übertragende kleine Distanz zwischen Gottes Finger und dem Finger Adams in der Sixtinischen Kapelle in Rom.

Steivan ist eigentlich ein Philosoph, der nicht philosophieren kann (...). In seiner Kunst hat ihn das Zusammenführen von Himmel und Erde interessiert.
Andri Könz

Steivan Liun Könz' Bilderwelt dreht sich im Detail und in der Konzeption oft um Gegensätze und die von ihnen erzeugte Dynamik. Ähnlich intensiv wie die Erotik, die Spannung zwischen dem männlichen und dem weiblichen Prinzip, beschäftigten den Künstler die Opposition von Himmel und Erde, von Geist und Materie und die Möglichkeiten, diese beiden Dimensionen miteinander zu verbinden. Im Spannungsfeld zwischen oben und unten entsteht zum Beispiel der Baum, «Sohn der Sonne und der Erde»: «Il bös-ch es vairamaing il figl dal sulai e da la terra. (...) Il bös-ch da la vita crescha sün terra e tschercha il tschêl.»[2] – «Der Baum des Lebens wächst auf der Erde und sucht den Himmel.» Könz' Werk ist reich an Symbolen für das Leben, das aus dem Zusammenspiel von Geist und Materie entsteht, oder für die Materie, die zum Geist strebt. Neben dem Lebensbaum und der Palme sind auch Türme und Pyramiden und alle geflügelten Wesen, die den Raum zwischen Himmel und Erde bevölkern, wichtig: Vögel, Engel, Mischwesen aus Mensch und Vogel, Ledas Schwan und Ikarus. Als solches

Gouache/Tusch, undatiert

Wachsbild, 1990

geflügeltes Wesen verstand Könz auch den Künstler. Jedes Werk ein Flugversuch, der gelingt oder im Absturz endet:

Üna vouta decis da far il pittur es quai sco far ün sigl giò da tet. Be pro la vita d'artist nu's placha be üna vouta dimpersai adüna darcheu: Bain e mal e mez, ma mort mai nu s'esa. Scha tuot va inavant e'ls ons passan, lura esa in uorden e che's voula daplü, chans e mammas chi mordan (...) sun irrelevants invers la grond'incumbenza dad esser creativ. – Hoz n'haja cumanzà ün nouv purtret. Che mâ daraja landeroura? Ingio am manarà quista via, ingio, ingiò o spranza insü![3]

Wenn man sich einmal dazu entschlossen hat, Maler zu sein, ist das wie ein Sprung vom Dach. Nur landet man in einem Künstlerleben nicht nur einmal, sondern immer wieder: Gut und schlecht und halb, aber tot ist man nie. Wenn alles vorangeht und die Jahre vorbeiziehen, ist es in Ordnung, und was will man mehr: Hunde und Mütter, die beissen (...), sind unwichtig verglichen mit der grossen Aufgabe, kreativ zu sein. – Heute habe ich ein neues Bild begonnen. Was wird wohl daraus werden? Wohin wird mich dieser Weg führen, wohin, hinab oder hoffentlich hinauf!

Könz lebte nicht nur als Künstler im Spannungsfeld zwischen oben und unten. So wie er die erotische Spannung einerseits darstellte, andererseits

konkret erlebte und erlitt, befasste er sich auch intensiv und handfest mit den beiden Polen Materie und Geist.

«Menschwerdung: Spikok u. Schmuckanee bzw. der Maismensch», Gouache/Tusch, 1997

Gouache/Tusch, 1994

MATERIE

In der griechischen Sage wurde der junge Ikarus auf seinem ersten Flug mit dem künstlichen Flügelpaar so übermütig, dass er sich in die Höhe schwang, bis die Hitze der Sonne das Wachs zwischen den Federn schmolz. Ikarus stürzte ab ins Meer. Anders sein Vater Daedalus, der die Flucht aus Kreta durch die Lüfte gemeinsam mit seinem Sohn unternahm. Daedalus kannte das Konstruktionsprinzip der Flügel, denn er hatte es selbst erdacht. Er flog in mittlerer Höhe und kam mit dem Leben davon. Steivan Liun Könz hatte nicht nur Züge von Ikarus, er war auch mit dem Erfinder, Baumeister und Handwerker Daedalus verwandt. Er liebte den Umgang mit verschiedensten Materialien und hatte grosses Vergnügen an kleinen Konstruktionen und Erfindungen, Tüfteleien, die manchmal funktionierten, sich aber oft auch als Schlag ins Wasser erwiesen.[4]

Steivan liebte alles, was mit den materiellen Erscheinungsformen des Lebens zu tun hatte. Das sah man zum Beispiel beim Kochen: Überall hatte er seine Pfoten drin.
Clà Riatsch

Wie beim Kochen war für Könz das Material auch bei der künstlerischen Arbeit mehr als Mittel zum Zweck. Er interessierte sich für die Gewinnung und den Herstellungsprozess verschiedener Stoffe und für die Zusammensetzung gemischter Substanzen, besuchte Steinbrüche, Salzwerke, Produktionsstätten, notierte sich alte und neue Rezepte und stellte wenn immer möglich das Material, das er benötigte, selbst her. Am liebsten arbeitete Könz mit natürlichen Substanzen. Sgraffiti ritzte er in selbst gemischten Mörtel, der genau auf die Verhältnisse von Mauern und Klima abgestimmt war, beim Malen auf Papier verwendete er Pigmentfarben, die er mit Gummi Arabicum und Netzmittel vermischte, oder noch lieber Farben, die er nach alten Rezepten aus natürlichen Stoffen gewonnen hatte. Dabei spielte Könz' urtümliche Verbundenheit mit allem Stofflichen wohl eine ebenso grosse Rolle wie die Freude am Berühren und Formen verschiedensten Materials.

«Ich kann auf allen Materialien schaffen», äusserte Könz 1993 in einem Interview, nachdem er im Bogn Engiadina in Scuol seine erste grosse Arbeit mit Keramik abgeschlossen hatte.[5] Tatsächlich ist sein Werk nicht denkbar ohne die Faszination für die technische Seite der künstlerischen Arbeit und die Bereitschaft, sich dem Widerstand, den ihm die jeweiligen Materialien entgegensetzten, zu stellen. Anders als andere Künstler beschränkte sich Könz niemals auf Konzeption und Entwurf einer Arbeit, sondern führte diese mit Hilfe von Handwerkern oder allein bis zum Abschluss selbst aus. Er versah Mauerwerk mit Sgraffiti, Stuckfiguren, Freskenmalerei oder

Recetta per obtgnair bun «bistre» sco brün da füm!
Sgrattar giò da quel catram o brün da chadafö in alch chadafö ingio chi fümaintan charn. Schoglier quist material aint ill'aua choda. Laschar ir a fuond la fulia e l'otra merda chi po esser laint. Tour davent be l'aua brüna chi sto esser ün pa transparenta. Sün mincha liter da quista schoppa as stoja masdar bain ün sdunin da desert chaltschina bognada per insavunar las parts da rascha chi füssan restadas ed uschea deliberar il disegn da quai chi tacha. Sechantar aint l'aua. Criblar e muglinar. Per pitturar schoglier cun aua.[1]

Rezept zur Gewinnung guten «Bistres» wie Rauchbraun!
In irgendeiner Küche, in der Fleisch geräuchert wird, den Teer oder das Küchenbraun herunterkratzen. Dieses Material in heissem Wasser auflösen, den Russ und den anderen Schmutz, der darin sein kann, auf den Grund sinken lassen. Nur das braune Wasser, das ein wenig transparent sein muss, abschöpfen. Auf jeden Liter dieser Suppe mischt man einen Dessertlöffel gelöschten Kalk, um die Teile des Harzes zu verseifen, die geblieben wären, und das Bild von dem zu befreien, das klebt. Das Wasser verdunsten lassen. Sieben und mahlen. Zum Malen in Wasser lösen.

Würfelspiel, überarbeitete Radierung, 1970/79

grossflächigen Keramikbildern, er bearbeitete Spiegel, Holz und Glas mit Sandstrahltechnik, falls nötig, behandelte er das Material mit Beize, Farben oder Blattgold weiter. Auf Grafitplatten, in die anschliessend flüssiges Glas gegossen wurde, ritzte er einfache Motive und Ornamente, und für seine Radierungen kratzte er detailreiche Bilder auf Kupferplatten.

Far gnir viv ün mür da beton cun ün pa culur es greiv scha na impussibel.[2]

Eine Betonmauer mit ein wenig Farbe lebendig machen ist schwierig, wenn nicht unmöglich.

Könz brachte viel Geduld auf, wenn es darum ging, ein neues Material zu beherrschen oder eine weitere Technik zu erlernen. Meist wurde seine Geduld mit Erfolg belohnt. Eine Ausnahme war die Arbeit mit Beton: Der bunte Drachen, den er 1991 für Flums entworfen und hergestellt hatte, genügte seinen Ansprüchen nicht, und er liess fortan die Finger von diesem Material. Einen ausdauernderen Kampf führte er mit der Ölmalerei. Obwohl er in den 1970er Jahren nach einigen Atelieraufenthalten bei seinem Bruder Constant Könz in Zuoz festgestellt hatte, dass die Arbeit mit Wasser ihm weit mehr entsprach als die mit Öl, unternahm Steivan Liun Könz später weitere Versuche, diese Technik in den Griff zu bekommen, allerdings vergeblich: «Ein Ölbild ist ein programmierter innerer Tod», notierte er 1988 in sein Tagebuch. Auch ohne Leinwand und Öl blieben Könz viele Möglichkeiten zur Herstellung seiner Bilder: Auf Karton und verschiedene Papiersorten zeichnete und malte er mit Bleistift, Feder, Farb- und Ölstiften, Pigmentfarben und Wachs, oft fügte er seinen Bildern Blattgold, manchmal auch Sand und kleine Objekte bei, oder er schnitt und klebte aus seiner Sammlung alter Drucksachen und moderner Zeitschriften fantastisch-absurde Collagen.

Ün purtret in öli es (…) üna mort interna programmada. Solitamaing düra quist cumbat eivnas o mais. (…) Picasso pitturaiva 14 uras in fila vi d'ün purtret. Pro mai davo 5 uras es il purtret in ün tal stadi ch'eu nu poss plü cuntinuar. Bletsch e schmerdà.[3]

Ein Ölbild ist (…) ein programmierter innerer Tod. Normalerweise dauert dieser Kampf Wochen oder Monate. (…) Picasso malte 14 Stunden am Stück an einem Bild. Bei mir ist das Bild nach fünf Stunden in einem solchen Zustand, dass ich nicht mehr weitermachen kann. Nass und verschmiert.

Die Skizzenbücher und die vielen Dokumente, die er im Atelier, in der Familie und in seinem Bekanntenkreis hinterlassen hat, zeigen, dass Könz auch immer wieder mit Gelegenheitsarbeiten und künstlerischen Objekten für den täglichen Gebrauch beschäftigt war. Er zeichnete unzählige Hochzeits-, Geburts- und Umzugsanzeigen, manchmal, weil er darum gebeten worden war, manchmal auch nur, weil er Lust hatte, jemanden, den er mochte, zu überraschen. Besonders gerne entwarf er Logos, sei dies für Läden von Engadiner Bekannten oder für Ex Libris seiner Freunde. Er gestaltete Etiketten für ein Weingut in Oberhasli und für den Hauswein seines Stammlokals Crusch Alba in Guarda, und er entwarf für die Lebensmittelabteilung des Warenhauses Globus einen Papiersack mit romanischer Aufschrift. Selbstverständlich bastelte Könz für seine Kinder originelle Weihnachtskalender oder Masken für die Fastnacht, er entwarf verschiedene Brett- und Kartenspiele, und liess seinen Freund Cesare Ferronato Holzpuppen herstellen, die er bemalte, ausstaffierte und als Modell für seine Bilder verwendete.

DER SCHÖNE LIEBHABER GEWINNT 3
DER TREUE LIEBHABER GEWINNT 4
DER VIRTUOSE LIEB-HABER GEW. 3
DER JUNGE LIEBHABER GEWINNT 6
DER WEISE LIEBHABER GEWINNT 3
DIE SCHÖNE GEW- 18 INNT ALLES
DER ARME LIEBHABER BEKOMMT NCHTS UND ZAHLT NICHT
DER VERRUCKTE LIEBHABER ZAHLT UND BEKOMT AUCH NICHTS
DER EINVERSÜCHT. LIEBHABER ZAHLT 1
DER DICKE LIEB-HABER ZAHLT 3
DER SCHNELLE LIEBHABER GEWINNT 1
DER BUCKLIGE LIEBHABER GEWINNT 4
DER BELEIDIGTE LIEBH. ZAHLT 2
DER UNVERSCHÄMT. LIEBH. ZAHLT 4
DER PRÄCHTIGE LIEBHAB. ZAHLT 3
DER SCHUCHTERNE LIEBHABER ZAHLT 1
DER ALTE LIEB-HABER ZAHLT 3
DER HASSLICHE ZAHLT 2
DER TAPFERE LIEBHABER MACHT NUR ANGST
DER LAHMWE ZAHLT 4
SPIEL MIT 3 WÜRFELN

Weinetikette, 1975

Trinkglas, um 1990

Globus-Papiersack, Mischtechnik, 1986

Könz notierte sich immer wieder Ideen für verspielte Accessoires, zum Beispiel Schmuck oder Lampen, die aussehen wie Vögel oder aus einem umgekehrten Trichter bestehen. In Indien erstellte er eine Liste zum Thema Räder. Sie enthält Räder mit Glöckchen, die läuten, mit Stofffetzen, die flattern, wenn das Rad sich dreht, oder Räder mit Schälchen, die sich mit Regen oder herunterrieselndem Sand füllen und sich dadurch drehen. Fantastische Räder mit Beinen, Trompeten, Schwänzen, Rüsseln, Zweigen oder Instrumenten, die Töne von sich geben, gesellen sich zu einem Schicksalsrad, das von Hand angetrieben werden kann und dessen vorstehende Noppen eine Glocke über dem Rad läuten lassen.[6] Neben einer besonders komplizierten Konstruktion ist vermerkt, dass sie nicht funktioniert – ein Eintrag, der in den Skizzenbüchern des Öfteren zu lesen ist. Viele seiner kleinen Erfindungen hat Steivan Liun Könz realisiert, manchmal mit Unterstützung seiner Kinder, vieles blieb Teil seiner nimmermüden, ins Unabsehbare wuchernden Fantasiewelt.

Eine besonders intensive Beziehung entwickelte Steivan Liun Könz zum Material Glas.[7] Mitte der 1970er Jahre lernte er durch gemeinsame Bekannte Roberto Niederer kennen. Dieser war gerade dabei, die kurz vor der Schliessung stehende Glashütte Hergiswil zu übernehmen, um sie zu einer Herstellungsstätte für modernes Kunsthandwerk umzugestalten.[8] Aus der Bekanntschaft wurde eine Freundschaft, die 1976 in eine erste Zusammenarbeit mündete: Bei der Renovation der Kirche Marthalen gestaltete Könz die Holzdecke, Niederer die Glasfenster. In den folgenden Jahren gehörte Könz zu den Künstlern, die für die Glasi Hergiswil Entwürfe machten und dort auch eigene Arbeiten ausführten. Im Auftrag der Glasi entwarf er für Firmen, Gemeinden und Private Glasteller und Fensterschmuck. Wappen, Tiere, Häuser, Volkstümliches und Ornamente waren die beliebtesten Motive. Könz arbeitete auf vorgegebenen Formen mit Sandstrahltechnik und Farben, oder er formte das Glas mit Hilfe von Grafitplatten mit eingeritzten Motiven und Ornamenten, die nach der Erkaltung des Materials als Erhebungen in der Glasoberfläche hervortraten. Für sich privat experimentierte er mit verschiedenen Techniken, nahm die bearbeiteten Gläser, Teller und Platten mit nach Hause oder verschenkte sie an Freunde. In den 1980er Jahren war Steivan Liun Könz streckenweise auch offizieller Mitarbeiter der Glasi Hergiswil und arbeitete enger mit Roberto Niederer zusammen, ein Arrangement, das diverse Spannungen sowohl mit Niederer als auch mit der Belegschaft mit sich brachte. Könz hatte den Eindruck, dass ihn der Widerstand in der Glaserei zu viel Kraft kostete, die er für seine eigentliche Arbeit, das Malen,

Glasteller, 1989

dringend benötigte. Er löste das Anstellungsverhältnis auf, arbeitete aber bis zu Roberto Niederers Tod im Dezember 1988 weiterhin gelegentlich für ihn.

Als sich die Glasi Hergiswil unter der Leitung von Niederers Sohn Robert Niederer langsam wandelte, schwächte sich die Verbindung ab. Nicht so Könz' Verhältnis zu Glas: Ende April 1993 notierte er anlässlich eines Aufenthalts im böhmischen Novi Bor, wo er in einer Glasfabrik für das Erlebnisbad Alpamare Bad Tölz Glasobjekte herstellte:

La fascinaziun dal vaider am surprenda adüna darcheu. Quists miraculs chi sortan da quists fuorns. Il fö liquid chi's cristallisescha, la transparenza e la glüm chi rumpa laint. Il movimaint, il ballet dal mumaint creativ, il toc pront per tour in man: Ün oget transparent, il dadaint es sco'l dadoura e'l davant tant sco'l davo. Sco l'orma, sco la musica da Mozart. Transparent, sincer. Mia mania da verer tuot transparent. Las relaziuns etc. Far dvantar transparent las s-chürdüms, las depressiuns dals oters, clerità cristallisada, realisada, aua, glatsch.[9]

Die Faszination für Glas überrascht mich immer wieder. Diese Wunder, die aus diesen Öfen kommen. Das flüssige Feuer, das kristallisiert, die Trans-

Eu nu das-ch perder tant temp cun tschient mansters e na pitturar.[4]

Ich darf nicht so viel Zeit mit hundert Berufen verlieren und nicht malen.

Im Gespräch mit Roberto musste ich zugeben, nicht alle Versprechen einhalten zu können. Ich bin oft zu gutmütig und sage dann nicht nein. – Dazu kommt, dass ich mich dem Betrieb nicht anpassen kann und oft als Schmarotzer und Profiteur taxiert werde. Viele Versuche, die ich mit meinen Hobbyarbeiten gemacht habe, brachten mir Lösungen, die auch Euch zu Gute kamen, z.B. Grafitplatten. Was ich entwickelt habe, ist gut und brauchbar, so kann ich mit gutem Gewissen meine Dienste kündigen. Ich habe bei Euch viel gelernt und viele liebe Menschen angetroffen. Dafür danke ich. Ich werde aber weiterhin gelegentlich mit Euch und mit Glas arbeiten. Ich grüsse Euch und bedanke mich für alles Gute (alles andere habe ich vergessen).[5]

parenz und das Licht, das hineinbricht. Die Bewegung, das Ballett des kreativen Augenblicks, das Stück, bereit, in die Hand genommen zu werden: Ein durchsichtiges Objekt, das Innen ist wie das Aussen, die Vorderseite wie die Rückseite. Wie die Seele, wie Mozarts Musik. Transparent, ehrlich. Meine Sucht, alles transparent zu sehen, die Beziehungen usw. Die Finsternisse durchsichtig zu machen, die Depressionen der anderen, kristallisierte, realisierte Helligkeit, Wasser, Eis.

GEIST

Am Grund von Könz' Begeisterung für die Glasherstellung, für den Moment, in dem das Material Transparenz gewinnt und von Licht durchdrungen wird, sitzt sein Hunger nach Transzendenz, seine lebenslange Suche nach dem Durchbruch in eine andere, immaterielle Welt. Bei allem unmittelbaren Zugang, den er zum Archaischen hatte, gab es auch eine Sehnsucht nach der Gegenrichtung, die er auf verschiedene Arten zu stillen versuchte.[10]

Obwohl sein Elternhaus nicht religiös genannt werden kann, gab es bei Steivan Liun Könz ein Leben lang ein religiöses Grundgefühl, ein Vertrauen auf das eingebunden Sein in ein grösseres Ganzes, manchmal sogar auf die Existenz einer nicht näher definierten göttlichen Präsenz, die die Menschen kennt und auf ihrem Lebensweg begleitet. Dieser Glaube zeigt beim sehr jungen Könz eine beinahe naive Selbstverständlichkeit, wird aber bald von kritischen Überlegungen gebrochen und konkurrenziert von der Auseinandersetzung mit fernöstlichen Religionen und esoterischen Lehren. Könz hat sich in religiösen Fragen zu keiner Entscheidung gezwungen, es gibt auch keine eindeutige Entwicklung, keine Tendenz zur einen oder anderen Glaubensrichtung mit fortschreitender Zeit. Er umgab sich mit Bildbänden christlich-religiöser Kunst des Mittelalters und der frühen Neuzeit, in einer Nische neben seinem Arbeitstisch stand eine Statuette des indischen Gottes Ganesh. Fühlte er sich von einem Problem bedrängt, befragte er das I Ging oder legte Tarot-Karten. Welche innere oder äussere Instanz mit solchen Anrufungen auch immer gemeint war, sie konnte für kurze Zeit auch wieder die Gestalt des christlichen Gottvaters annehmen, der sich Könz mit fast kindlicher Einfachheit zuwandte. Im Sommer 1986, mitten in den Jahren seiner Lebenskrise, notierte er ein persönliches Dankgebet in sein Skizzenbuch:

14.5.1961. Eu sa che chi sun meis sbagls e sa che chi sun mias bunas varts. Il Segner am darà la forza da gnir inavant e guardarà cha meis conumans am predschan sch'eu am dun la fadia chi fa dabsögn. Sco ch'el m'ha güdà fin qua.[6]

14.5.1961. Ich weiss, welches meine Fehler und welches meine guten Seiten sind. Der Herr wird mir die Kraft geben, voranzukommen, und wird dafür sorgen, dass meine Mitmenschen mich schätzen, wenn ich mir die nötige Mühe gebe. So wie er mir bis anhin geholfen hat.

Urazchun
Char Segner, eu t'ingrazch per il dun da l'art e per meis ögls chi'm dan mincha di ün regal, üna surpraisa e'm dan la forza da viver!

Eu t'ingrazch per meis buonder insaziabel chi'm maina adüna darcheu sün nouvas vias chi portan inavant.
Mia cretta aint il bun e vi da meis conumans e per meis sen positiv chi'm güda pro las sconfittas.
Grazcha pel dun da pudair star sulet e lavurar sün tuot ils chomps spiertals e manuals.
Grazcha per mia fantasia chi lascha svanir ils cunfins tanter realtà e sömmi.
Grazcha eir pel dun da crajer in tai o in ün esser chi sta sur nus e'ns guida.
Mia tradiziun, mia patria, e grazcha impustüt per meis amà figl Simon Andreia, per sia via da sia vita, e lascha'm esser adüna cuntaint cun quai ch'eu n'ha, saja quai pac o bler!
Grazcha per la forza cha tü'm dast da trar inavant meis esser cumplichà e malinclegiantaivel e da na dar sü la cumbatta vers l'aigna totlezza e vers il bun maniamaint dals oters.
Grazcha pel pan d'iminchadi per mai e'ls meis, grazcha pel vin e'l sal e tuot quai chi dà savur, culur, chod, e cler.
Eu t'ingrazch pel dun da dudir la vusch interna, da dudir quai ch'ingün nu disch e da leger quai chi mai nun es stat scrit.[11]

Gebet
Lieber Gott, ich danke dir für die Gabe der Kunst und für meine Augen, die mir jeden Tag ein Geschenk machen, mich überraschen und mir die Kraft zu leben geben!
Ich danke dir für meine unersättliche Neugier, die mich immer wieder auf neue Wege, die mich weiterbringen, führt.
Für meinen Glauben an das Gute und an meine Mitmenschen, und für meine positive Einstellung, die mir bei Niederlagen hilft.
Danke für die Gabe, allein sein zu können und auf allen geistigen und manuellen Feldern zu arbeiten.
Danke für meine Fantasie, die die Grenzen zwischen Wirklichkeit und Traum verschwinden lässt.
Danke auch für die Gabe, an dich oder ein Wesen, das über uns steht und uns führt, zu glauben.
Für meine Tradition, meine Heimat, und danke vor allem für meinen geliebten Sohn Simon Andreia, für seinen Lebensweg, und lass mich immer zufrieden sein mit dem, was ich habe, sei es wenig oder viel!
Danke für die Kraft, die du mir gibst, damit ich mein kompliziertes und schwer verständliches Wesen weiter tragen kann und den Kampf gegen die eigene Dummheit und das Gutmeinen der anderen nicht aufgebe.
Danke für das tägliche Brot für mich und die Meinen, danke für den Wein

und das Salz und alles, was Geschmack, Farbe, Wärme und Helligkeit schenkt.
Ich danke dir für die Gabe, die innere Stimme zu hören, zu hören, was niemand sagt, und zu lesen, was nie geschrieben worden ist.

Könz' Verhältnis zum Christentum beschränkte sich nicht auf persönliche Regungen. Er hatte auch ein objektives, ja professionelles Interesse an der reichen Bilderwelt der biblischen Geschichte und an den Illustrationen, die sie über die Jahrhunderte angeregt hatten. In den 1960er Jahren beschäftigte er sich vor allem mit den Todsünden, der Hölle und dem Teufel und der christlichen Schöpfungsgeschichte samt Sündenfall, später setzte er sich mit der Biblia Pauperum und besonders eingehend mit den verschiedenen Erscheinungsformen von Engeln auseinander.

Zu Beginn der 1970er Jahre bot sich Könz zum ersten Mal die Möglichkeit, als Künstler sein Interesse systematisch und in grösserem Umfang in Bilder umzusetzen.[12] Der Architekt Max Kopp, ein Freund von Iachen Ulrich Könz, erhielt damals den Auftrag, die Christkatholische Kirche Luzern zu restaurieren. Die neue Bemalung des Altarbilds wurde auf seinen Vorschlag hin Steivan Liun Könz übertragen. Im Jahr 1971 begann dieser mit umfangreichen Vorstudien, zu denen Gespräche mit seinem Freund, dem Theologen Hans-Jürg Braun, ebenso gehörten wie die Besichtigung einiger Kirchen in Italien: Der neo-romanische Stil der Christkatholischen Kirche Luzern liess ihn Anregungen bei romanischen Kirchen in Rom, Padua und Venedig suchen. Sowohl die Grundidee für die Apsis als auch die Einteilung der Stirnwand, die Könz schliesslich vornahm, gehen auf die Eindrücke dieser Italienreise zurück. Könz entschloss sich dazu, die Apsis von einer Einzelfigur dominiert werden zu lassen: Christus, der mit Lamm und Löwe auf einer schmalen Barke am Mastbaum steht, hinter ihm das Urmenschenpaar. Die Szene ist links und rechts flankiert von Hölle und Paradies. Die Stirnwand teilte Könz in verschiedene Sektoren und schmückte sie mit Motiven aus der Apokalypse, in der Mitte dominiert von drei Ringen, die die Heilige Dreifaltigkeit darstellen.

Bevor sich Steivan Liun Könz im Frühling 1973 in Luzern an die Arbeit machte, hatte er Hunderte von Detailskizzen gezeichnet und ein kleines Modell der Kuppel erstellt, an das er sich bei der Ausführung entgegen seinen Gewohnheiten recht genau hielt. Natürlich liess er sich für die Ausgestaltung der Details dennoch von seinen spontanen Einfällen leiten, vor allem in die Darstellung von Paradies und Hölle an den Seitenwänden der Apsis liess er die für ihn so typische Drastik und seinen hintergründigen

Christkatholische Kirche Luzern, Chor

Humor einfliessen. Im Paradies gesellen sich Architekt und Künstler zu Adam und Eva, Letzterer damit beschäftigt, ein kleines Segelboot zu Wasser zu lassen. Im Gegensatz zum Paradies, das ganz im Zeichen der ländlichen Natur steht, ist die Hölle eine ins städtische Umfeld gesetzte, kritische Allegorie auf das moderne Leben. Ein Mann vor dem Fernseher, vom Rest der Welt abgeschirmt in einem Ei, eine als Domina drapierte Frau auf einem Hausdach, ein riesiger Vogelmensch, der mit seiner Pracht und

Christkatholische Kirche Luzern,
Details aus der Hölle

Macht viele kleine Menschen einfängt und zerstört, Flut und Feuer, fantastische Höllenhunde, herumwirbelnde Geldstücke, Menschen, Autos legen den Gedanken nahe, dass die Hölle in Könz' Augen nicht im Jenseits, sondern im diesseitigen Alltag liegt.

Die Stirnwand teilte Könz in drei Ebenen mit verschiedenen Sektoren auf. Zuoberst der Thron Gottes, flankiert von den vier Aposteln und Engelwesen, in der Mitte die vier apokalyptischen Reiter, zuunterst schliesslich die seligen Geister. Zwar sind die Motive der Stirnwand enger an den Wortlaut der Bibel gebunden, doch hatte der Maler auch hier keine Schwierigkeiten, seine eigene Bildersprache in den religiösen Stoff einzubringen. Im oberen Bereich dominieren prachtvolle Flügel und Federn die Szenerie. Die seligen Geister mussten auf Wunsch der Baukommission nachträglich noch bekleidet werden – Könz beugte sich dieser Entscheidung, allerdings malte er den Stoff so transparent, dass die darunter liegende Nacktheit wohl mehr ins Auge springt als zuvor.

Zu Beginn der Arbeit in der Kirche pendelte Steivan Liun Könz noch zwischen Zürich und Luzern hin und her. Irgendwann aber liess er sich auf der Empore der Kirche häuslich nieder, hörte zur Arbeit Mozarts «Idomeneo», wärmte sein Essen mit einem kleinen Spirituskocher und schlief nachts auf einer Kirchenbank. Wie bei der Gestaltung von Aussenfassaden war der Künstler auch hier nicht oft allein. Die Anfangsphase wurde begleitet von Barbara Könz, die die Farben (Keimtechnik A) mischte und kleine Details wie die Gesichter der Paradiesbewohner Max Kopp und Steivan Liun Könz malte. Selbstverständlich waren auch Angelica und Albertus Caviezel präsent. Könz hatte bei ihnen sowohl das Modell als auch eine vier Meter hohe Christusfigur aus Karton hergestellt, die das Ehepaar Könz ausgerechnet am 1. Mai 1973 per Schiff nach Luzern transportierte. Nachdem Angelica Caviezel die Baustelle mit ihrer Textilfachklasse besucht hatte, verfügte der Maler zudem über einige begeisterte junge Helferinnen. Einmal kam auch Eduard Widmer nach Luzern, um Fotografien zu machen. Bevor er nach Zürich zurückreiste, malte Widmer in der Apsis eine Paradies-Morchel.

Mitte Oktober 1973 beendete Steivan Liun Könz seine Malerei in Luzern. Das Projekt hatte ihn gut zwei Jahre lang beschäftigt. Könz war ein Leben lang davon überzeugt, dass die reine Malerei nicht sein Gebiet sei. Doch hatte er bei der Bemalung der Apsis mit fantasievollen Motiven, die dennoch in der Bibel verwurzelt sind, und mit einer differenzierten und luziden Farbkomposition bewiesen, dass er nicht nur Zeichner, sondern auch ein sehr begabter Maler war.

Schon knapp drei Jahre später erhielt Könz einen zweiten Auftrag zur Innengestaltung einer Kirche. In Marthalen hatte man beschlossen, die Kirche zu restaurieren und gleichzeitig Ausgrabungen vorzunehmen.[13] Architekt Max Ziegler, für den Könz 1972 ein Haus in Ardez mit Sgraffiti geschmückt hatte, legte die künstlerische Ausgestaltung des Inneren in die Hände von Roberto Niederer (Glasfenster) und Steivan Liun Könz (Decke). Als im Frühherbst 1976 Ausgrabungen und Aussenrenovation abgeschlossen waren, nahm Könz vorübergehend Wohnsitz in Marthalen. Er wohnte ähnlich unkonventionell wie in Luzern, diesmal allerdings nicht direkt in der Kirche, sondern im winzigen «Guggenbühl-Häuschen», das auf einem Hügel etwas ausserhalb des Dorfes liegt. In seinem Bett, das er sich aus zwölf Stühlen und einer Matratze gebaut hatte, schlief er bis in den Tag hinein, verköstigte sich in einem der schönen Marthaler Gasthäuser und arbeitete in der Kirche bis tief in die Nacht.

Wie beim Luzerner Projekt stellte Steivan Liun Könz auch in Marthalen gründliche Recherchen an, um seine Arbeit der Geschichte, der Architektur und dem Standort der Kirche anzupassen. Im Kanton Zürich gibt es einige historische Kirchen mit den für diese Region typischen Holzkasset-

Kirche Marthalen, Deckenfries

tendecken mit Flachschnitzerei. Könz entschied sich deshalb für das Material Holz, stellte jedoch fest, dass er mit Sandstrahlen der Holzoberfläche deutlichere und sehr viel feinere Motive aufprägen konnte als mit traditioneller Schnitzerei. So beklebte er schliesslich die Bretter mit Folie, in die er die gewünschten Motive schnitt. Die nun freiliegende Oberfläche des Holzes wurde zuerst durch Sandstrahlen aufgeraut und dann mit Gerbstoff gebeizt. Es entstanden dunkle Motive auf hellerem Grund, ein schöner Effekt, der auch wegen den vielen pflanzlichen Ornamentranken eine ähnliche Stimmung schafft wie in den historischen Kirchen Maur, Weisslingen oder Mönchaltorf.

Auch in Marthalen arbeitete Könz nicht allein. Bei der Holzbearbeitung erhielt er Hilfe vom örtlichen Schreiner Hans Miggler, die Dorfkinder waren mit Begeisterung beim Abziehen der Folien dabei. Am intensivsten war die Auseinandersetzung mit dem Marthaler Pfarrer und seiner Frau, Ruedi und Susanne Reich. Der Künstler war im Pfarrhaus ein gern gesehener Gast, erzählte dort seine Geschichten und unterhielt sich über den religiösen Stoff, der die Gestaltung bestimmen sollte. Ruedi Reich machte Könz auf die wichtigsten Eigenarten der Kirche aufmerksam und besprach mit ihm Inhalt und Botschaft der geplanten Arbeit.

Wie die meisten mittelalterlichen Gotteshäuser ist die Marthaler Kirche von Westen nach Osten ausgerichtet und führt so vom Dunkel ins Licht, vom Tod ins Leben. Der Kirchenchor ist als halbes Sechseck gebaut, der Taufstein bildet ein ganzes Sechseck, und sechseckig ist auch der darüber liegende Kirchturm. Könz nahm diese Gegebenheiten in seine Arbeit auf, indem er mit drei langen Bändern die West-Ost-Achse der Kirche betonte, und genau über den Taufstein ein grosses, sechseckiges Medaillon setzte. Auch der Querbalken, der Schiff und Chor voneinander trennt, ist sandgestrahlt, so dass Könz' Arbeit insgesamt ein Kreuz bildet.

Alle drei Längsbänder stellen den christlichen Heilsweg dar: Die beiden seitlichen, die jeweils nur die Länge des Kirchenschiffs einnehmen, übersetzen den Heilsweg ins diesseitige Leben. Sie zeigen im Süden den gemeinschaftlichen Weg, verbildlicht in den Motiven Tag, Sonne, Hochzeit, Baum, Korn, Haus und Gemeinschaft, im Norden den individuellen Weg mit den Motiven Nacht, Mond, Geburt, Durst, Läuterung, Aufstieg, Himmelsleiter, Hand Gottes. Das Band, das den Hauptbalken in der Mitte der Kirche ziert und die ganze Länge der Kirche einnimmt, zeigt die Darstellung der Heilsgeschichte mit biblischen Motiven. Am Anfang steht die Schöpfungsgeschichte, Adam und Eva und der Sündenfall, es folgen Abfallen von Gott, Golgatha und der Gekreuzigte, aus dessen Haupt ein Reblaub wächst und

Kirche Marthalen, Chor und Chordecke

neues Leben verkündet. Hier wird das Band vom Querbalken gekreuzt, auf dem alter und neuer Gottesbund (Noah und Pfingsten) dargestellt sind. Dann setzt es sich in den Chor fort. Nach dem Lamm Gottes folgt das sechseckige Medaillon über dem Taufstein. Es zeigt eine Taube als Symbol für den Heiligen Geist, umringt von den Symbolen der vier Evangelisten: Mensch, Löwe, Stier und Adler. Aus dem Medaillon schliesslich spriesst der Lebensbaum, der in einem gleichseitigen Dreieck, der Dreieinigkeit Gottes, endet. Roberto Niederer und Steivan Liun Könz arbeiteten in enger Absprache, die Glasfenster wurden schliesslich nicht bunt, sondern weiss gehalten. Sie tragen ein einfaches Traubenmuster, das die pflanzlichen Ornamente der Decke aufnimmt.

Die neue Kirche gefiel der Marthaler Gemeinde. Der Raum wirkt heiter, Könz' Arbeit ist erzählerisch, eine Bilderpredigt, die mit ihren ländlichen Motiven die Lebenswelt der Kirchgänger spiegelt.

«Ich habe immer gehofft, wieder einmal an einer Kirche arbeiten zu dürfen, (…) denn die Arbeit und die Auseinandersetzung mit einer komplexen Thematik sind für mich von grosser Bedeutung.»[14] Obwohl sich Steivan Liun Könz noch einige Male darum bemühte, seine Erfahrungen und seinen Erfolg bei der künstlerischen Ausgestaltung kirchlicher Innenräume in einem neuen Projekt bestätigen und erweitern zu können, erhielt er keinen entsprechenden Auftrag mehr.

Schliesslich stellte er sich die Aufgabe, einen biblischen Stoff in grösserem Umfang zu bearbeiten, selbst. Er griff auf das energiegeladene Dazwischen von Himmel und Erde zurück und wählte den Turm von Babylon als Thema. Der Stoff bot viele Aufhänger, zeitkritische Überlegungen bildlich umzusetzen, dazu kam ein zündender Funke, der einmal mehr auf einer Reise auf Könz übersprang: Es war auf einer von mehreren Sizilienreisen, die er jeweils zusammen mit seiner Familie unternahm.

Mia idea fundamentala d'eira cha'ls taimpels a Selinunte reconstruits vaivan main expressiun co quels crodats insembel. Cha cun quels tocs pudess ün bun architect construir tuot alch oter, üna sala da concert o üna tuor da Babilon. Quai d'eira stat l'idea per cumanzar cun las tuors.[15]

Meine Grundidee war, dass die rekonstruierten Tempel in Selinunte weniger Ausdruck hatten als die zusammengefallenen. Dass ein guter Architekt mit diesen Trümmerstücken etwas ganz anderes bauen könnte, einen Konzertsaal oder einen Turm von Babylon. Das war die Idee, die mich mit den Türmen anfangen liess.

Bleistiftskizze, 1994

In jenem Frühling 1994 machte Könz Skizzen von den antiken Trümmern, die er in Selinunte neben den rekonstruierten Tempeln gefunden hatte und die er so beeindruckend fand. Zu Hause stellte er Recherchen an. Er befasste sich mit der Architektur des historischen Babylon und den vielen Mutmassungen und Bildern, die der legendäre Turm im Lauf der Geschichte angeregt hatte. Um über den biblischen Stoff ganz zu verfügen, befasste er sich mit denjenigen Passagen im Alten Testament, die das sündhafte Treiben der Menschen, ihre Gottlosigkeit, Gottes Zorn und seine Rache zum Gegenstand haben. Schliesslich sammelte Könz seine Assoziationen und begann, zahllose Skizzen zu zeichnen, eine schier unerschöpfliche Reihe von Variationen zum Themenfeld Turmbau, Menschengewimmel, Einsturz, Absturz, Flug, Wasserflut, Feuersbrunst und so weiter.[16]

Neben dem erotischen Werk, den Wachsbildern und den Schiffgouachen waren die Türme von Babylon wohl Könz' erfolgreichste Bilderserie. Hier konnte er seine sprudelnde Fantasie optimal mit einem Motiv verbinden, das viel Raum bot, inhaltlich und optisch aber auch Struktur garantierte. 1996 hatte der Maler gleich zweimal Gelegenheit, seine neuen Bilder auszustellen. Vom 14. Juni bis zum 2. August zeigte die Galerie Riss in Samedan eine Auswahl von Turmbildern und zur selben Zeit entstandenen Labyrinthen, im Spätherbst brachte Könz eine «Turm von Babylon»-Serie nach Hamburg. Eingeladen hatte ihn Horst Rahe, der Besitzer des Hotels Paradies in Ftan sowie des traditionsreichen «Louis C. Jacob», einer Kombination aus Hotel und Galerie. Fragte man Könz nach der Aussage seiner Turmbilder, sagte er, dass sie die Entwicklung der Gesellschaft reflektierten.[17] Eine Besprechung in der «Welt» vom 26. Oktober 1996 zeigt, wie bunt und vielfältig Könz' Gesellschaftskritik daherkam:

«In leuchtenden Aquarellfarben (er stellt sie selber her) sind skurrile Gebilde entstanden, an denen sich Masken, Flügel oder Narrenkappen empor (oder hinab?) winden, die aus den Fluten steigen (oder hineinfallen?), die sich in erotischem Spiel vermischen mit geometrischen Figuren, mit Fantasiegeschöpfen, mit Gebilden, die mal an griechische Säulen, mal an Zauberblumen erinnern – lauter versteckte Geschichten, zum lange und immer wieder Anschauen.»[18]

Tuor: La via impussibla vers ün ideal na verbalisabel.[7]

Turm: Der unmögliche Weg zu einem unaussprechbaren Ideal.

Bevor Steivan Liun Könz 1997 weitere Babylon-Türme malen und sie in der Galerie Trittligasse in Zürich, in Alex's Art Galerie in Klosters und im Hotel Meisser in Guarda zeigen konnte, erhielt er einen weiteren Impuls. Gegen Ende seiner Äthiopienreise notierte er eine neue, positive Lesart des Motivs.

Il tema babilonic stuvess gnir sviluppà inavant. Che o chi es ün tip babilonic, la mascra vers inaint o la mascra vers inoura. Quel chi va sü da la s-chala e rumpa oura ils s-chalins ch'el nu douvra plü. Cur ch'el es süsom lura crouda la s-chala ourdglioter e la catastrofa sto gnir sainza remischiun. (...)

Usché catastrofas sun necessarias eir per mai. Cur chi s'ha adüsà vi da tschertas ideas lura vegn il di ch'eu stögl müdar e tillas büttar oura per cha nouvas ideas possan prüir. Charta da taroc 13: la mort. Quai es eir üna figüra babilonica.[19]

Das babylonische Thema müsste weiterentwickelt werden. Wer oder was ist ein babylonischer Typ, die Maske nach innen oder nach aussen. Der, welcher die Treppe hinaufsteigt und die Stufen, die er nicht mehr braucht, herausbricht. Oben angekommen, bricht die Treppe auseinander, und die Katastrophe muss unweigerlich kommen. (...)

Solche Katastrophen sind notwendig, auch für mich. Wenn man sich an gewisse Ideen gewöhnt hat, kommt der Tag, an dem ich mich ändern und sie wegwerfen muss, damit neue Ideen reifen können. Karte Nummer 13 beim Tarot: der Tod. Das ist auch eine babylonische Figur.

Gouache/Tusch, 1995

Mischtechnik, um 1995

Gouache/Tusch, 1995

Mit dieser Interpretation löst sich der Turm von Babylon definitiv aus dem Bedeutungsfeld, das vom Alten Testament nahegelegt wird. Er wird zum persönlichen Symbol, dem Symbol einer vielleicht verlustreichen, aber notwendigen Wandlung. Die Tarot-Karte erscheint hier nicht zufällig. Sie zeigt, wie frei Könz mit seinen Stoffen umging, sobald er nicht einen Auftraggeber hatte, der seinen Assoziationen Grenzen setzte. Mehr als ein Buch des Glaubens war die Bibel für den Künstler eine unter mehreren Inspirationsquellen.

Schon als junger Mann verbrachte Steivan Liun Könz viele Stunden in der Zürcher Zentralbibliothek.[20] Es waren vor allem die alten Drucke, die es ihm angetan hatten. Er studierte illustrierte naturwissenschaftliche Schriften, bebilderte Ausgaben der Bibel und Kunstbände zur frühen Neuzeit, saugte die Bilder in sich ein und liess die Fantasien, die sie in ihm auslösten, Gestalt annehmen – «autodidaktischer Dauerlehrling» war eine von Könz' Lieblingsbezeichnungen für sich selbst. Tatsächlich ging er bei seinen Studien eher wie ein Jäger und Sammler als wie ein Wissenschaftler vor. Er befasste sich mit naturwissenschaftlichen Schriften von Con-

Bleistift, 1994

rad Gessner, Magnus Olaus, Konrad von Megenberg ebenso wie mit alten Reiseberichten, Büchern über Engel und Teufel, mit Märchen und mit griechischer Mythologie.[21] Im Grossen und Ganzen blieb er auf seinen Streifzügen aber im Rahmen der europäischen Kulturgeschichte.

Eine gewichtige Wendung trat ein, als sich Könz im Alter von zwanzig Jahren in psychotherapeutische Behandlung begab. Andri Könz empfahl ihm seinen ehemaligen Studienkollegen Andreas Vontobel, Selina Chönz erklärte sich bereit, die Kosten der Therapie zu übernehmen. In vielen Jahren gemeinsamer Arbeit begleitete Vontobel die komplexe persönliche und sexuelle Entwicklung seines Klienten, unterstützte ihn bei der Ablösung vom Wertesystem seiner Mutter und bestärkte ihn im Entschluss, nicht Fotograf, sondern Künstler zu werden.

Zusätzlich zur Hilfe bei diesen entscheidenden Weichenstellungen erhielt Könz während seiner Therapie mannigfache geistige Impulse. Andreas Vontobel arbeitete anfangs als klassischer Psychoanalytiker, begab sich dann aber selbst noch in eine jungianische Analyse und entdeckte seine Faszination für die Welt der Mythen und Symbole. Vor allem die Symbole der Wandlung gewannen für ihn zentrale Bedeutung, was ihn zu Kunst, Mystik, Alchemie und zu verschiedenen fernöstlichen Lehren führte. Im Lauf der Jahre entwickelte er seine Behandlungsmethode weiter und bot seinen nicht zufällig oft aus Künstlerkreisen stammenden Klienten ein reiches Spektrum von Identifikationsangeboten und von Methoden, sich selbst in einem grösseren Zusammenhang zu verstehen und den Weg der inneren Entwicklung anzutreten.

Steivan Liun Könz machte mit Begeisterung Gebrauch vom Wissen, das sein Therapeut ihm bereitstellte. Er integrierte asiatische, afrikanische und nordamerikanische Elemente in sein Denken und seine Bilderwelt und machte mit seiner ersten Afrikareise und der grossen Indienreise auch konkrete Schritte über die Grenzen Europas hinaus. Könz' Universum gewann durch die Anregungen Vontobels neue Weite, sein Selbstverständnis veränderte sich nachhaltig.

Gouache/Tusch, 1990

Einige Entdeckungen, die er bei Vontobel machte, waren von besonderer Bedeutung. Er lernte Wakdjunkaga, den mythischen Schelm der amerikanischen Winnebago-Indianer, kennen. Wie die Narren der europäischen Überlieferung war auch der freie, dummdreist-listige, triebgesteuerte Ordnungsverächter Wakdjunkaga für Könz ein Stück weit Identifikationsfigur, und so liess sich der Künstler gern von seinen Abenteuern zu Bildern inspirieren. Ebenso wichtig für Könz' Schaffen war die Figur des Her-

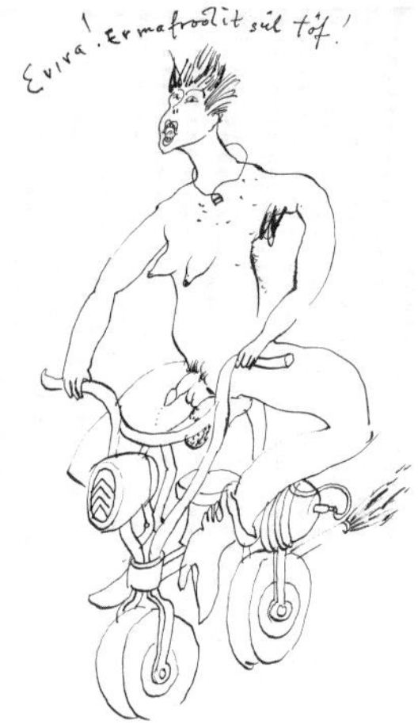

Tuschskizze, um 1980

maphroditen, ursprünglich zu finden als Kugelmensch bei Plato, später auch als ursprünglicher Adam bei den Adamiten und als Resultat der Vereinigung zweier personifizierter Metalle in der Alchemie. Die Alchemie war durch ihre Mischung aus experimentierendem Umgang mit Materie und psychologischem Hintersinn ohnehin dazu prädestiniert, Steivan Liun Könz' Interesse zu wecken. Andreas Vontobel verwendete vor allem das mit fünfzehn Kupferstichen illustrierte alchemistische Traktat «De lapide philosophico» von Lambsprinck, um seinen Klientinnen und Klienten die Stadien der psychischen Entwicklung anschaulich zu machen. Eine weitere wichtige Entdeckung war das I Ging. Könz war fasziniert von der Philosophie des steten Wandels, der durch das immer wieder neue Wechselspiel der polaren Urkräfte Yin und Yang bewirkt wird. Das I Ging wurde für ihn nicht nur zu einem Teil seiner Weltsicht, sondern auch zum Ratgeber in schwierigen Lebenslagen.

Steivan Liun Könz' Geistesschloss war sehr persönlich zusammengesetzt, frei von Dogmatismus, unabhängig von stringenten Systemen, bestimmt von bildlichem Denken und stets wandelbar. Auf der Indienreise im Jahr 1974 beschäftigte er sich intensiv mit den Tempelbauten und den beiden Weltreligionen Buddhismus und Hinduismus. Doch wurde ausgerechnet in Indien seine Hoffnung, mit Hilfe der östlichen Lehren auf seiner spirituellen Suche den entscheidenden Durchbruch zu schaffen, relativiert:

A Benares la soncha cità (Varanasi) eschan nus gnüts amalats. In let cun feivra. Mez mort cun caccarella suna i a tscherchar ün meidi e n'ha chattà ün bun. El ans ha curà, e sün sias visitas pro nus a l'hotel ha'l scuvert ün bel cudesch sur da las «Tantras». Pro l'ultima visita ha'l vuglü quel cudesch sco paja e lura m'ha'l dit: «Tü est ün grond tottel! Tü vainst in India (fond ün gest sül cudesch) e crajast cha tü possast entrar aint ils plü gronds misteris da nossa religiun in alch mais. Quai nun es pussibel, perche cha tia tradiziun cristiana-ebraica es la clav per tia cultura e na pel hinduissem. Pro nus poust tü be verer aint per la foura da clav, alch vezzast bainschi, ma mai la survista! Guarda tia cultura, ella nun es main differenzchada co nossa. Là hast la clav, la poust drivir la porta ed avair la survista.» Il di davo n'haja lura pudü cumprar per cas pro ün Tudais-ch ün cudesch sur dal taroc. Là n'haja chattà l'index per nossa cultura, religiun, mitos, psicologia, mistica e vita. La clav sco chi dschaivan ils alchemists. Eir il Faust da Goethe tocca lapro, là am stöglia lavurar tras per incleger.[22]

In Benares, der heiligen Stadt (Varanasi) sind wir krank geworden. Im Bett mit Fieber. Halb tot, mit Durchfall, bin ich einen Arzt suchen gegangen und

Tuschskizze koloriert, 1975

habe einen guten gefunden. Er hat uns geheilt, und bei seinen Besuchen bei uns im Hotel hat er ein schönes Buch über Tantra entdeckt. Bei seinem letzten Besuch wollte er dieses Buch als Bezahlung und sagte mir dann: «Du bist ein grosser Dummkopf! Du kommst nach Indien (mit einer Geste zum Buch) und glaubst, dass du in einigen Monaten in die grössten Mysterien unserer Religion eintreten kannst. Das ist nicht möglich, weil deine christlich-jüdische Tradition Schlüssel zu deiner Kultur ist und nicht zum Hinduismus. Bei uns kannst du nur durchs Schlüsselloch schauen, etwas wirst du wohl sehen, aber nie die Übersicht haben! Schau deine Kultur an, sie ist nicht weniger differenziert als unsere. Dort hast du den Schlüssel, dort kannst du die Tür öffnen und alles überblicken.» Am nächsten Tag konnte ich zufällig bei einem Deutschen ein Buch über das Tarot kaufen. Dort habe ich den Index für unsere Kultur, Religion, Mythologie, Psychologie, Mystik und unser Leben gefunden. Den Schlüssel, wie ihn die Alchemisten hatten. Auch Faust von Goethe gehört dazu, dort muss ich mich durcharbeiten, um zu verstehen.

Könz war zu vertraut mit Jungs Konzept der Synchronizität, um seinen Fund in Indien für blossen Zufall zu halten. Die Aufgabe, das Tarot und seine Verbindungen zu Alchemie, Numerologie, Kabbala und Astrologie zu verstehen und als Maler kreativ zu bearbeiten, beschäftigte ihn viele Jahre lang.[23] Gleich nach der Rückkehr aus Indien machte er sich intensiv ans Studium der Geschichte der Tarot-Karten und der verschiedenen Decks. Schliesslich entwarf er ein eigenes Deck sowie Erklärungen zu den grossen Arkana, zu den Hofkarten, zur Zahlensymbolik, und eine Konkordanz zwischen Tarot und Astrologie beziehungsweise Kabbala. Entstanden ist eine schöne, leider unvollständige Sammlung kolorierter Tuschskizzen und romanischer Texte. Ob Steivan Liun Könz daran dachte, sein Tarot-Deck produzieren zu lassen und zu veröffentlichen, lässt sich aus seinen Skizzen nicht erschliessen.

Wie das I Ging wurde das klassische Tarot eines von Könz' Instrumenten, wenn er selbst oder jemand aus seinem Umfeld in drängenden Lebensfragen Rat suchte. 1986 fassten Steivan Liun Könz und Andreas Vontobel, die mittlerweile Freunde geworden waren, den Entschluss, ein freies Tarot-Deck zu entwerfen, ein aktualisiertes Tarot für das 21. Jahrhundert, das die traditionellen 22 grossen Arkana um 78 weitere Bilder ergänzen sollte.[24] An der Züspa-Ausstellung 1986 zeigte Steivan Liun Könz erste Radierungen und erklärte dem Publikum das Projekt: Tarot ist eine Sammlung von Spielkarten zum Erraten der zur Zeit noch nicht klaren Lebensgeheimnisse. Tarotkarten sind bildlich dargestellte typische Lebenssituationen. Wir [Andreas Vontobel und Steivan Liun Könz, ks] haben uns etwa 100 neue Themen ausgesucht. Bisher waren es im Tarot de Marseille 22 Karten, aber unsere Zeit ist heute viel komplizierter. Die habe ich versucht darzustellen. Ob die Arbeit in dieser oder einer anderen Art weitergeht, weiss ich nicht.[25]

Das Tarot-Projekt sollte sich noch über zehn Jahre hinziehen. Die beiden Männer hatten daneben noch viele andere Aufgaben, auch zeigte sich, dass Vontobels Texte teilweise so sehr in sich geschlossen waren, dass Könz keinen Raum für seine Illustrationen fand. Er verglich die Geschichten seines Freundes mit Musikstücken.[26] Während einer Sizilienreise im Frühling 1996 entschloss sich Steivan Liun Könz dazu, das Projekt allein weiterzuführen. Er hatte bis dahin rund 70 Bilder erstellt, die teils als Radierung, teils als Tuschzeichnung ausgeführt waren. Was fehlte, waren dazu passende Texte. Am 7. Mai 1996 notierte er:

Uossa n'haja decis. Piazza pulita e lö per mai. Mincha charta survain be ün pled o üna frasa, tuot l'oter sto verer aint il giovader.

Per ex: Aint il privel nascha il salvamaint
e lapro: Flautinus sül delfin

Uossa lavura amo fin als 15 vi da la tematica da quist cudesch e lura fetscha ils 4 ass e las 22 chartas classicas.[27]

Jetzt habe ich mich entschieden. Reiner Tisch und Platz für mich. Jede Karte erhält nur ein Wort oder einen Satz, alles andere muss der Spieler erschliessen.

Zum Beispiel: In der Not wird die Rettung geboren
Und dazu: Flautinus auf dem Delfin

Jetzt arbeite ich noch bis zum 15. an der Thematik des Buchs und mache dann die 4 Asse und die 22 klassischen Karten.

Leider blieb Könz' neues Tarot-Projekt ebenfalls Fragment. 1996 war er mit zwei Ausstellungen zum «Turm von Babylon» und mit der Arbeit im Wellnessbereich des Hotels Paradies in Ftan voll ausgelastet. Er hinterliess ein Skizzenbuch mit einer Liste der Karten und unterschiedlich weit ausgearbeiteten Notizen und Entwürfen. Das Fragment des neuen Tarot ist ein unsystematisch niedergelegtes Bild von Könz' geistigem Universum. Es enthält biblische und hinduistische Motive, Elemente aus der ägyptischen und griechischen Mythologie, aus der alten chinesischen Literatur, aus Europas mittelalterlicher Kunst und Literatur, aus deutschen Märchen, aus der Alchemie, der Astrologie und dem klassischen Tarot, es spielt auf die schwarze Genesis und den Schelmenmythos der indianischen Winnebago an, und es enthält Einsichten aus Ethnologie und Psychologie. Könz' Tarot zeigt, wie frei und intuitiv der Künstler mit seinem Bildungswissen umging, und wie gut er es auch hier verstand, aus der Tradition Neues zu schöpfen.

Tscherchar la buna vart.
(Die gute Seite suchen)
Crocodil dorma cun la bocca averta, üna serp va aint illa bocca e morda.
Schlange beisst das schlafende Krokodil in den offenen Mund
«Das grosse Erwachen»
Der Urgrund der Liebe
Blaubart: Krokodil, Prinzessin Schlange
Der erste wirkliche Kreislauf, Uroboros.
La vendetta da l'ami, la sconfitta vicendaivla.

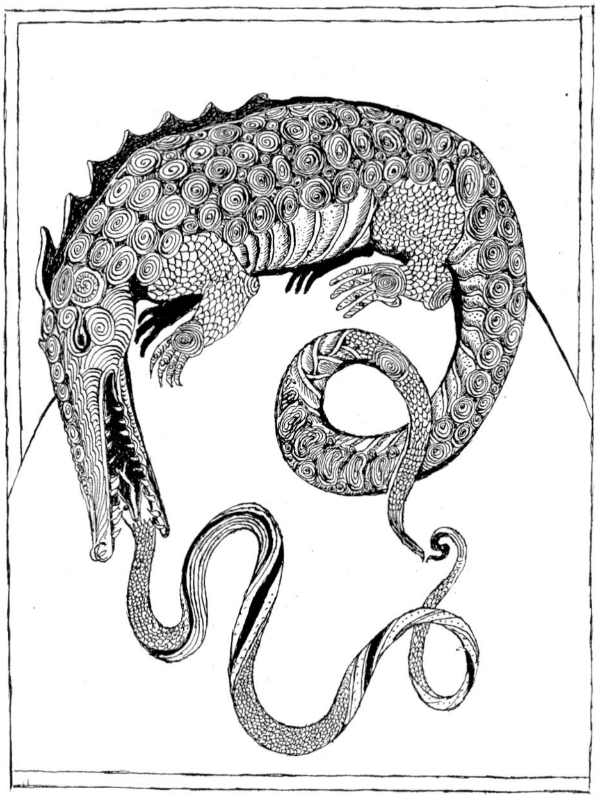

Zwei Tarotkarten-Motive, Tusch, 1995

(Die Rache des Freundes, die gegenseitige Niederlage)
Bleras dispittas vessan ün bun punct da referimaint.
(Viele Streitereien hätten einen guten Ausgangspunkt)
Quintessenza: Verer il problem da l'otra vart, forsa nun e'l uschè mal (las cuas nu's pon morder)
(Quintessenz: Das Problem von der anderen Seite sehen, vielleicht ist es nicht so schlimm (die Schwänze können sich nicht beissen)

Lascha inavo quai cha tü nu douvrast plü
(Lass zurück, was du nicht mehr brauchst)
Serp chi ha güsta fat ir giò sia pel veglia.
Schlange, sich häutend.
Der Schlangenkönig häutet sich, das sich Erneuern
Lambsprinck, Winterenergie, der Eremit,
Quintessenz: Man muss sich täglich wandeln, um sich treu zu bleiben.
Quintessenza: I's sto as transfuormar mincha di per restar fidel a sai svess.

KUNST

Ende der 1980er Jahre formulierte Steivan Liun Könz einige Aphorismen über die Kunst. Einer davon erinnert in seiner Bildlichkeit stark an die Notizen über Himmel und Erde, die der Künstler aus Indien mit nach Hause brachte: «Il visavi da la creaziun es l'art.»[28] – «Das Gegenüber der Schöpfung ist die Kunst.» Analog zur Opposition zwischen Himmel und Erde entwickelt auch die Gegenüberstellung von Schöpfung und Kunst eine dynamische Spannung, auch hier entsteht im Zwischenbereich der beiden Pole ein Drittes. In Könz' Auffassung baut der Künstler mit seinem Werk Brücken zwischen sich und dem Publikum, aber auch zwischen der bewussten, manchmal starren Haltung des Betrachters und seinem Unbewussten.

Cur ch' ün purtret es vi da la paraid lura es quai ün resultat d'üna lunga via. La via es plü interessanta co'l purtret svess. Quai voul dir plü interessanta per mai. Quel chi contaimpla quel purtret stuvess chattar, cun quel purtret sco muossavia, üna (sia) via vers seis intern, vers seis cour.[8]

Wenn ein Bild an der Wand hängt, ist dies das Resultat eines langen Weges. Der Weg ist interessanter als das Bild selbst. Das heisst interessanter für mich. Der, der das Bild auf sich wirken lässt, müsste, mit jenem Bild als Wegweiser, einen (seinen) Weg zu seinem Innern, zu seinem Herzen finden.

Art es cur ch'ün uman crea alch our da natüra, alch chi crea impissamaints aint in ün oter uman, voul dir alch chi dvainta viv aint illa fantasia da l'oter. Esser viv es avair energia. Ün artist es ün uman chi sa dar, cun agüd da si'ouvra, energia ad ün oter uman. (…) Important es cha l'emoziun parta davent da quel oget. Quel oget es la punt tanter il subconsciaint da l'artist ed il subconsciaint dal spectatur, dà e piglia, pigl' e dà. Il spectatur nu sto però verer l'art listess sco l'artist. Il sentimaint consciaint nu correspuonda neir al sentimaint inconsciaint, il sentimaint es eir be il cunom, el po avair eir plüs prenoms, bod l'ün bod ün oter![29]

ün spazi in mi'orma
as reprodüa in ün purtret
ed il spectatur rechatta
quist spazi in
sai[9]

Ein Raum in meiner Seele
reproduziert sich in einem Bild.
Und der Betrachter findet
diesen Raum wieder
in sich.

Kunst ist, wenn ein Mensch etwas aus der Natur erschafft, etwas, was in einem anderen Menschen Gedanken weckt, das heisst etwas, das in der Fantasie des Anderen lebendig wird. Lebendig sein heisst Energie haben. Ein Künstler ist ein Mensch, der durch sein Werk einem anderen Menschen Energie geben kann. (…) Wichtig ist, dass die Emotion von diesem Objekt ausgeht. Das Objekt ist die Brücke zwischen dem Unbewussten des Künstlers und dem Unbewussten des Betrachters, es gibt und nimmt, nimmt und gibt. Der Betrachter muss die Kunst jedoch nicht gleich sehen wie der Künstler. Das bewusste Gefühl korrespondiert auch nicht mit dem unbewussten Gefühl, das Gefühl ist nur der Nachname, es kann mehrere Vornamen haben, bald den einen, bald den anderen.

quella mezz' ura ch'eu n'ha fat il
disegn
es passada
il spectatur recrea
quel temp –
art dal temp e art dal spazi[10]

Jene halbe Stunde, in der ich das Bild
gemalt habe,
ist vergangen.
Der Betrachter schafft
diese Zeit neu –
Kunst der Zeit und Kunst des Raums.

Dumandar – aint illa dumonda sto esser cuntgnü eir il minz da la resposta. Meis disegns sun, schi sun buns, dumondas chi crean respostas aint in quel chi tils contaimpla. Na be üna resposta, tantas respostas sco tants umans chi tscherchan respostas laint.[30]

Fragen – in der Frage muss auch der Kern der Antwort enthalten sein. Meine Bilder sind, wenn sie gut sind, Fragen, die in dem, der sich in sie versenkt, Antworten erschaffen. Nicht nur eine Antwort, so viele Antworten wie Menschen, die darin Antworten suchen.

Ebenso wenig wie er sich bei der Arbeit an Hausfassaden an die konservativen Grundsätze der Denkmalpflege hielt, kümmerte sich Könz beim Zeichnen und Malen um das herrschende Paradigma, dass Kunst zuerst und vor allem innovativ zu sein habe. Seine Kunstauffassung schrieb sich nicht von Theorien her, sondern vom zentralen Interesse, das ihn auch im Alltag antrieb: Kunst war für Könz etwas durch und durch Dialogisches. Er wünschte sich, dass seine Bilder Gefühle auslösten, zur Reflexion anregten und Impulse gaben, sich selbst ein Stück näherzukommen.[31]

Könz' künstlerische Wurzeln reichen weit zurück in die Welt der Märchen und Sagen, der Mythen, in die Kunst von Mittelalter und Renaissance. Der Zürcher Galerist Werner Frei umschreibt Könz' Werk als «phantastischen Realismus, traumhaft-erzählerisch mit mythologischen Elementen». Zentral waren die Urtümlichkeit und die Fabulierlust: Die meisten Bilder des Malers erzählen eine mehr oder weniger archaische Geschichte, oft erzählen sie viele, ja unzählige Geschichten. «Der Strich ist wie ein Erzählfaden bei Steivan», sagt sein Freund Eduard Widmer.

Könz war zwar mit daran beteiligt, dass in Scuol das Kulturzentrum Nairs gegründet wurde. Oft und gerne ging er dort vorbei, um zu sehen, womit sich die jungen Künstlerinnen und Künstler beschäftigten. Doch gehörte er keiner Künstlergruppe an und fand nur selten in der Gegenwartskunst Anregungen für sein eigenes Schaffen. Vermutlich hatte er keine Wahl, aber er entschied sich auch bewusst dazu, als Künstler seinen eigenen Weg zu gehen:

Auf der einen Seite hätte er sich selbst verraten, wenn er plötzlich in eine Institution oder in eine Kategorie Künstler mit offizieller Anerkennung gehört hätte. Ich glaube, wenn ihm das zu Lebzeiten möglich gewesen wäre, wäre er wie vor sich selber davongelaufen, ich weiss nicht, wie er das ertragen hätte. Und je nachdem, immer im entsprechenden Moment, durch eine gewisse Provokation, hat er das auch selber sabotiert.
Andrea Könz

Eu n'ha eir üna vouta cret vi dal success e gnü l'ambiziun da dvantar ün artist da moda. Hoz suna cuntaint e grat al Segner ch'eu poss viver sco ch'eu chat per bun e disegnar quai chi'm cula our dal cour. Sang chod es vita e porta culur e chalur aint illa stüva.[32]

Ich habe auch einmal an den Erfolg geglaubt und den Ehrgeiz gehabt, ein Modekünstler zu werden. Heute bin ich zufrieden und dem Herrgott dankbar, dass ich so leben kann, wie ich es für gut befinde, und das malen kann, was mir aus dem Herzen fliesst. Warmes Blut ist Leben und bringt Farbe und Wärme in die Stube.

An der Arbeit im Atelier, 1991

Steivan Liun Könz gehörte als Künstler nie zum Establishment, er wurde auch nicht als offizieller Repräsentant der Bündner Kunstszene betrachtet. Die Attribute, mit denen sein Werk von fachkundiger Seite am häufigsten bedacht wurden, waren «illustrativ», «dekorativ» und «Volkskunst». Könz, dem die pejorative Note dieser Begriffe nicht entging, versuchte, den Angriffen mit Gelassenheit zu begegnen, zum Beispiel, als er im Sommer 1986 an einer Versammlung der GSMBA (Gesellschaft Schweizerischer Maler, Bildhauer und Architekten) von einem Kollegen provoziert wurde. Dieser sagte zu ihm: «Daspö cha tü nun hast ingün success pro l'elita (...) stoust ir aint pel chül cun tia art populara al popolino.» – «Seit du keinen Erfolg bei der Elite hast, musst du mit deiner populären Kunst dem Volk in den Hintern kriechen.» Als Volkskünstler zu gelten, war für Steivan Liun Könz kein Problem:

Kunstkritiker sind Mistkäfer, die Mist brauchen, um ihre Eier hineinzulegen. Wenn etwas die Bedingungen für ihre Eier nicht hat, so ist es für sie keine Kunst.[11]

Art populara es seguond mai alch fich bel chi metta alch positiv davant ils ögls da quel chi'd es oblià da magliar merda in nossa società da raps. Bainschi eschan nus commembers da la società d'infuormaziun e na plü da la società agricula, ma nus magliain e cacain amo listess, e'ls umans ston pulir sü, e quai es il pövel.[33]

Volkskunst ist meiner Meinung nach etwas sehr Schönes, sie stellt etwas Positives vor die Augen dessen, der in unserer Geld-Gesellschaft Schmutz fressen muss. Wir sind zwar Mitglieder der Informationsgesellschaft und nicht mehr der Agrargesellschaft, aber wir essen und scheissen immer noch, und die Menschen müssen es aufwischen, das ist das Volk.

Dass ihn die fehlende Wertschätzung für seine Arbeit hin und wieder auch schmerzte, verrät eine der typischen Geschichten, die der Künstler über sich selbst erzählte: Bei Steuererklärungen, so behauptete er, setze er in das Kästchen für die Jahreseinkünfte immer die Ziffer Null. Frage ein Beamter nach, erhalte er die Antwort: «Ich habe ein Atelier, das kostet, ich muss es heizen, das kostet. Ich brauche für meine Arbeit kostbare Materialien: Papier, Leinwand, Farben, Blattgold und so weiter, das ist teuer. Und was kommt dabei heraus: meine Kunst, die ist nichts wert. Ich mache aus Kostbarkeiten Mist, darum habe ich auch keine Einkünfte.»[34]

Sieht man vom offiziellen Kunstbetrieb einmal ab, brauchte sich Steivan Liun Könz jedoch nicht über mangelnde Wertschätzung zu grämen. Seine Kunst am Bau war auch und gerade im Engadin sehr gefragt, seine Vernissagen in der Zürcher Galerie Trittligasse und anderswo wurden von zahlreichen Kunstinteressierten, Bekannten und Sammlern besucht, und die Bilder verkauften sich sehr gut. Die Kunsthistorikerin Jacqueline Burckhardt, die in den 1970er Jahren mit dem Ehepaar Könz befreundet war, schätzt an Steivan Liun Könz' Bildern, dass man sich in sie hineinbegeben kann: «Sie sind reich, fein gefertigt, skurril, überraschend, erzählerisch.»[35] Constant Könz bezeichnet seinen Bruder als künstlerischen Einzelfall, als bemerkenswerten Zeichner mit grosser Urtümlichkeit.[36] Viele Menschen, die Könz persönlich kannten, bewundern ihn dafür, dass sein Leben und sein Werk untrennbar miteinander verbunden waren, wie aus einem Guss. «Steivan lebte, und es kam Kunst dabei heraus», bringt es Andrea Könz auf den Punkt.[37]

Steivan Liun Könz als eine Art Gesamtkunstwerk zu betrachten, liegt nahe, nicht nur wegen seinen Selbstinszenierungen als narrenfreier Aussenseiter. Er selbst war sich bewusst, welchen Stellenwert die künstlerische Arbeit in seinem Leben hatte:

Esser artist nun es üna qualità, id es ün möd da viver cun tschertas qualitats chi s'ha. I s'ha tschertas qualitats chi nu sun ligeras dad avair. I's po far duos robas. I's po gnir our d'clocca o i's po dvantar artist. Ün uman chi'd es our d'clocca es ün uman creativ chi nun es gnü a fin cun sia creatività. E lura la creatività vegn a fin cun el (...). E scha tü pitturast schi poust chanalisar quellas qualitats.[38]

Künstler sein ist nicht eine Leistung, es ist eine Art, mit gewissen Qualitäten zu leben. Man hat gewisse Qualitäten, die nicht einfach zu ertragen sind. Man kann zwei Dinge tun: Man kann durchdrehen oder Künstler werden. Ein Mensch, der verrückt geworden ist, ist ein kreativer Mensch, der mit seiner Kreativität nicht fertig geworden ist. Also wird die Kreativität fertig mit ihm (...). Wenn du malst, kannst du diese Qualitäten kanalisieren.

Obwohl Steivan Liun Könz unzählige Stunden seines Lebens als Klient in der Psychotherapie verbracht hat, sich in diversen Religionen und esoterischen Lehren und Praktiken bestens auskannte, war seine Art, die Problematik seines Lebens zu bewältigen und zum Ausdruck zu bringen, die Kunst. Sein Werk ist der Niederschlag seines Kampfs mit sich und seinem Schicksal. Und wie es bei jemandem, der sich dem unablässigen Wandel verschrieben hat, sein muss, blieb die Suche nach dem definitiven, gültigen Ausdruck unabgeschlossen.

Eu tscherch ün purtret ch'eu n'ha pers. Il nosch e la sort, il dischuorden e'ls umans til han traplà aint illa merda. Eu sclerisch merda, materia prima e tscherch l'or pers, sarà'l pers per adüna. Adüna darcheu til vezza glüschir e'l raz chi sfuondra darcheu inavo aint illa merda.

Per quai nu suna mai cuntaint cun quai ch'eu fetsch. Eu nu tscherch quai ch'eu fetsch dimpersai la glüm our da la merda, quella glüm ch'eu n'ha pers.

Meis purtrets sun per oters bella glüm, els cuffortan e divertischan e quintan istorgias als bandunats.

Eu tscherch purtrets ed istorgias in tuot ils umans ch'eu chat, pustüt in duonnas. Per quai suppuona chi d'eira ün purtret da mamma e la fotta e rabgia sü per Selina chi ha ruinà quist purtret aposta![39]

Ich suche ein Bild, das ich verloren habe. Das Böse und das Schicksal, die Unordnung und die Menschen haben es in den Schmutz getreten. Ich kläre Schmutz, «prima materia» [Urstoff in der Alchemie, ks], und suche das verlorene Gold, sei es auch für immer verloren. Immer wieder sehe ich es leuchten und sehe den Strahl, der wieder zurück in den Schmutz sinkt.

Er zeichnete katzfalsch, aber sauschön.
Cesare Ferronato

Steivan sah etwas und blickte es sofort aus einer interessanten Perspektive an.
Hari Sharan

Sein Werk ist literarisch, philosophisch, künstlerisch, malerisch, es ist ein Gesamtkunstwerk. Er selbst ist ein Gesamtkunstwerk.
Andri Könz

Art: far sortir alch chi nu's po otramaing.[12]

Kunst: etwas ausdrücken, das man anders nicht ausdrücken kann.

Dass Steivan durch sein Werk das Heil und die Heilung gesucht hat, scheint mir schon klar zu sein.
Andreas Vontobel

Er hat sein Leben lang damit gerungen, einen Ausdruck zu finden für das Geheimnis seiner Seele. Und so sind ihm die schönsten Sachen gelungen, aus dem Gefühl des Unvermögens.
Andri Könz

Deswegen bin ich nie zufrieden mit dem, was ich mache. Ich suche nicht das, was ich mache, sondern das Licht aus dem Schmutz, jenes Licht, das ich verloren habe.

Meine Bilder sind für andere schönes Licht, sie trösten und unterhalten sie und erzählen den Verlassenen Geschichten.

Ich suche Bilder und Geschichten in allen Menschen, die ich finde, vor allem in Frauen. Deshalb nehme ich an, dass es ein Bild von Mama war, und die Wut und der Zorn auf Selina, die das Bild absichtlich ruiniert hat.

Haupttext

1 Zitat und Ausführungen vgl. Skizzenbuch Nr. 61.
2 Ebenda.
3 Eintrag 7.3.1988 in: Tagebuch Nr. 6.
4 Vgl. im Folgenden Interviews Eduard Widmer, 22.8.2006, 12.9.2006; Andrea Könz, 6.9.2006, 11.10.2006; Cesare Ferronato, 21.7.2008; Constant Könz, 19.9.2008; Simon Könz, 4.11.2008; Clà Riatsch, 4.12.2008; Chasper Pult und Claire Hauser Pult, 2.2.2009; Jürg Schubiger, 4.2.2009.
5 Zitiert nach: Franz Spanny: Auch in künstlerischer Hinsicht ist das «Bogn Engiadina Scuol» ein Schmuckstück. In: Bogn Engiadina Scuol. Beilage zu Bündner Zeitung und Oberländer Tagblatt, Nr. 36, 25.2.1993.
6 Vgl. Skizzenbuch Nr. 56.
7 Vgl. im Folgenden Interviews Andrea Könz, 6.9.2006; Anita Sutter Ganter, 17.9.2008; Regula Verdet, 24.9.2008; Simon Könz, 4.11.2008; Barbara Könz, 4.2.2009.
8 Zur Geschichte der Glasi Hergiswil vgl. die Betriebshomepage www.glasi.ch sowie Martin Vetterli: Niederers Glasi: Grosses Erbe, leichte Last. In: Tages-Anzeiger, 8.5.2006, S. 23.
9 Eintrag Ende April 1993 in: Skizzenbuch Nr. 121.
10 Vgl. im Folgenden Interviews Andrea Könz, 14.6.2006, 6.9.2006; Barbara Könz, 8.7.2006, 4.2.2009; Andri Könz, 19.9.2006; Michael Altherr, 5.11.2008; Andreas Vontobel, 5.12.2008; Constant Könz, 17.2.2009.
11 Eintrag Sommer 1986 in: Tagebuch Nr. 6.
12 Vgl. im Folgenden Interviews Barbara Könz, 26.8.2006, 4.2.2009; hba: Das neue Altarbild in der Christuskirche: Eine überzeugende Darstellung der Offenbarung. In: Luzerner Neueste Nachrichten Nr. 256, 5.11.1973; Entwürfe in Skizzenbuch Nr. 48 und 49.
13 Vgl. im Folgenden Interviews Barbara Könz, 24.1.2009; Susanne und Ruedi Reich, 5.2.2009; Skizzenbuch Nr. 67; Die Kirche Marthalen. Beiträge zur 850jährigen Geschichte eines Gotteshauses im Zürcher Weinland. Hg. Kirchgemeinde Marthalen. Andelfingen 1977.
14 Eintrag 1981 in: Skizzenbuch Nr. 86.
15 Eintrag 2.3.1997 in: Tagebuch Nr. 7.
16 Notizen und Skizzen vgl. Skizzenbuch Nr. 130.
17 Vgl. bz: Steivan Liun Könz in der Galerie Riss. In: Bündner Zeitung, 120. Jg., Nr. 137, 14.6.1996.
18 Rei: Wo die Türme von Babylon Narrenkappen tragen. Schweizer Maler stellt im «Kleinen Jacob» aus. In: Die Welt, 26.10.1996.
19 Eintrag 2.3.1997 in: Tagebuch Nr. 7.
20 Vgl. im Folgenden Interviews Andrea Könz, 14.6.2006, 18.12.2006; Barbara Könz, 8.7.2006, 4.2.2009; Michael Altherr, 5.11.2008; Andreas Vontobel, 5.12.2008; Jürg Altherr, 5.12.2009.
21 Vgl. Liste in Skizzenbuch Nr. 20.
22 Eintrag April 1996 in: Skizzenbuch Nr. 125.
23 Vgl. Interview Maria Cadruvi, 2.2.2009; Scuntradas. Las troccas preferidas da Steivan Liun Könz. Maria Cadruvi, Radio Rumantsch, 13.10.1988; Skizzenbücher Nr. 55, 67, 68, 69.
24 Vgl. im Folgenden: Interview Andreas Vontobel, 5.12.2008; Skizzenbücher Nr. 99 und 125.
25 Undatierter Eintrag Skizzenbuch Nr. 99.
26 Eintrag 17.7.1993 in: Skizzenbuch Nr. 125.
27 Eintrag 7.5.1996 ebenda.
28 Undat. Eintrag in: Skizzenbuch Nr. 106.
29 Eintrag 3.11.1987 in: Skizzenbuch Nr. 105.
30 Eintrag 15.2.1986 in: Tagebuch Nr. 6.
31 Vgl. im Folgenden Interviews Andrea Könz, 14.6.2006, 6.9.2006, 11.10.2006; Eduard Widmer, 22.8.2006, 12.9.2006; Andri Könz, 19.9.2006; Constant Könz, 19.9.2008; Michael Altherr, 5.11.2008; Dumeng Secchi, 13.11.2008; Werner Frei, 3.12.2008; Peter Egloff, 21.1.2009; Maria Cadruvi, 2.2.2009; Chasper Pult und Claire Hauser Pult, 2.2.2009; Jacqueline Burckhardt, 6.2.2009; Christof Rösch, 11.2.2009.
32 Eintrag Februar 1986 in: Tagebuch Nr. 6.
33 Beide Zitate: Eintrag nach einer Versammlung der GSMBA im Sommer 1986 ebenda.
34 Zitiert nach: Clà Riatsch, Interview 4.12.2008.
35 Jacqueline Burckhardt, Interview 6.2.2009.
36 Interview Constant Könz, 19.9.2008.
37 Andrea Könz, Interview 11.10.2006.
38 Scuntradas. Las troccas preferidas da Steivan Liun Könz. Maria Cadruvi, Radio Rumantsch, 13.10.1988.
39 Eintrag 1994 in: Tagebuch Nr. 6.

Marginalien

1 Eintrag um 1980 in: Skizzenbuch Nr. 77A.
2 Eintrag August 1991 in: Skizzenbuch Nr. 118.
3 Eintrag 3.3.1988 in: Tagebuch Nr. 6.
4 Eintrag Frühjahr 1986 in: Tagebuch Nr. 6.
5 Entwurf zu einem Kündigungsschreiben 1986 in: Skizzenbuch Nr. 99.
6 Eintrag in: Tagebuch Nr. 2.
7 Undatierter Eintrag (1990er Jahre) in: Skizzenbuch Nr. 117.
8 Eintrag 1.2.1997 in: Tagebuch Nr. 7.
9 Undat. Eintrag in: Skizzenbuch Nr. 106.
10 Undat. Eintrag in: Skizzenbuch Nr. 106.
11 Steivan Liun Könz zit. nach Beat Hirt: Schellen-Ursli wider Willen. In: Schweizer Illustrierte Nr. 44, 29.10.1990.
12 Undat. Eintrag in: Skizzenbuch Nr. 106.

IL LABIRINT – DAS LABYRINTH

96 SL. KÖNZ

Aus der Serie Labyrinthe, Gouache/Bleistift, 1995

Gouache, 1995

Gouache, 1994

LABYRINTHISCHE WEGE

Il labirint volva e va ün pa inavo, va ün pa plü inaint tras quai, e va ün païn inavant, tuorna darcheu inavo e va darcheu inavant. Per mai tuot la vita es ün labirint. Eu sun adüna in tschercha, ed i vegn adüna üna surpraisa, vegn üna storta. Per mai ün labirint es eir cun lavurar, mia lavur, eu cumainz a disegnar üna roba, che chi vegn landroura nu saja. (...) Il labirint es üna via ingio cha'l passà e l'avegnir sun tuots duos misterius.[1]

Das Labyrinth wendet und geht ein wenig rückwärts, geht dadurch ein bisschen mehr einwärts und ein bisschen vorwärts, kehrt wieder zurück und geht von neuem vorwärts. Für mich ist das ganze Leben ein Labyrinth. Ich bin immer auf der Suche, und immer kommt eine Überraschung, kommt eine Kurve. Für mich ist auch meine Arbeit ein Labyrinth, ich beginne, etwas zu zeichnen, was dabei herauskommt, weiss ich nicht. (...) Das Labyrinth ist ein Weg, wo die Vergangenheit und die Zukunft alle beide geheimnisvoll sind.

Cun far il viadi da quista vita chi cumainza là, chi cula, cun far il viadi tras il labirint, chattast tü l'essenzial, quai chi'd es insè essenzial per tai. Per quai vala la paina da viver.[1]

Indem du die Reise dieses Lebens machst, die dort beginnt, die fliesst, indem du die Reise durch das Labyrinth machst, findest du das Wesentliche, das, was für dich an und für sich wesentlich ist. Dafür lohnt es sich zu leben.

Dreifach verknüpft die griechische Mythologie das berühmte Labyrinth im kretischen Knossos mit dem Namen Daedalus: Daedalus baute das Labyrinth als Verlies für den stierköpfigen Minotaurus, er verriet Ariadne den Trick mit dem roten Faden, der Theseus dabei half, sich ins Labyrinth hinein- und wieder hinauszubegeben, und schliesslich wurde er zusammen mit seinem Sohn Ikarus selbst zum Gefangenen dieses neuartigen Gefängnisses. Die beiden entzogen sich der Gefangenschaft, indem sie mit Hilfe zweier von Daedalus erbauter Flügelpaare davonflogen. Durch seinen eigenen Umgang mit dem Labyrinth hinterliess Daedalus den Kretern und der Nachwelt eine Art Gebrauchsanweisung: Wer in ein Labyrinth gerät, kann diese Prüfung bestehen, indem er sich bewusst und systematisch auf den gewundenen Weg in Richtung Zentrum begibt, oder indem er das Wagnis eingeht, sich in die Lüfte zu erheben.

Steivan hat es verstanden, auf rätselhafte Weise die Knospenform mit der Labyrinthform zu vereinen. Die Knospe enthält enorme Möglichkeiten des Lebens. In der Knospe ist der ganze Baum in Keimform enthalten. Das Ankommen im Zentrum des Labyrinths ist der bewusste Anfang zum Ausgang des Winters und nach kurzer Pause Eingang in den aufgehenden Frühling. Die Knospenformen Steivans hätten keinen Sinn, könnten sie nicht aufgehen. Das ist Steivans Abschiedsgruss aus seinem irdischen Leben, eine Bejahung der fortwährenden Rhythmen.
Constant Könz

Gouache/Bleistift, 1995

Die Auffassung des Lebenswegs als Gang durchs Labyrinth, in dessen Zentrum der Tod auf die Ankunft des Reisenden wartet, hat Tradition. Auch Steivan Liun Könz war von der Symbolträchtigkeit der Labyrinthe beeindruckt. Doch beschäftigte er sich mit ungewöhnlicher Beharrlichkeit und Ausdauer mit dem Labyrinth, seinen Formen und seiner Symbolik. Es zieht sich wie der rote Faden der Ariadne durch sein Werk und seine schriftlichen Aufzeichnungen. Ab Mitte der 1980er Jahre tritt es immer häufiger auf, ist Element beinahe jeder Fassade, die Könz gestaltet, füllt Blatt um Blatt in den Skizzenbüchern, lässt auf Bildern Menschen in die Irre gehen oder ziert ihre Köpfe und Körper. In den letzten Lebensjahren des Künst-

Kantonsschule Chur, Cafeteria

Ikarus, associaziuns:
Ikarus es tetuvà cun ün labirint
Las alas sdratschadas til lian aint
Ikarus aint ils sgurdibels
Il sulai ed Ikarus, conflict
L' uonda maglia ad Ikarus
Las pennas uondagian süll' aua
Ikarus mort cun suas e pennas e peschs[2]

Ikarus, Assoziationen:
Ikarus ist mit einem Labyrinth tätowiert
Die zerfetzten Flügel fesseln ihn
Ikarus in den Verwicklungen
Die Sonne und Ikarus, Konflikt
Die Welle frisst Ikarus
Die Federn schwimmen auf dem Wasser
Der tote Ikarus mit Seilen und Federn und Fischen

lers schliesslich avanciert das Labyrinth vom dekorativen Teilelement eines Bildes zum Hauptmotiv und weist so den Weg in die Abstraktion.

Könz beschränkte sich bei der Auseinandersetzung mit dem Labyrinth nicht auf die Wege auf dem Erdboden. Ebenso sehr interessierte ihn der Fluchtweg durch die Luft. Zusammen mit dem Labyrinth nimmt ab den 1980er Jahren die Darstellung fliegender Menschen oder Mischwesen mehr und mehr Raum ein, Ikarus und der Engel, Absturz und gelungener Flug werden bleibende, wichtige Themen. Ein frühes Beispiel ist der androgyne Ikarus, den der Künstler 1987 als Wandbild für die Breitseite der Cafeteria in der Kantonsschule Chur malte.[2] Könz ging vom Verhältnis zwischen Lehrer und Schüler aus, das vergleichbar sei mit dem Verhältnis zwischen Vater und Sohn, Daedalus und Ikarus. Auch die Lehrer brächten ihren Schülern bei, Flügel zu bauen, allerdings einseitig, denn der rationale Flügel werde gegenüber dem irrationalen überbetont. Dem entsprechend gestaltete Könz die Leinwand, die auf die Mauer gezogen worden war: Ein zusammengegürtetes Paar steht auf einem Felsen im Meer, links der Mann mit kühl-blauem, geknicktem Flügel, der mit einem magischen Quadrat und einem Zahnrad auf Logik und Technik verweist, rechts die Frau, deren roter Flügel weit ausgebreitet und prachtvoll ornamentiert ist, unter anderem mit einem Labyrinth. Ein Schiffchen fährt weit draussen im Meer, darauf sind, erkennbar an ihren Initialen und typischen Accessoirs, der Künstler selbst und der Mathematikprofessor Friedrich

Wachsbild, 1991

Flesch, der mit seiner grosszügigen Spende das Kunstwerk in der Cafeteria ermöglicht hatte. Zwischen 1991 und 1993 befasste sich Steivan Liun Könz systematisch mit dem Thema Ikarus, es entstand eine Serie von Gouachen, Tusch- und Wachsbildern, die später nach und nach von Engelbildern abgelöst wurden.

Immer wieder griff Steivan Liun Könz zum Bild des Labyrinths, wenn es darum ging, sein Lebensgefühl zu beschreiben.[3] Seine Erfahrung war, dass Probleme selten auf direktem Weg gelöst werden können, dass sich sein Leben nicht als Rennstrecke mit Zielgerade, sondern nur als verschlungener, hindernisreicher Weg auf ein nie wirklich sichtbares Zentrum zu verstehen liess. Könz überliess sich beim Besuch fremder Städte gern dem Zufall, erwanderte sich die Strassen und (Sack-)Gassen planlos, stundenlang, wie ein Labyrinth. In Ägypten liess er 1989 ein grosses Labyrinth nach eigenem Entwurf in einen Teppich weben. Dieses Muster schritt er zu Hause jeweils ab, wenn er in Gefahr stand, einem cholerischen Ausbruch zu erliegen, oder wenn er einen starken Impuls überdenken wollte, bevor er ihn in die Tat umsetzte. Auch beim Vergleich seines Herzens mit einem Haus oder Schloss, den er in seinen Skizzenbüchern mehrmals anstellte, fehlt der Verweis auf die labyrinthischen Gänge, die es dort zu durchwandern gilt, nicht.

Ikarus es quel chi va giò.
L'Anguel invezza es quel chi sta casü.[3]

Ikarus ist der, der herunterfällt.
Der Engel hingegen ist der, der oben bleibt.

Mein Herz ist ein grosses Haus. Es hat Zimmer die ich liebe und Zimmer die ich kenne und Zimmer die ich täglich finde, auch wieder vergesse. Unerwartete Sackgassen, Falltüren. Unendliche Schächte, tiefe Schlünde. Aber auch Gärten und sonnige Auen. Dieses Haus muss ich immer wieder begehen ob ich es möchte oder nicht. (…) Die Wege führen nicht dorthin und nicht geradeaus. Kein Ziel ist in Sicht. Die Wege führen über Steine und durch Labyrinthe.[4]

Sosehr sich Könz in Geduld übte und mit der gewundenen Gangart durch das Labyrinth seines Lebens einverstanden war, fehlten doch auch

Ikarus aus der Tarot-Serie, Gouache/Tusch, 1988

die Versuche nicht, sich mit Höhenflügen wenigstens zeitweise aus Mühsal und Verstrickung zu befreien. Es war vor allem die Kreativität seiner Fantasie, die ihm half, der Wirklichkeit seine erzählten, gezeichneten, geritzten oder gemalten Geschichten entgegenzusetzen. Steivan Liun Könz' Werk ist die bleibende Spur dieser Flüge, die Flucht vor den Fallstricken des Labyrinths und gleichzeitig deren Gestaltung und Bewältigung bedcutoton.

Im Labyrinth gibt es zwar immer wieder Kehrtwenden, der Weg führt nah zum Ziel, um sich dann plötzlich wieder weit davon zu entfernen und beinahe an den Anfangspunkt zurückzukehren, doch führt das klassische Labyrinth den Reisenden nie zwei Mal an derselben Stelle vorbei. Das Prinzip, sich niemals zu wiederholen, war Steivan Liun Könz vor allem als Künstler heilig. Wenn er sich oft und gern als «autodidaktischen Dauerlehrling» bezeichnete, wie zum Beispiel 1989 in einem Fernsehporträt von Beat Hirt, war das keinesfalls bescheiden oder gar abwertend gemeint.

«Das Elefant», Gouache/Tusch, 1992

Ich bin, wenn ich das selbst definiere, ein autodidaktischer Dauerlehrling oder ein Selbsterforscher ohne Erfolg. (...) Kaum habe ich eine Sache erar-

beitet, kaum habe ich etwas, das gut läuft, und ich kann es, so interessiert es mich an und für sich nicht mehr direkt, ich suche weiter, ich suche dann noch etwas anderes.[4]

Radierung, undatiert

Der Wunsch, immer wieder Neues sehen, finden und gestalten zu können, schien gerade in den 1990er Jahren besonders oft in Erfüllung zu gehen. Könz gestaltete grosse Bäder, entdeckte die Wachsbilder als neue Technik, arbeitete am Tarot für das neue Jahrtausend und erweiterte und vertiefte seine Themenpalette um wichtige Motive. Ausgerechnet diese fruchtbaren Jahre waren jedoch überschattet von ersten Symptomen eines Blasenleidens, das im Leben des Künstlers von Jahr zu Jahr mehr Raum einnahm.

Am Skizzieren in Äthiopien, 1997

11.9.1990. Amo alch onnets stessa amo pudair restar qua per güdar tras la giuventüna a meis 3 uffants, ma scha'l Segner am cloma schi faraja testamaint e giarà e Selina guadogna la guerra da 50 ons.[5]

11.9.1990. Noch ein paar Jährchen sollte ich hierbleiben können, um meinen drei Kindern durch die Jugend zu helfen, doch wenn der Herr mich ruft, werde ich das Testament machen und gehen, und Selina gewinnt den 50-jährigen Krieg.

Untersuchungen der Prostata ergaben stets entlastende Resultate, und so wurde der Patient auf Blasenentzündung behandelt. Obwohl er hin und wieder schwarze Gedanken in seine Skizzenbücher notierte, versuchte Steivan Liun Könz, die Schmerzen zu ignorieren und weiterzuarbeiten. Was sich weniger gut auf die Seite schieben liess, war die zunehmende Angst um seine Fähigkeit, Neues zu schaffen.

Amo ün bogn listess sco quel a Tölz ed amo 50 disegns, copchas da mai svess. La paraid da l'agen purtret sta davant mai e la strada dal svilup es là a fin.[5]

Noch ein gleiches Bad wie das in Bad Tölz und noch 50 Bilder, Kopien meiner selbst. Die Wand mit dem eigenen Bild steht vor mir und die Strasse der Entwicklung ist da zu Ende.

Anfang 1997 äusserte Könz gegenüber Maria Cadruvi, die ihn für eine Radiosendung zum Thema «Labyrinth» interviewte, er sei in seinem Leben an einem Punkt angekommen, an dem er etwas ändern müsse, um sich nicht nur noch selbst zu kopieren. Es gelte, die Rosen zu schneiden, damit sie neu wachsen könnten. Er werde deshalb in wenigen Tagen für zwei Monate allein nach Afrika reisen.[6]

METAMORPHOSEN IN ÄTHIOPIEN

Am 18. Januar 1997 landete Könz in Addis Abeba, der auf 2355 Metern über Meer gelegenen Hauptstadt Äthiopiens, und begab sich ins christliche Kinderdorf Selam. Selam war in den 1980er Jahren von der schweizerisch-äthiopischen Familie Röschli als Kinderheim gegründet worden und seither stetig gewachsen. Es bestand mittlerweile aus Waisenhaus, Sanitätsstation und Kapelle, einem landwirtschaftlichen Betrieb, einer Grundschule, Berufsschule, einem Gymnasium und einem Mädchenausbildungszentrum. Könz fühlte sich als Gast im Selam sehr wohl. Er war so beeindruckt von dem Projekt, der Religiosität und Gastfreundschaft der Gründerfamilie, dass er dem Selam vor seiner Heimkehr aus seiner Reisekasse 1000 Dollar spendete.

Steivan Liun Könz hatte vor, in den kommenden neun Wochen eine grosse Tour durch Äthiopien zu machen. Er hoffte, dass ihm Afrika einmal mehr Inspirationsquelle sein und ihm Mut zu kreativen Veränderungen schenken werde. Doch schon während den ersten Tagen in Addis Abeba stellte er fest, dass er in einer eigenartigen Verfassung war:

Eu sun internamaing enorm inquiet. Tuot trembla ün pa, l'ajer, la vusch, ils mans. Nu'm sa declerar quist stadi. (…) La mancanza d'oxigen sün quista otezza e meis nosch möd da respirar dan qua e là congedi al tscharvè chi va lura sco ün utschè tras las fantasias. Purtrets e culuors, algordanzas passan sco füms fraids davant mai vi e nan.[7]

Ich bin innerlich enorm unruhig. Alles zittert ein wenig, die Luft, die Stimme, die Hände. Ich kann mir diesen Zustand nicht erklären. (…) Der Mangel an Sauerstoff auf dieser Höhe und meine schlechte Art zu atmen geben dem Hirn hin und wieder Urlaub, es geht dann wie ein Vogel durch die Fantasien. Bilder und Farben, Erinnerungen ziehen an mir vorbei, hin und her, wie kalter Rauch.

Che daja cur cha ün bajader dvainta müt? Quia sun eu müt, meis inglais es minimal e quai cha'ls oters quintan nun inclegia ed els nun inclegian a mai. Eu sun restà sainza favella.
In ün möd n'haja lungurus cun mai be sulet.[6]

Was entsteht daraus, wenn ein Schwätzer stumm wird? Hier bin ich stumm, mein Englisch ist minimal und das, das die andern sprechen, verstehe ich nicht, und sie verstehen mich nicht. Ich bin ohne Sprache geblieben. Auf eine Art ist es mir mit mir alleine langweilig.

Bald stellte sich heraus, dass das Problem nicht mit Gewöhnung an die Höhe und die fremde Umgebung zu lösen war. Könz zwang sich zwar, wenigstens einige seiner geplanten Reiseziele zu besuchen, doch blieben die innere Unruhe, die körperliche Schwäche und der Sog, sich nicht nach aussen, sondern nach innen zu wenden, seine treuen Begleiter. Zudem hatte er grosse Probleme, sich mit seinem Englisch verständlich zu machen oder das Englisch der Äthiopier zu verstehen. Mit Schrecken stellte er fest, dass Afrika ihn diesmal nicht in seinen Bann ziehen konnte. In Jimma, der ersten Reisestation, konnte er sich nach einer anstrengenden Busreise über schadhafte Strassen einzig dazu aufraffen, einen Markt zu besuchen.

Jimma, citaïna, v.d. 5 vias plainas patocha cur chi plouva e cul sulai üna puolvra sainza fin. Ün enorm marchà, stoffas da nilon glüschaint e ragischs, frütta, bananas. Papayas. Pepsicola. Eu nu sa vairamaing perchè ch'eu stun qua, ma eu neir nu sa perchè ch'eu dess ir inavant.[8]

Jimma, eine kleine Stadt, das heisst, fünf Strassen voller Morast bei Regen, und wenn die Sonne scheint, bedeckt mit Staub ohne Ende. Ein enormer Markt mit glänzenden Nylonstoffen und Wurzeln, Früchten, Bananen. Papayas. Pepsi-Cola. Ich weiss wirklich nicht, warum ich hier bin, aber ich weiss auch nicht, warum ich weiterreisen sollte.

Uossa n'haja chattà il güst tema da quist viadi. Eu vögl imprender a cugnuoscher a mai svess sco ch'eu sun e sco ch'eu vuless esser sco vegl.[7]

Jetzt habe ich das richtige Thema dieser Reise gefunden: Ich will mich selbst kennenlernen, so wie ich bin, und so, wie ich als Alter sein möchte.

Enttäuscht kehrte Könz nach Addis Abeba zurück. Die erneuten Reisestrapazen brachten die gesundheitlichen Probleme, die sich bisher mehr oder weniger hatten kontrollieren lassen, definitiv zum Ausbruch. Tagelang fühlte sich Könz durch die dunkelrote Farbe seines Urins, den er stockend und unter Schmerzen löste, an schweren Bordeaux-Wein erinnert. Alarmiert nahm er die Antibiotika, die er vorsorglich mitgebracht hatte, und blieb für einige Tage ruhig im Selam. Während sich sein Körper langsam etwas erholte, begann Könz, einen ausführlichen Lebensrückblick in sein Reisetagebuch zu notieren. Er liess die wichtigsten Menschen und Stationen seiner Biografie an sich vorbeiziehen, formulierte die Themen, die ihn all die Jahre umgetrieben hatten, und suchte Erklärungen für seine Problematik. Bald fand er auch eine Interpretation seiner aktuellen Situation.

Forsa es quai uschea perche ch'eu nu sun mai stat acceptà da Selina, ma dar la cuolpa a l'aglia cur chi's ha bod 60 ons es nosch eir il carma es massa simpel e comad.[8]

Vielleicht ist das so, weil ich von Selina nie akzeptiert worden bin, aber die Schuld dem Adler [d.h. Selina, ks] geben, wenn man bald 60 ist, ist übel, auch das Karma ist (als Erklärung) zu einfach und bequem.

Eu nu sun plü quel ch'eu d'eira e nu sun amo quel ch'eu sarà. In quist sen stöglia lavurar. Dürant quists duos mais d'isolaziun da meis esser da plü bod nu chattaraja soluziuns ma eu dvantarà fructifichà, davo alch temp as vezza che chi vegn oura. La gravidanza es ün temp d'irritaziun ed irritaziuns sun malprüvadas. Mia vaschia es mi'irritaziun, la temma ch'eu n'ha cur ch'eu pisch vin es la temma dals prossems decennis e da la mort.[9]

Eu n'ha adüna m'agità da quels chi nu s'interessan pel muond e per seis miraculs. Uossa suna svess ün chi nu s'interessa.[9]

Ich habe mich immer über diejenigen aufgeregt, die sich nicht für die Welt und ihre Wunder interessieren. Jetzt bin ich selbst einer, der sich nicht interessiert.

Ich bin nicht mehr der, der ich war, und bin noch nicht der, der ich sein werde. In diesem Sinn muss ich arbeiten. Während diesen zwei Monaten der Isolation von meinem früheren Sein werde ich keine Lösungen finden, aber ich werde befruchtet, und nach einiger Zeit sieht man, was herauskommt. Die Schwangerschaft ist eine Zeit der Irritation, und Irritationen sind unangenehm. Meine Blase ist meine Irritation, die Angst, die ich habe, wenn ich Wein pinkle, ist die Angst vor den nächsten Jahrzehnten und vor dem Tod.

Ende Januar fuhr Könz in östlicher Richtung nach Awash, eine kleine Stadt am Rand des gleichnamigen Nationalparks. Im Hotel neben dem Bahnhof bezog er ein Zimmer mit Pergola und ergab sich, zuerst aus Erschöpfung, dann freiwillig, dem Nichtstun. Er schlief, so viel er konnte, manchmal machte er kurze Spaziergänge in die Landschaft, beobachtete Tiere, betrachtete Pflanzen und bestaunte fantastische Sonnenuntergänge. Meist aber sass er in seiner Pergola, ass die Früchte, die er auf dem nahen Markt gekauft hatte, trank Tee, malte, notierte seine Gedanken. Das Gleichmass der Tage erhielt einzig durch die sporadische Einfahrt einiger Züge in den Bahnhof und die damit verbundene Betriebsamkeit und durch den Ruf der Muezzins Rhythmus und Struktur.

Dvantar sco quista glieud, simpel e grat. Imprender a giodair quai chi s'ha, sainza as laschar glüschir ils ögls laschar glüschir la realtà. Laschar glüschir meis dachasa e mi' amur. Am sentir amà da quels chi propcha m'aman! Verer inavant ed invlidar la vart davo. [10]

Wie diese Leute werden, einfach und dankbar. Lernen, das zu geniessen, was man hat, ohne sich blenden zu lassen, die Wirklichkeit leuchten lassen. Mein Zuhause und meine Liebe leuchten lassen. Mich geliebt fühlen von denen, die mich wirklich lieben! Nach vorne schauen und das, was hinten liegt, vergessen.

In den ersten Tagen kreisten die Gedanken des Fremden kritisch um die neue Umgebung, um die Schäden, die Jahrzehnte europäischer Kolonialherrschaft angerichtet hatten, und um Fragen der Entwicklungshilfe. Ähnlich wie bereits in Jimma fand er nichts, was ihn faszinierte. Mit der Zeit jedoch begann Könz, die Trägheit, die das Klima nahelegte und die er

Gouache/Bleistiftskizze, Äthiopien 1997

Eu n'ha passantà tuottadi sün mia pergola, pitturà aint il cudesch brün, figürativ ed abstract. L'abstract vegn planet a la surfatscha.[11]

Ich habe den ganzen Tag auf meiner Pergola verbracht, im braunen Buch figurativ und abstrakt gemalt. Das Abstrakte kommt langsam an die Oberfläche.

auch bei den Einheimischen beobachtete, zu geniessen. Er notierte weiter Erinnerungen und griff die Einsichten, die er in Addis Abeba gewonnen hatte, wieder auf. Langsam wurde ihm klar, wie er den Stillstand, der ihn seit langem belastete, überwinden konnte. «Chanalisar las forzas»[10] – «die Kräfte konzentrieren», nannte er es das eine, «imprender ad esser vegl»[11] – «lernen, alt zu sein», das andere Mal. Die Entwicklung, die anstand, bestand offenbar darin, seine Wünsche und Projekte den schwindenden Kräften anzupassen.

Mia vita es passada il punct da culminaziun, uossa vaja ingiò. Bainbod saraja 60 e lura es mincha di ün regal dal Segner, ma amo 20 ons scha Dieu voul. Quists ultims 20 ston esser portats dals 60 precedents, laschar ir ed avair la fin in mira. Giodair quai ch'eu n'ha e schmetter da conquistar nouvs cunfins, esser efficiaint aint l'agen pajais. Star in pasch dadaint meis agens cunfins. Ma verer ils cunfins e far alch landroura, finalmaing profilar.[12]

Mein Leben hat den Höhepunkt überschritten, jetzt geht es abwärts. Bald werde ich 60, dann ist jeder Tag ein Gottesgeschenk, aber noch 20 Jahre, wenn Gott will. Diese letzten 20 Jahre müssen von den 60 vorangegangenen getragen werden, loslassen und das Ende im Visier haben. Geniessen, was ich habe, und aufhören, neues Gebiet zu erobern, effizient sein im eigenen Land. In Frieden in meinen eigenen Grenzen leben. Aber die Grenzen sehen und etwas daraus machen, endlich Profil gewinnen.

Könz hatte vor, den Radius seiner künftigen Reisen zu verkleinern: Nur noch europäische Destinationen kamen in Frage. Ausgangspunkt und Zentrum seines Lebens sollten vermehrt und vor allem bewusster als zuvor seine Familie und sein Atelier in Guarda werden. Doch auch für die Arbeit fasste der Künstler einen nächsten Schritt ins Auge, der zwar ebenfalls Reduktion bedeutete, ihn aber zu neuen Ufern führen sollte: «Stuvarà simplifichar tuot mi'art e meis tscharvè.»[13] – «Ich werde meine ganze Kunst und mein Hirn vereinfachen müssen.» Tatsächlich zeigen die zahlreichen Skizzen und Bilder, die während der Reise entstanden, vereinfachte Linien, wenn sie figürlich sind, oder sie sind abstrakte Experimente mit Farben und Formen. Könz' Strich beruhigte sich, der Maler bewegte sich in Richtung Abstraktion.

Lalibela finalmaing. N'ha gnü ün svoul bellischem! Ils labirints dals ers e lur vias cuortas raduondas e chavorgias sulas, ün paradis per bleras bes-chettas e schimgettas simpaticas. Lös per as spluogliar in pasch. Eir qua ün hotellin paschaivel e quiet pac dalöntsch da las baselgias. (...)

Eu craj cha meis viadi cumainza pür uossa. L'ultim temp es stat il temp da'm puorgiar, chatschar oura il grass e la malizcha. Pulir il cheu e'l cour. Cun l'orma püra e netta possa uossa ir vers las nouvas impreschiuns.[14]

Lalibela, endlich. Ich habe einen sehr schönen Flug gehabt! Die Labyrinthe der Äcker und ihre kurzen, runden Wege und öden Schluchten, ein Paradies für viele Tierchen und sympathische Äffchen: Plätze, wo sie sich in Frieden lausen können. Auch hier ein friedliches, ruhiges kleines Hotel unweit der Kirchen. (...)

Ich glaube, meine Reise beginnt erst jetzt. Die letzte Zeit war dazu da, mich zu läutern, das Fett und die Boshaftigkeit hinauszujagen, den Kopf und das Herz zu reinigen. Mit reiner, sauberer Seele kann ich jetzt neuen Eindrücken entgegengehen.

Il predsch per Lalibela es stat massa ot. Depressiun, pischar sang, malatia da Michael e mias noschas glünas, las rabgias cun ils da Lalibela. Tuot in tuot esa stat ün majer divertimaint. [12]

Der Preis für Lalibela war zu hoch. Depression, Blut pinkeln, Michaels Krankheit und meine schlechten Launen, die Wut auf die Leute von Lalibela. Alles in allem war es ein mageres Vergnügen.

Lalibela, wegen seiner monolithischen Kirchen aus dem Mittelalter, die zum Weltkulturerbe gezählt werden, heilige Stadt und Wallfahrtsort, war Steivan Liun Könz' wichtigstes Reiseziel. Mehrere Wochen wollte er hier verbringen. Gleichzeitig mit der Freude an der Landschaft und dem Wiedererwachen seiner Lust, Neues zu entdecken, stellte sich bei Könz jedoch Missmut über die Folgen des Massentourismus in Lalibela ein. Überall waren Bettler und Einheimische, die sich den Touristen als Führer aufdrängten: «I nun inclegian oter sco Birr.»[15] – «Sie verstehen nichts anderes als Birr» [die Landeswährung, ks]. Enttäuscht war Könz auch über den Zustand der Kirchen:

Las baselgias han displaschaivelmaing tuottas sü puntinadas per tgnair tets provisorics da tola. Tuot l'effet architectonic es i in malura. Tschertadünas gnanca nu's vezza. Al mumaint cha l'Unesco ha vuglü cumanzar a cumadar ils tets haja gnü nom cha las baselgias sajan sonchas. (...) Quists tets restaran eterns sco cha tuot quists programs s'inchambuorgian vi da sai svess.[16]

Die Kirchen haben bedauerlicherweise alle ein Gerüst, das die provisorischen Blechdächer hält. Der ganze architektonische Effekt ist dadurch zerstört. Manche von ihnen sieht man nicht einmal. Kaum wollte die Unesco mit dem Flicken der Dächer anfangen, hiess es, die Kirchen seien heilig. (...) Diese Dächer werden ewig so bleiben, wie alle diese Programme über sich selbst stolpern.

Gouache/Bleistiftskizze, Lalibela 1997

Mitte Februar kam der Fotograf Michael Bühler, ein junger Freund von Steivan Liun Könz, in Lalibela an.[17] Die beiden hatten vereinbart, in Äthio-

Zwei Gouachen/Bleistiftskizzen, Lalibela 1997

pien einige Wochen zusammen zu verbringen und die Spuren der koptischen Religion in Bild und Fotografie festzuhalten. In den folgenden Tagen schlüpfte Könz ein letztes Mal in die Rolle, die er auf Reisen in fremde Länder üblicherweise einnahm: Unter seiner Leitung besichtigten die Freunde die Felsenkirchen, sie nahmen (gegen Bezahlung einiger Birrs) an einer äthiopischen Hochzeitszeremonie teil, sie bestiegen – Könz war am Rand seiner Kräfte – einen heiligen Berg, übernachteten auf dem Gipfel und bewunderten am nächsten Morgen den Sonnenaufgang. Ein anderes Mal legten sich Könz und Bühler bei einem kleinen Wasserfall auf die Wiese und beobachteten, wie die Vögel wieder und wieder ins herunterstürzende Wasser flogen, um zu trinken. Einige Male pilgerten sie am Abend zu einer riesigen Sycomore und genossen die mächtige Ausstrahlung dieses heiligen Baums, unter dem Könz auch tagsüber oft sass, um zu malen.

Die beiden Männer unternahmen vieles gemeinsam, arbeiteten aber auch jeder für sich und berichteten einander von ihren Erlebnissen. Über persönliche Belange sprachen sie kaum. Michael Bühler stellte fest, dass sein Begleiter zwar sehr sicher und kontaktfreudig auftrat, andererseits aber von einer Wolke von Besorgnis und Melancholie umgeben war. Letzteres erklärte er sich mit Könz' gesundheitlichen Schwierigkeiten, denn ihm waren weder die Blasenprobleme noch der Erschöpfungszustand seines Freundes entgangen. Bühler, der damals ebenfalls in einer Krise steckte, hatte den Eindruck, dass auf dieser Reise jeder von seinen Sorgen absorbiert war. Dennoch spürte er eine wortlose Verständigung, eine gemeinsame, untergründige Schwingung, die durch die Heiligkeit der Schauplätze, die sie besuchten, verstärkt wurde, und die das Schaffen beider Künstler veränderte. – War es der Tod, der den beiden Gesellschaft leistete? Bei Bühlers Ankunft und vor der gemeinsamen Abreise nahmen die Schweizer an einer Kaffeezeremonie teil,

Gouache/Bleistiftskizze, Lalibela 1997

Vier Gouachen/Bleistiftskizzen, Äthiopien 1997

die von der Grossmutter ihres Führers Marek abgehalten wurde. Die alte Frau hatte einen bösen Husten. Kurz nach der Ankunft in Addis Abeba wurde Michael Bühler so krank, dass ein Arzt gerufen werden musste. Dieser stellte fest, dass der junge Mann sich mit einem heimtückischen typhoiden Fieber angesteckt hatte. Als sich sein Gesundheitszustand nicht bessern wollte, gelang es ihm mit Unterstützung der Familie Röschli, einen früheren Flug in die Schweiz zu buchen. Während er im Selam vergeblich auf die Genesung seines Freundes wartete, wurden Könz' Stimmung und seine Gedanken immer schwärzer. Schliesslich zog er eine ernüchternde Bilanz:

Africa es fini per mai, uossa vöglia be amo tuornar a chasa. Gnanca a Roma, direct a Turich e lura scha quai va als 10 pro l'urolog. Be amo inavo. Quist cumbat quotidian cun quists agressivischems murdieus, la criminalità latenta e'l fundamentalissem islamic pront per far la plü gronda guerra da frars in tuot l'Africa. Sco alb nun hast pers nöglia qua in Etiopia. Tü est sco ün cac frais-ch per cha las muos-chas as pon plachar lasura.[18]

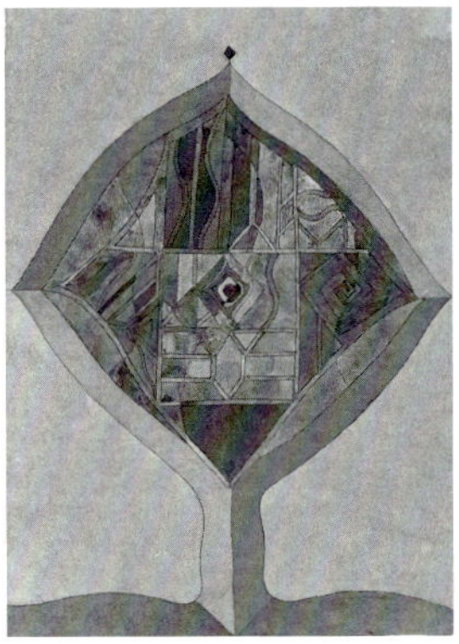

Gouache/Tusch, 1997

Afrika ist für mich beendet, jetzt will ich nur noch nach Hause zurückkehren. Nicht einmal nach Rom, direkt nach Zürich und dann, wenn das geht, am 10. zum Urologen. Nur noch zurück. Dieser tägliche Kampf mit diesen aggressiven Bettlern, der latenten Kriminalität und dem islamischen Fundamentalismus, der bereit ist für den grössten Bruderkrieg in ganz Afrika. Als Weisser hast du hier in Afrika nichts verloren. Du bist wie ein frischer Kothaufen, auf dem die Fliegen landen können.

Anders als Michael Bühler fand Steivan Liun Könz keine Möglichkeit, früher als geplant nach Europa zurückzufliegen. Für eine Woche fuhr er nach Süden, nach Wendo Genet mit seinen Wäldern und heissen Thermen. Hier liess er es sich gut gehen. Die warmen Bäder taten ihm wohl, und die üppige Natur liess seine Gedanken endlich wieder kleine Höhenflüge antreten. Er fand eine ganze Ansammlung von Sycomoren, die ihn an den heiligen Baum in Lalibela erinnerten. Inzwischen hatte er unzählige solcher Bäume in sein Skizzenbuch gezeichnet und gemalt. Nun schrieb er einen verträumten Text über die Geschichte des heiligen Baums in Lalibela, der vom grossen König Lalibela gepflanzt worden sei und schon Maria und Josef beherbergt haben soll. Bei den Thermen in Wendo Genet bedeutete die Sycomore für ihn etwas anderes:

Quel bös-ch es eir sonch, ma quai nu sa ingün. Ne Gesu ne alch rai nu sun stats da quistas varts, ma la glieud dal lö per s'allegrar, per as s-chodar. Ne l'imperatur e neir il morder Mengistu nun ha pudü sfradar quistas funtanas. Ils vegls spierts da la terra ardan in quist bel bös-ch e dan lur forzas oriundas a quels umans da la terra chi vivan e mouran sainza laschar ne stizi ne nom. Be il bös-ch es testimoni da lur amur e da lur patir.[19]

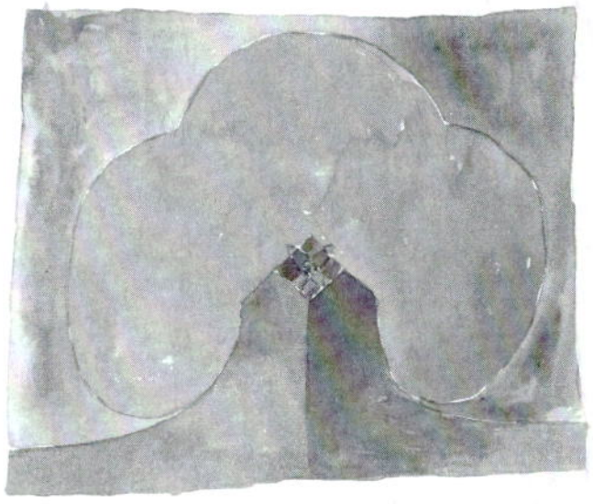

«Sicomorenbaum», Gouache/Bleistiftskizze, Äthiopien 1997

Dieser Baum ist auch heilig, aber das weiss niemand. Weder Jesus noch irgendein König sind in dieser Gegend gewesen, aber die Leute des Orts waren hier, um sich zu freuen und zu wärmen. Weder der Kaiser noch der Mörder Mengistu konnten diese Quellen abkühlen. Die alten Erdgeister

Gouache/Bleistiftskizze, Wendo Genet 1997

brennen in diesem Baum und schenken ihre ursprünglichen Kräfte den Erdenbürgern, die leben und sterben, ohne eine Spur oder einen Namen zu hinterlassen. Nur der Baum ist Zeuge ihrer Liebe und ihres Leidens.

Die Woche Erholungsurlaub in Wendo Genet ermöglichten Könz den versöhnlichen Abschluss seiner letzten, prekären Reise, die ihn nicht in Afrika, sondern bei sich selbst hatte ankommen lassen.

IM ZENTRUM DES LABYRINTHS

Ich liege wieder im Kantonsspital Chur. Wie alle Dinge, die ich tue, immer kreativ sind, so ist auch mein Krebs kreativ. Nächste Woche beginne ich wieder eine Chemotherapie. Ich arbeite intensiv an meinen abstrakten Bildern, die ich dann in Guarda ausführen werde. (…)

Über meinen Tod kann man keine Prognosen machen. Es kann sein, dass es noch Jahre geht, oder ich kann auch früher einen Ziegel auf die Birne bekommen. Ich glaube, dass es gut geht, solange ich zufrieden arbeiten kann. Ich habe mich auch daran gewöhnt, Tag um Tag ohne Pläne zu leben und zu lernen, dass der Tod zum Leben gehört. Was nachher kommt, das ist sicher bestens gelöst, denn es sind schon viele gegangen und auch geblieben, somit muss es gut sein dort.[20]

Cancar! Adüna darcheu quist pled chi'm bütta cunter ün destin crudel. Per furtüna ch'eu n'ha listess chattà üna nouva via vers il Segner ad Addis pro'l Selam. Quai es ün rampign chi't tira our da la foura. Sco üna muos-cha aint il cafelat. Per mai es il Segner l'energia secreta chi fa oura la vita, l'esser vif e'l restar vif e cler da spiert.[13]

Krebs! Immer wieder dieses Wort, das mich einem grausamen Schicksal entgegenschleudert. Zum Glück habe ich trotzdem einen neuen Weg zu Gott gefunden im Selam in Addis. Das ist ein Seil, das dich aus dem Loch zieht. Wie eine Fliege im Milchkaffee. Für mich ist der Herr die geheime Energie, die das Leben, das Lebendigsein und -bleiben und die Klarheit des Geistes ausmacht.

Es war nicht der Umbruch in die Lebensphase Alter, der während der Äthiopienreise Steivan Liun Könz' innere Unruhe ausgelöst hatte. Wenige Monate nach seiner Rückkehr aus Afrika sahen seine Lebensperspektiven und -umstände fundamental anders aus, und aus der freiwilligen Selbstbeschränkung, die er sich in Äthiopien vorgenommen hatte, wurde eine erzwungene.[21]

Im Frühling 1997 wurde in Könz' Blase ein nussgrosser Tumor gefunden, der sich nach der Entfernung als bösartig erwies. Da das ganze Organ von Krebsablegern befallen war, wurde dem Patienten im Sommer bei einer erneuten Operation eine Neoblase eingesetzt. Eine Chemotherapie in den Herbstmonaten bekämpfte die Metastasen, die sich gebildet hatten, belastete aber das ohnehin schlechte Befinden noch zusätzlich. Könz litt neben seinen Schmerzen auch an Erschöpfung. Sein Aktionsradius wurde enger, schliesslich konzentrierte er seine Energie immer ausschliesslicher auf seine Familie und auf die Arbeit im Atelier: Von Maria Cadruvi gefragt, was er retten würde, wenn sein Atelier in Brand stünde, hatte der Künstler im Januar geantwortet, dass er nicht die vollendeten Bilder, sondern seine Skizzenbücher aus dem Feuer holen würde. Sie enthielten seine schriftlichen Aufzeichnungen und mit den vielen Skizzen den Keim zu neuem Schaffen. Der Wunsch, kreativ zu sein, war und blieb Könz' wichtigstes Anliegen, und er rang seiner Krankheit bis zuletzt unzählige Arbeitsstunden ab, Stunden der Anstrengung, aber auch der Ruhe und Selbstvergessenheit.

Uossa suna vegl, las alas sun arsas e'l cheu es sfendü, ingün avegnir nu spetta e'l bel es passà. I'm manca la vöglia però da murir, l'amur qua am tegna e'm dà libertà. Uffants e famiglia quels braman a mai. Our quel dess batter fin in etern. Etern mai nun esa. Her es pers, i dà be il preschaint chi's sto giodair di per di.
In rima murir
L'amur qua am tegna
e lascha'm glüschir[14]

Jetzt bin ich alt, die Flügel sind verbrannt und der Kopf ist geborsten, keine Zukunft wartet und das Schöne ist vorbei. Doch fehlt mir der Wille zu sterben, die Liebe hält mich zurück und gibt mir Freiheit. Kinder und Familie sehnen sich nach mir. Daraus sollte ich ewig kämpfen. Ewig ist nie. Das Gestern ist verloren, es gibt nur die Gegenwart, die man Tag für Tag geniessen muss.
In Versen sterben
Die Liebe hält mich hier
und lässt mich leuchten

Teatime. Quai n'haja imprais in Etiopia, as tour il temp da baiver ün pêr magölins da tè e giodair la posetta. Il telefon es trat oura, uschè esa tuot quiet. Il grammofon es schmachà sün repeter e la medemma platta am tra-

«Warmer Wind und Abendwind küssen sich gar geschwind», Gouache/Tusch, 1998

Aus der Serie Engel, Gouache/Bleistift, 1998 (letztes Bild auf der Staffelei)

tegna bleras uras. Qua e là taidla cun plaina concentraziun, ma minchatant lavura e la musica am tegna cun man benign aint in mia ipnosa. Vi da meis anguels daja straminabel blera lavur. Daspö ch'eu sun uschè chastör stöglia lavurar bler daplü co'ls diligiaints chi evadan lur lavur in batterdögls. Las uras passan, il nivel da la tinta chala e'l disegn vegn plan a plan visibel. Fin cha'l sarà fini esa amo üna lunga e bella via sainza böt. Tuot in üna vouta, in ün bun mumaint decida ch'el saja lura finalmaing fini.[22]

Teatime. Das habe ich in Äthiopien gelernt: Sich die Zeit nehmen, um ein paar Gläschen Tee zu trinken und die kleine Pause zu geniessen. Das Telefon ist ausgeschaltet, so ist es ganz ruhig. Der Plattenspieler ist auf Repetition eingestellt, und die gleiche Platte unterhält mich viele Stunden lang. Hie und da höre ich mit voller Konzentration zu, aber dazwischen arbeite ich, und die Musik hält mich mit guter Hand in meiner Hypnose. An meinen Engeln gibt es ungewöhnlich viel Arbeit. Seit ich so faul bin, muss ich viel mehr arbeiten als die Fleissigen, die ihre Arbeit im Handumdrehen erledigen. Die Stunden verstreichen, das Niveau der Tinte sinkt und die Zeichnung wird nach und nach sichtbar. Bis sie fertig sein wird, ist es noch ein langer und schöner Weg ohne Ziel. Plötzlich, in einem guten Moment, entscheide ich, dass sie jetzt endlich fertig ist.

Zwei Gouacheskizzen, Äthiopien 1997

Lange Zeit wusste Steivan Liun Könz nichts von den Metastasen, die sich in seinem Körper ausbreiteten. So gelang es ihm oft, die Gedanken an den Tod abzuwehren und auf weitere Lebensjahre zu hoffen. Dass er untergründig dennoch mit dem Ende seines Lebens beschäftig war, zeigen die Motive, denen er sich in dieser Zeit zuwandte. Im Frühling 1997 hatte Könz in der Zürcher Galerie Trittligasse noch Bilder zum Thema «Turm von Babylon» gezeigt, im Spätsommer und Herbst hingen Bilder derselben Serie in Klosters bei Alex's Art Galerie und im Hotel Meisser in Guarda. Doch wandte sich der Künstler seit seiner Rückkehr aus Äthiopien hauptsächlich dem Thema Engel, den Labyrinthen und abstrakten Kompositionen zu. Alle diese Motive traten nicht zum ersten Mal in seinem Werk auf, doch nahm er sie sich jetzt ausdrücklich als Projekte vor, und er malte kaum noch etwas anderes. Es entstanden – im langsameren Tempo, das ihm die Krankheit auferlegte – etwa fünfzig kolorierte Tuschzeichnungen mit Engeln und zahlreiche abstrakte Gouachen. Könz hatte sich zwar noch nicht vom Leben verabschiedet, doch bei der Arbeit reduzierte er seine fantastischen, erzählerischen Höhenflüge, vereinfachte Farben und Formen und begab sich symbolisch auf den Weg. Denn dass, wer Labyrinthe malt, auch mit dem Tod in Berührung kommt, war ihm schon länger bewusst.

Gouacheskizze, Äthiopien 1997

Forsa sün meis let da mort vulessa chattar la fin dal labirint, là esa lura a fin. Ma intant vöglia tscherchar cun mia lavur vi dal tscherchar. E schi s'ha temma da la mort, nu saja, nu's poja neir na ir inavant, perche cha la fin dal

Gouache, 1998

labirint es la mort. E tü nu stoust avair ingüna temma da la mort, tü stoust ir francamaing inavant, giodair mincha di e savair chaminar minchadi ün pass vers tia mort.[23]

Vielleicht möchte ich auf meinem Totenbett das Ende des Labyrinths finden, da ist es dann fertig. Aber vorläufig will ich suchen, mit meiner Arbeit suchen. Und wenn man Angst hat vor dem Tod, dann weiss ich nicht, dann kann man auch nicht vorwärtsgehen, denn das Ende des Labyrinths ist der Tod. Und du musst keine Angst vor dem Tod haben, du musst frei und offen vorwärtsgehen, jeden Tag geniessen und jeden Tag einen Schritt auf deinen Tod zugehen können.

Ganz so gelassen, wie er sich im Januar 1997 zum Thema Tod geäussert hatte, konnte Könz die Situation, als sie für ihn so kurz darauf konkret wurde, nicht meistern. Ängste plagten ihn, depressive Stimmungen, quälende Zweifel, ob er in seinem Leben genügend gearbeitet habe. Zudem fiel ihm wieder ein, dass seine Mutter einmal prophezeit hatte, sie werde ihn überleben.[24] Dass die alte Frau diesen «Wettkampf» gewinnen sollte, erfüllte ihn mit Bitterkeit, obwohl er wusste, dass sie ihren Sieg nicht bemerken würde: Selina Chönz lebte mittlerweile wegen fortschreitender Altersdemenz in einem Seniorenheim in Samedan.

Einladungskarte zum Geburtstagsfest, Tusch, 1997

Ende Oktober setzte Steivan Liun Könz noch einmal ein kräftiges Lebenszeichen. Er feierte seinen Geburtstag mit einem Dutzend Freunden im Restaurant «Üja» in Scuol. Wie man es von ihm gewohnt war, entwarf er eine Einladungskarte, mit seinem Freund Leonardo Savoldelli besprach er Menü und Ablauf des Abends. Den ersten Gang nannten die Gastgeber «Lachstartar». Aufgetischt wurde den Gästen je ein Teller, den eine Konservendose zierte. Als alle Teller serviert waren, stellten sich Könz und Savoldelli an den beiden Tischenden auf, führten einen langen Faden durch die kleinen Antennen, die an den Dosen angebracht waren, zogen sie in die Höhe, bis das versprochene, frisch zubereitete Gericht doch noch sichtbar und zugänglich wurde. Einige Wochen nach diesem schönen Abend sass Steivan Liun Könz erneut in der «Üja». Leonardo Savoldelli entdeckte seinen Freund und dessen Familie erst im Lauf des Abends unter den anderen Gästen und wunderte sich darüber, dass er entgegen seiner Gewohnheit nicht in der Küche vorbeigekommen war, um den Wirt zu begrüssen und den Inhalt der Kochtöpfe zu inspizieren. Die Atmosphäre am Tisch war eigenartig, Könz ungewöhnlich still, es war sein letzter Besuch in seinem Stammlokal.

Im November hatte Steivan Liun Könz erfahren, dass sich in seinem Becken Metastasen ausgebreitet hatten, die bestrahlt werden mussten. Auch im Rücken und im linken Oberschenkelknochen hatten sich Tumore eingenistet, der Patient brauchte eine Gehhilfe. Um mit seinen Kräften haushälterisch umzugehen und noch möglichst viel arbeiten zu können, zog Könz ins Atelier. Die Schmerzen hielt er mit Hilfe seiner Frau, mit der er über Walkie-Talkie verbunden war, in Schach. Andrea Könz verabreichte ihrem Mann Schmerzmittel, deren Dosierung und Zusammensetzung sie dank ihrem Fachwissen genau auf sein jeweiliges Befinden abstimmen konnte.

Obwohl er durch seine Krankheit mehr und mehr beeinträchtigt war, verpflichtete sich Könz im Winter für ein Auftragswerk. Barbara Könz hatte für die Minerva Lernstudio AG in Zürich Hottingen eine grosse Jugendstil-Villa restauriert. Als der Architekt für die moderne Gestaltung einiger

Minerva Schulen, Villa Belair, Zürich, Glasfenster im Treppenaufgang

Fenster einen Künstler suchte, empfahl sie ihren Exmann.[25] Steivan Liun Könz ergriff die unerwartete Gelegenheit, noch einmal mit einem seiner Lieblingsmaterialien zu arbeiten und dabei erst noch Neuland zu betreten: Trotz seiner vielfältigen Erfahrung mit Glas hatte er bisher noch nie ein Fenster gestaltet. Nachdem er das Haus an der Zürcher Freiestrasse besichtigt und Stil und Atmosphäre auf sich hatte wirken lassen, entwarf er in den Grundfarben Rot, Grün, Gelb und Blau, die er durch Weiss ergänzte, die Dekoration für drei lange Bogenfenster im Treppenhaus, ein Oberlicht im Soussol und eine zweiflüglige Schiebetür in der zweiten Etage. Mit Pflanzenranken und -ornamenten und abstrakten Mustern gelang es ihm, eine Synthese zwischen dem Jugendstil und seiner bei der Dekoration von Hausfassaden und Innenwänden bewährten künstlerischen Handschrift herzustellen. Könz' letzte Glasarbeiten sind sehr licht und strahlen eine grosse Heiterkeit aus. Ähnlich wie bei den späten Bildern sind die Linien und Formen ruhiger, es herrscht eine gewisse Reduktion. Im Frühjahr 1998 beendete Könz mit letzter Kraft die Entwürfe und schickte sie ins Glasatelier Engeler in Andwil. Es war das erste Mal, dass der Künstler bei der Ausführung seiner Arbeit nicht dabei war.

Sco artist s'haja dumondas, i s'ha desideris, i s'ha bramas, e là il pês chi po capitar es cha la brama vegna accumplida. Perche cha l'accumplimaint füss la destrucziun dal desideri. Sco artist stoust tü restar aint in teis desideri, aint in teis desideri na accumpli, e tscherchar da gnir ün pa inavant sün tia via, e na da chattar. Eu nu less chattar.[26]

Am Feuer in Äthiopien, 1997

Als Künstler hat man Fragen, man hat Wünsche, man hat Sehnsüchte, und da ist das Schlimmste, was geschehen kann, dass die Sehnsucht in Erfüllung geht. Denn die Erfüllung wäre die Zerstörung der Sehnsucht. Als Künstler musst du in deiner Sehnsucht verharren, in deiner nicht erfüllten Sehnsucht, und versuchen, auf deinem Weg ein bisschen voranzukommen, und nicht versuchen zu finden. Ich möchte nicht finden.

Steivan Liun Könz hatte sich zu seinen Lebzeiten der Suche verschrieben. Die unstillbare Sehnsucht hatte ihn zu immer neuen Ufern aufbrechen lassen, doch wurde auch aus Neuem wieder Gewohntes, das Fernweh verwandelte sich in Heimweh und trieb ihn zurück ins Engadin, zu den Menschen, die ihm vertraut waren, zu seinen Bildern und in die zahlreichen Zimmer seines imaginären Schlosses, die er durchschritt wie die Windungen eines Labyrinths. Im April 1998 wurde es unübersehbar, dass sich Könz' mäandrischer Gang durchs Leben dem Ende näherte. Chemotherapien erhielt der Patient nicht mehr, im März war noch ein kleiner Eingriff vorgenommen worden, der vorübergehend Entlastung brachte und die Arbeitszeit im Atelier um ein paar Wochen verlängerte. Am 1. April entdeckte Andrea Könz im Garten zu ihrem Erstaunen zwischen den Resten von Schnee roten Mohn, ihre Lieblingsblumen. Steivan Liun Könz hatte die Blumen aus Papier gebastelt, sie heimlich im Garten platziert und freudig auf die Überraschung seiner Frau gewartet.

Steivan hatte nie die Geduld, sich selbst zu dokumentieren und zu beweihräuchern. Das hat ihn nicht interessiert. Denn etwas Vollendetes ist ja bereits schon nicht mehr kreativ, nicht mehr Schaffensprozess. Das war für ihn eindeutig das Ziel, bis zuletzt. Sei das mit Geschichtenschreiben, mit Gedichteschreiben, mit Tagebuchschreiben, Malen oder immer mit neuen Leuten reden, das Ewig-im-Aufbruchsein zu neuen Ufern.
Andrea Könz

Eine Woche später wurde Könz wieder ins Spital Chur eingewiesen. Als er in Guarda einen letzten Blick auf sein Atelier warf, wusste er, dass er einen Teil davon auch im Spital bei sich haben würde: In ein kleines, schwarzes Skizzenbuch, das er zu Hause eingesteckt hatte, skizzierte er genau, wie er sich den Hergang seiner Beerdigung wünschte, und malte unzählige Labyrinthe. Gegensätze waren in seinem Leben immer bestimmend gewesen, so blieb es auch jetzt: Während er sich im Spitalbett auf seinen Tod vorbereitete, explodierte draussen der Frühling mit Farben, Düften und Vogelgezwitscher. Steivan Liun Könz konnte seine letzten Tage nutzen, um Abschied zu nehmen. Barbara Könz besuchte ihn im Spital und wohnte in Guarda bei den kleinen Kindern, Andrea Könz war bei Freunden in Chur untergekommen und sass jeden Tag viele Stunden am

Was immer wieder auftaucht bei Steivan: «Du kannst so viel reisen, wie du willst, aber vor deiner eigenen Haustür ist so viel, das du kennenlernen kannst, du musst es nur sehen.» Das war sein Lebensgefühl: immer auf der Reise sein, auf der Suche, mit dem Ziel, vor der Haustür das Eigene zu finden. – Vielleicht suchte Steivan eine Verwurzelung, ein Zuhause in sich selbst: Ruhe, Erlösung von seiner Zerrissenheit. Suche, suchen wollen, nicht finden, war das Thema von Steivan.
Barbara Könz

Krankenbett. Der Patient empfing Besuche von seinen Kindern, seinen Brüdern und den engsten Freunden. Steivan Liun Könz starb in den frühen Morgenstunden des 24. April 1998 im Kantonsspital Chur. Fünf Tage später schritt ein langer Zug von Trauergästen von Steivan Liun Könz' Haus zur Kirche in Guarda. Die Kirche und anschliessend die Ustaria Crusch Alba waren zum Bersten voll mit Familienmitgliedern, Freundinnen, Freunden und Bekannten des Künstlers, der nun im Zentrum seines Labyrinths angekommen war.

Dumonda

Di'm quant lönch
douvra meis cour
per chapir
cha mia via nu douvra
ne böt ne temp ne avegnir

Eu chant e nu vögl tunar
eu tscherch ed invlid il chattar

Be perdond possa retschaiver
be sco eremit possa dar

Viver per perder e
murir per chattar[27]

Frage

Sag mir, wie lange
braucht mein Herz,
um zu verstehen,
dass mein Weg braucht
weder Ziel, noch Zeit, noch Zukunft.

Ich singe und will nicht klingen,
ich suche und will nicht finden.

Nur indem ich verliere, kann ich
empfangen
nur als Eremit kann ich geben.

Leben, um zu verlieren, und
sterben, um zu finden.

Haupttext

1 Steivan Liun Könz in: Scuntradas. Sin via el labirint. Maria Cadruvi, Radio Rumantsch, Januar 1997.
2 Vgl. dazu Interviews Friedrich Flesch, 2.2.2009; Chasper Pult, 2.2.2009.
3 Vgl. Scuntradas. Sin via el labirint, Maria Cadruvi. Radio Rumantsch, Januar 1997; Von Böcken, Weibchen und Paradiesvögeln. Die Sgraffito-Geschichten des Steivan Liun Könz. Redaktion: Peter Egloff. SR DRS 1, 9.3.1995.
4 Steivan Liun Könz in: Beat Hirt: Schellenursli lebt. Das Geheimnis des Künstlers Steivan Könz. SF DRS 1989.
5 Eintrag 1995 in: Tagebuch Nr. 6.
6 Vgl. Scuntradas. Sin via el labirint, Maria Cadruvi. Radio Rumantsch, Januar 1997.
7 Eintrag 20.1.1997 in: Tagebuch Nr. 7.
8 Eintrag 24.1.1997 ebenda.
9 Eintrag 28.1.1997 ebenda.
10 Eintrag 31.1.1997 ebenda.
11 Eintrag 31.1.1997 ebenda.
12 Eintrag 6.2.1997 ebenda.
13 Eintrag 31.1.1997 ebenda.
14 Eintrag 13.2.1997 ebenda.
15 Eintrag 13.2.1997 ebenda.
16 Eintrag 14.2.1997 ebenda.
17 Vgl. im Folgenden Interview Michael Bühler, 27.2.2009.
18 Eintrag 2.3.1997 in: Tagebuch Nr. 7.
19 Eintrag 8.3.1997 ebenda.
20 Undatierter Briefentwurf an Werner Frei auf Schreibblock (Winter 1997/8).
21 Vgl. im Folgenden Interviews Andri Könz, 19.9.2006; Eduard Widmer, 17.10.2006; Andrea Könz, 18.12.2006; Barbara Könz, 24.3.2007; Constant Könz, 27.7.2007; Leonardo Savoldelli, 22.9.2008; Simon Könz, 4.11.2008; Andreas Vontobel, 6.12.2008; Peter Egloff, 21.1.2009. Tagebuch Nr. 7; Skizzenbücher Nr. 131, 132.
22 Eintrag 28.2.1998 in: Tagebuch Nr. 6.
23 Steivan Liun Könz in: Scuntradas. Sin via el labirint, Maria Cadruvi. Radio Rumantsch, Januar 1997.
24 Vgl. Eintrag 11.6.1997 in: Tagebuch Nr. 7.
25 Vgl. Einträge im Tagebuch Nr. 6; Entwürfe im Skizzenbuch Nr. 130; Entwürfe im Atelier.
26 Steivan Liun Könz in: Scuntradas. Sin via el labirint, Maria Cadruvi. Radio Rumantsch, Januar 1997.
27 Signierter, undat. Eintrag (um 1987) in: Skizzenbuch Nr. 106.

Marginalien

1 Steivan Liun Könz in: Scuntradas. Sin via el labirint, Maria Cadruvi. Radio Rumantsch, Januar 1997.
2 Eintrag 1994 in: Skizzenbuch Nr. 118.
3 Eintrag 1994 ebenda.
4 Eintrag um 1990 in: Skizzenbuch Nr. 115. Vergleichbare Einträge auch ca. 1977 in: Skizzenbuch Nr. 74 und 1997 in: Tagebuch Nr. 7.
5 Eintrag in: Skizzenbuch Nr. 97.
6 Eintrag 26.1.1997 in: Tagebuch Nr. 7.
7 Eintrag 28.1.1997 ebenda.
8 Eintrag Ende Januar 1997 ebenda.
9 Eintrag 5.2.1997 ebenda.
10 Eintrag 2.2.1997 ebenda.
11 Eintrag 2.2.1997 ebenda.
12 Eintrag 3.3.1997 ebenda.
13 Eintrag 22.5.1997 ebenda.
14 Eintrag 1998 in: Skizzenbuch Nr. 48.

STEIVAN LIUN KÖNZ' LEBEN IM ÜBERBLICK

1940	30.10. Steivan Liun Könz wird in Samedan geboren. Vater Iachen Ulrich Könz (1899–1980), Architekt, Restaurator, Autor. Mutter Selina Chönz (1910–2000), Kindergärtnerin, Autorin. Ältere Halbbrüder aus erster Ehe des Vaters: Peider Könz (*1927), Iachen Könz (*1929), Constant Könz (*1929) und Andri Könz (*1933). Kindheit in Guarda.
40er Jahre	Iachen Ulrich Könz restauriert die Sgraffito-Fassaden in Guarda. Selina Chönz schreibt die Kindergeschichte «Uorsin/Schellenursli» und zwei Folgebände, Illustrationen von Alois Carigiet.
1947–1957	Schuljahre 1947–1953 in Guarda, 1953–1955 in Scuol, 1956/7 Internat Schloss Kefikon. Hat als Legastheniker Schwierigkeiten in der Schule, verträumter Einzelgänger. Selina Chönz tut sich schwer mit ihrem Sohn. Die Beziehung zur Mutter bleibt ein Leben lang schwer belastet.
1957	Umzug nach Zürich, gemeinsame Wohnung mit dem Bruder Andri Könz.
1957–1959	Besucht zwei Mal den Vorkurs der Kunstgewerbeschule Zürich.
1959–1962	Fotoklasse Kunstgewerbeschule Zürich. Klassenlehrer: Walter Binder und Serge Stauffer. Belegt alle freiwilligen Kurse in Malen und Zeichnen. Lebenslange Faszination für das Aktzeichnen. Abschluss als Fotograf.
1960	Beginn einer langjährigen Psychotherapie bei Andreas Vontobel.
1963–1964	Erste Stelle als Fotograf bei Josef Müller-Brockmann.
um 1964	Liebesbeziehung mit der Musikstudentin Annalisa Spillmann. Aus dem schüchternen Engadiner wird ein kontaktfreudiger junger Mann mit einem ins Immense wachsenden Freundes- und Bekanntenkreis.
1965	Fotoatelier und Wohnung in Adliswil, freie Fotoarbeiten. Januar bis Mai Reise durch Afrika, v. a. Kenia und Sudan. Erste Radierungen.
1966	Sommer Verkauf des Fotoateliers. Allmählich ausschliesslich als Maler und Sgraffitokünstler tätig. Vater und Bruder Constant Könz, der ebenfalls Künstler ist, unterstützen diese Weichenstellung. Diverse Fotoaufträge, daneben künstlerische Arbeiten.
1967	Bezug Atelier und Wohnung im Zürcher Seefeld. Fassadengestaltung Nationalparkhaus, Zernez. Radierungen und Zeichnungen «Leda und der Schwan».
1970	Liebesbeziehung mit der angehenden Restauratorin Barbara Jenny, im April Auflösung der Verlobung mit Annalisa Spillmann. Erste Ausstellung: Städtische Galerie im Kornhaus, Baden, gemeinsam mit Marc Egger, 27.2. Vernissage. Ausstellung in der Galleria Vaccarino, Florenz.
1971	Ausstellung Iachen Ulrich, Constant und Steivan Liun Könz, Bellinzona.
1972	Erste gemeinsame Wohnung mit Barbara Jenny im Zürcher Triemli-Quartier. 16.9. Heirat mit Barbara Jenny in Vitznau. Barbara Könz schliesst im Lauf der Ehe ihre Ausbildung ab und arbeitet als Restauratorin im In- und Ausland. Erste Teilnahme an der Züspa-Ausstellung Zürcher Künstler, Zürich. Ausstellung Zeichnungen & Radierungen bei Ambros Wehrli (vormals Galerie Krauthammer), Zürich, Vernissage 31.8.1972.
1973	Wandmaleri im Chor der Christkatholischen Kirche Luzern.
1974	Studienjahr in Indien gemeinsam mit Barbara Könz.
1975	Beginnt neben Sitzungen im Atelier Peter Grenacher auch im privaten Rahmen mit Aktmodellen zu arbeiten.
1976	Anerkennungspreis des Kantons Graubünden. Deckengestaltung Kirche Marthalen. Beginn grosse Sgraffitoarbeit (20 000 m²), Dorfsiedlung am Dürrbach, Engelberg. Erste von regelmässigen Ausstellungen in der Galerie Trittligasse Zürich, 4.2. Vernissage.
1977	Ausstellung Strauhof, Zürich.
1978	Umzug mit Barbara Könz nach Zürich Unterstrass. Ausstellung in der Ciäsa Granda, Stampa, Vernissage 16.7.
1979	13.11. Geburt Simon Andreia Könz. 21.11.1979–31.1.1980 Ausstellung bei Zingg-Lamprecht, Zürich: «Kunscht im Schtägehuus».
1979–1982	Sgraffiti in der Dorfsiedlung am Dürrbach, Engelberg (2. Etappe).
1980	Dezember: Tod Iachen Ulrich Könz. Beginn einer Jahre dauernden Lebenskrise.
1982	Illustration des Buches «Die Kirche im Gletscher. Rätoromanische Sagen aus der Surselva» (hg. Peter Egloff).

1982/3 Trennung von Barbara Könz. Umzug nach Guarda Berufsbezeichnung: «Autodidaktischer Dauerlehrling» mit Arbeitsfeld Zeichnung, Radierung, Sgraffito, Stuck, Keramik, Glas.

1984 8.2.–7.3. Ausstellung Galerie Trittligasse, Zürich.

1985 Scheidung von Barbara Könz.
Bis 1987 Wohngemeinschaft mit dem Lehrer und Künstler Dumeng Secchi und dem Holzfäller und Hirten Georg Lindner.
Ausstellung bei Zingg-Lamprecht, St. Gallen.
Dez. 1985–Jan. 1986 Ausstellung bei Johannes Brun, Wädenswil.

1986 Selina Chönz kauft für ihren Sohn den Stallteil beim Haus 86 in Guarda.
Ausstellung Restaurant/Galerie Heuwiese, Weite, 30.5. Vernissage.
Züspa, Zürich: Stellt gemeinsam mit Andreas Vontobel ein Tarotkarten-Projekt vor.

1987 Umbau des Stallteils Haus 86 in Guarda als grosszügiges Atelier.
Grosses Wandbild in der Cafeteria in der Kantonsschule Chur.
Ausstellung in der Crusch Alba, Guarda.
Kleine Stuckwand Hotel Üja, Scuol.

1988 Vermietet das Haus in Guarda und wohnt nur noch im Atelier.
Lernt am 18.9. im Zug die Apothekerin und angehende Astrologin Andrea Meier kennen.
8.6.–2.7. Ausstellung Galerie Trittligasse, Zürich
Ausstellung Üja, Scuol, 10.8. Vernissage.
Stuckarbeit im Restaurant Diavolo, Hotel Chesa Guardalej, Champfèr.
Nov./Dez. Teilnahme an Ausstellung FAW Atelier am Wasser AG, Zürich.

1989 17.2. Heirat mit Andrea Meier.
3.12. Geburt Mario Silvester Könz.
Sgraffiti für die Inn-Ausstellung, Rosenheim.
Sgraffito Hotel Meisser für TV Film «Red and White. Colours of Switzerland».
Teilnahme Züspa, Zürich.

1990 Februar: Andrea Könz zieht mit dem Baby Mario von Samedan nach Guarda.
Im Lauf der 1990er-Jahre vermehrte Anerkennung auch im Engadin. Die Auftragslage ist und bleibt sehr gut.
Erstmals treten Blasenbeschwerden auf.
Ausstellung Galerie Trittligasse, Zürich, Vernissage 4.9.
Wandmalerei im Hallenbad Hotel Chesa Guardalej, Champfèr.

1991 13.4. Geburt Fiona Annarella Könz.
Ausstellung Galerie Nova, Pontresina: Retrospektive und neue Bilder 1969–1991, 8.3. Vernissage.
Ausstellung im Caveau du Château d'Allaman (VD), 6.5. Vernissage.
Ausstellung Galerie zur Münz, Zug, 8.11. Vernissage
Beton-Drache in Flums.
13.–30.8. zur 700-Jahr-Feier der Schweiz: Museum of American Folk Art, NY: «Swiss Folk Art: Celebrating American Roots» – Sgraffito-Fassade.

1992 Ausstellung Gallaria d'Art (Center Augustin), Scuol: Sizilianische Aquarelle, 3.7. Vernissage.
Beschriftung Hotel Buin, Guarda.
4.–31.7. Eröffnungsausstellung Galerie Riss, Samedan. Zusammen mit G.A. Albertini, P. del Bondio, J. Guidon, L. Heitz, C. Könz, G. Pedretti, B. Ritter
18.12.1992–15.2.1993 Ausstellung Alex's Art Galerie, Klosters.

1993 Künstlerische Ausstattung der Kuppel und anderer Räumlichkeiten im Bogn Engiadina, Scuol (Eröffnung Frühjahr 1993).
Grosse Keramikwandbilder im Erlebnisbad Alpamare Bad Tölz, Oberbayern.
März: Ausstellung Elefanten, St. Moritz.

1994 Sgraffito Gästehaus Hotel Üja, Scuol.
Eingang Hotel Üja, Scuol: Stuck und Glas.

1995 CRR-PREIS (Cuminanza Rumantscha Radio e Televisiun) zusammen mit Peder Cadotsch.
Jan./Feb. Ausstellung Galerie Trittligasse, Zürich.
Illustrationen «Der Himmel gehört allen» von Andreas Vontobel.
Fassadenmalerei Hotel Meisser, Guarda.
Hotel Hauser St. Moritz: Lift und andere Interieurs.
Weihnachten: Ausstellung Aurora Ardez: Miniaturen 2- und 3-D.

1996 14.6.–2.8. Ausstellung Galerie Riss, Samedan: Labyrinth und Turm von Babylon.
Ab Ende Oktober: Ausstellung im «Kleinen Jacob», Hamburg.
Keramikdekorationen im Wasser-Wellness-Bereich Hotel Paradies, Ftan.
Exponat in der Ausstellung «Übergänge – Kunst aus Graubünden 1936–1996», Bündner Kunstmuseum, Chur.

1997 15.1.–16.3. Äthiopienreise.
Ende April: Diagnose Blasenkrebs. Im Lauf des Jahres zwei Operationen.
April: Ausstellung Galerie Trittligasse, Zürich.
25.7.–18.10. Alex's Art Galerie, Klosters, zusammen mit G.P. Luck und Not Bott.
Ausstellung Hotel Meisser, Guarda: «Turm von Babylon».

1998 Glasfenstergestaltung in der Villa Bel Air, Minerva Schulen, Freiestrasse 129, Zürich.
24.4. Steivan Liun Könz stirbt nach zweiwöchigem Aufenthalt im Kantonsspital Chur.
Oktober: Gedenkausstellung im Kulturzentrum Nairs, Scuol: «Barchas ed anguels».

1999 6.11.1999–Mitte Januar 2000 «Anguels – Engel», Ausstellung im Ospidal d'Engiadina Bassa, Scuol.

FASSADENARBEITEN (AUSWAHL)

1956	Erste selbständige Sgraffitoarbeit: historisierende Bordüre in Sent
um 1960	Sgraffito in Bergün
	Sgraffito in Ardez
1963/4	Sgraffito Haus Paravicini, Lavin
	Fassade in Stampa
1966	Restaurationen und Renovationen in Ardez und Scuol
1967	Hausfassade in Scuol
	Fensterläden und Arbeiten im Innern des Hauses Böhni, Ardez
	Drei Sgraffito-Fassaden in Ardez
1969	Sgraffiti im Engadin und Stein am Rhein
1970	Sgraffito Haus Cadonau, Tschlin
1973	Sgraffito Haus Hindemann, Bravuogn
	Sgraffito Chasa Monstein, Susch
	Sgraffito Haus Bodmer, «Kleiner Pelikan», Wohllebgasse Zürich
	Sgrafitto Haus Magitola Metzgerrainle, Luzern
	Sgraffito in Pontresina
1975	Erker-Bemalung Spiegelgasse 13, Zürich
1979	Restauration einer historischen Fassade in Wädenswil mit Barbara Könz
1982	Sgraffito Mattengasse, Zürich
1984	Sgraffito Chasa Härry, Guarda
	Sgraffito Haus Viletta, Zernez
	Sgraffito in Sta. Maria
1986	Fassade in Ebikon
	Sgraffiti und Stuck in der Dorfsiedlung am Dürrbach, Engelberg
	Sgraffito in Brail
	Sgraffito in Zuoz
1987	Sgraffiti in Zuoz
	Sgraffito Chasa Roman Andri, Müstair
	Sgraffito in St. Maria
	Sgraffito Haus Laager, Schwanden
	kleine Sgraffiti in Guarda (Chasa Vulpi und Bonorand)
1988	Sgraffito Chasa Bertschinger, Sent
1989	Fassadenmalerei bei SAX, Urdorf
	Sgraffito Hotel Flurin, Mathon
	Fassadenmalerei Haus Cesare Ferronato, San Vittore
	Repetition Sgraffito einer Fassade in Engelberg
	Juli: Sgraffitowoche Kantonsschule Wetzikon
1990	Sgraffito Chesa Florin, Samedan
	Sgraffito in Mitlödi
	Sgraffito in Mollis
1991	Sgraffito Haus Marugg, Susch
	Sgraffito Chesa L'hom sulvedi (Fred Feldpausch), St. Moritz
	Sgraffito Chasa Spycher, Guarda
	Sgraffito Chasa Fancoli, Zernez
	Sgraffito Chasa Tschander, Zernez
1992	Sgraffito-Fassade in Mitlödi
	Erster Besuch von Kindern aus der französischen Schweiz im Rahmen der Fondation pour le rapprochement des minorités latines. Sgraffito-Ritzen in die Mauer des Hotels Meisser
1993	Sgraffito Bierlialp Park, Engelberg
1994	Sgraffito Haus Hugentobler/Campell, Sur En d'Ardez
	Sgraffito Haus Derungs, Curaglia
	Sgraffito Haus Angele, Ardez
1995	Privates Bad Max Oswald, Chur
	Sgraffito Haus Müller, Chapella
	Sgraffitowoche mit einer Basler Schulklasse

INTERVIEWS

1. Jürg Altherr, 20.12.2006, 5.12.2008
2. Michael Altherr, 5.11.2008
3. Walter Binder, 10.7.2008
4. Michael Bühler, 27.2.2009
5. Jacqueline Burckhardt, 6.2.2009
6. Melcher Cadonau, 8.8.2006
7. Maria Cadruvi, 2.2.2009
8. Agnese Caviezel-von Hoven, 3.9.2008
9. Albertus Caviezel, 26.8.2006, 24.10.2008
10. Maria Chatrina Eberhard-Meyer, 16.9.2008
11. Willi Christen, 10.7.2009
12. Peter Egloff, 21.1.2009
13. Susanna Fanzun, 21.5.2008 (Telefon)
14. Cesare Ferronato, 21.7.2008
15. Claudia Ferronato, 5.7.2008
16. Friedrich Flesch, 2.2.2009
17. Werner Frei, 3.12.2008
18. Urs Frey, 31.7.2007
19. Giacomin Ghilotti, 22.9.2008
20. Marinda und Markus Hauser, 8.9.2008
21. Christine Kessler, 20.11.2008
22. Göri Klainguti, 4.12., 5.12.2008 (Mails)
23. Stefanie Knapp-Länzlinger, 3.10.2008
24. Andrea Könz, 27.2.2006, 14.6.2006, 4.7.2006, 6.9.2006, 11.10.2006, 18.12.2006
25. Andri Könz, 4.9.2006, 19.9.2006
26. Barbara Könz, 17.2.2006, 20.5.2006, 8.7.2006, 5.8.2006, 12.8.2006, 26.8.2006, 24.3.2007, 24.1.2009, 4.2.2009
27. Constant Könz, 24.7.2006 (Brief), 27.7.2007, 19.9.2008, 8.10.2008, 17.2.2009 (Telefon)
28. Fiona und Mario Könz, 24.7.2007
29. Giovannina und Peider Könz, 30.7.2007
30. Letizia Könz, 31.7.2007
31. Simon Könz, 4.11.2008
32. Doris Lehmann, 30.11.2008
33. Georg Lindner, 19.12., 23.12.2008 (Mails)
34. Theo Meierhans, 22.10.2008
35. Fredi Murer, 13.10.2008 (Telefon)
36. Roland Oberli, 24.10.2008
37. Armgard Pelz, 5.11.2008
38. Chasper Pult und Claire Hauser Pult, 2.2.2009
39. Ruedi und Susanne Reich, 5.2.2009
40. Clà Riatsch, 4.12.2008
41. Ilda und Jon Ritz, 14.11.2008
42. Christof Rösch, 11.2.2009
43. Annarella Rotter-Schiavetti, 6.1.2009
44. Leonardo Savoldelli, 22.9.2008
45. Jürg Schubiger, 4.2.2009, 9.2.2009 (Mail)
46. Dumeng Secchi, 13.11.2008
47. Susan und Hari Sharan, 29.7.2008
48. Christian-Georg Stähelin, 3.10.2006, 28.1.2009
49. Jürg Steiner, 18.9.2008 (Telefon)
50. Men Steiner, 15.9.2008 (Telefon)
51. Anita Sutter Ganter, 17.9.2008
52. Regula Verdet, 24.9.2008
53. Mengia und Rudolf Viletta-Semadeni, 2.8.2007
54. Andreas Vontobel, 5.12.2008; Mails: 6.12., 7.12., 14.12., 21.12., 24.12.2008, 2.1., 7.1.2009
55. La Vouta Lavin: Anlass während der Ausstellung im Sommer 2007, Gespräche mit diversen Anwesenden
56. Eduard Widmer, 14.8.2006, 22.8.2006, 12.9.2006, 26.9.2006, 17.10.2006

SKIZZEN- UND TAGEBÜCHER STEIVAN LIUN KÖNZ

1. Tagebuch gelb. 1957.
2. Tagebuch dunkelgrün. 1960–1972.
3. Tagebuch rot. 1974.
4. Tagebuch rot. 1977–1983.
5. Tagebuch rot. 1982–85.
6. Tagebuch rot-schwarz. 1986–1998.
7. Tagebuch grün. 1997/8.
8. Album braun. o.J.
9. Album weiss. o.J.
10. Album beige. o.J.
11. Album schwarz. o.J.
12. Kleines Adressbuch blau. o.J.
13. Skizzenbuch beige. o.J.
14. Skizzenbuch schwarz. o.J.
15. Skizzenbuch schwarz «IBA». o.J.
16. Skizzenbuch schwarz «cheus e curunas». o.J.
17. Kleines Skizzenbuch weiss. o.J.
18. Kleines Skizzenbuch weiss, ohne Rücken. o.J.
19. Kleines Skizzenbuch blau «Calvino». o.J.
20. Skizzenbuch schwarz. Nr. 9. o.J.
21. Kleines Skizzenbuch grau. 1963–67.
22. Mittleres Skizzenbuch beige. 1964–73.
23. Kleines Skizzenbuch weiss. 1965.
24. Mittleres Skizzenbuch beige. 1965/6
25. Kleines Skizzenbuch ocker. 1966.
26. Kleines Skizzenbuch blau. 1966.
27. Kleines Skizzenbuch grau. 1966.
28. Kleines Skizzenbuch blau. Ab 1966.
29. Mittleres Skizzenbuch grün. 1966/7 und später.
30. Kleines Skizzenbuch blau. 1966–69.
31. Kleines Skizzenbuch hellbraun. 1967.
32. Mittleres Skizzenbuch blau. 1967.
33. Mittleres Skizzenbuch beige, 1967/8.
34. Kleines Skizzenbuch blau. 1967–69 und später.
35. Skizzenbuch schwarz. Nr. 1. Um 1968/9.
36. Kleines Skizzenbuch braun. 1968–89.
37. Skizzenbuch schwarz. Nr. 2. Um 1969.
38. Skizzenbuch schwarz «Istorgia da la glüna». 1969.

39. Kleines Skizzenbuch blau. 1969.
40. Kleines Skizzenbuch braun. 1968/70.
41. Skizzenbuch schwarz. Nr. 3. Ab 1969.
42. Kleines Skizzenbuch blau. Um 1970.
43. Skizzenbuch schwarz. «Unicorn». Um 1970.
44. Skizzenbuch schwarz. «HBA». Ab 1970 und 1983.
45. Skizzenbuch schwarz. Nr. 7. Nach 1970 und 1991.
46. Skizzenbuch schwarz. «Adam». Um 1970.
47. Mittleres Skizzenbuch weiss. 70er Jahre.
48. Skizzenbuch schwarz. «Ura da siblun». Ab 1970 und 1998.
49. Skizzenbuch schwarz. Nr. 5. Ab 1970.
50. Mittleres Skizzenbuch dunkelgrün. 1971.
51. Skizzenbuch schwarz. «Istanbul». Ab 1971.
52. Skizzenbuch schwarz. Nr. 10. 1972.
53. Mittleres Skizzenbuch blau-grün. 1973.
54. Kleines Skizzenbuch schwarz. 1973.
55. Skizzenbuch schwarz. «Taroc». Um 1973.
56. Kleines Skizzenbuch ohne Rücken und Deckel. 1974.
57. Mittleres Skizzenbuch gelb. 1974.
58. Mittleres Skizzenbuch beige. 1974.
59. Mittleres Skizzenbuch blau. 1974.
60. Skizzenbuch schwarz. «Pege». Um 1974/5.
61. Mittleres Skizzenbuch grün. 1974.
62. Skizzenbuch schwarz. «Costüm». 1975.
63. Mittleres Skizzenbuch hellbraun. 1975.
64. Skizzenbuch schwarz. «Ballett e Adam». 1975.
65. Mittleres Skizzenbuch blau. Um 1975.
66. Skizzenbuch schwarz. «Ballett». 1975.
67. Skizzenbuch schwarz. «Foto e Taroc». Um 1975.
68. Mittleres Skizzenbuch braun-beige. 1975.
69. Mittelgrosses Skizzenbuch rot. 1975.
70. Skizzenbuch schwarz. 1975/6.
71. Skizzenbuch schwarz. 1976–81.
72. Skizzenbuch schwarz. 1976–82.
73. Mittleres Skizzenbuch. «Santo Stefano». 1976–1982.
74. Kleines Skizzenbuch weiss. Ca. 1977.
75. Kleines Skizzenbuch schwarz. V. a. 1977.
76. Mittelgrosses Skizzenbuch blau. 1977–1991.
77. Skizzenbuch schwarz. «Adressas da Roma». Um 1978.
77 A Skizzenbuch beige-grün/rot. 1978–1983.
78. Kleines Skizzenbuch hellbraun. 1978/9.
79. Kleines Skizzenbuch aubergine. Ab 1979.
80. Skizzenbuch schwarz. «Uffants da la glüna». Um 1980.
81. Kleines Skizzenbuch weinrot. Ab 1980.
82. Mittleres Skizzenbuch hellgrau. Um 1980.
83. Kleines Skizzenbuch orange. 1981.
84. Mittleres Skizzenbuch hellgrau. Um 1981.
85. Mittleres Skizzenbuch hellbraun. 1981.
86. Mittleres Skizzenbuch blau. 1981–85.
87. Kleines Skizzenbuch grün. Bis 1983.
88. Kleines Skizzenbuch hellgrün. 1982.
89. Kleines Skizzenbuch oliv. Ca. 1982.
90. Kleines Skizzenbuch beige. 1984.
91. Kleines Skizzenbuch rot. 1984/5.
92. Kleines Skizzenbuch blau. 80er Jahre.
93. Kleines Skizzenbuch weiss. 1985.
94. Mittleres Skizzenbuch beige-hellbraun. 1985.
95. Skizzenbuch schwarz. Um 1985.
96. Mittleres Skizzenbuch weinrot. Um 1985.
97. Skizzenbuch schwarz. «Wärchlaibä Stans». Um 1985 und 1990.
98. Skizzenbuch schwarz. Um 1985.
99. Kleines Skizzenbuch weisslich. Ca. 1985/6.
100. Mittleres Skizzenbuch beige-braun. 1985/6.
101. Mittleres Skizzenbuch weinrot. Ca. 1985–89.
102. Skizzenbuch schwarz. 1986.
103. Skizzenbuch schwarz. Um 1986.
104. Grosses Skizzenbuch grün. «Zirkus Stey». 1986/7.
105. Grosses Skizzenbuch blau. «Securitas». 1985/1987/1991.
106. Grosses Skizzenbuch blau. «Hände». 1987–89.
107. Grosses Skizzenbuch ocker. «Frauenkopf». 1987ff.
108. Kleines Skizzenbuch oliv. 1970–1990.
109. Kleines Skizzenbuch weiss. «Vacanzas». 1989/90.
110. Skizzenbuch schwarz. Um 1990.
111. Skizzenbuch schwarz. Um 1990.
112. Kleines Skizzenbuch grün. 1990.
113. Kleines Skizzenbuch grün. 80er Jahre.
114. Kleines Skizzenbuch grün. Späte 80er Jahre.
115. Kleines Skizzenbuch weiss. Ca. 1974–1992.
116. Kleines Skizzenbuch schwarz I. Um 1991/2.
117. Kleines Skizzenbuch schwarz II. 1990er Jahre.
118. Grosses Skizzenbuch blau. «Ornament». 1991ff.
119. Skizzenbuch schwarz. Um 1992.
120. Kleines Skizzenbuch weiss. Ab 1992.
121. Grosses Skizzenbuch blau. «Ornament Namenszug». 1992ff.
122. Mittleres Skizzenbuch beige-hellbraun. Um 1993.
123. Mittleres Skizzenbuch beige. 1993.
124. Skizzenbuch schwarz. Ab 1993.
125. Grosses Skizzenbuch dunkelrot. 1993–96.
126. Kleines Skizzenbuch hellbraun. 1994.
127. Mittleres Skizzenbuch rötlich. «Der Himmel gehört allen.» 1994.
128. Kleines Skizzenbuch weiss. Ca. 1995.
129. Kleines Skizzenbuch blau. «Liber mutus.» 1995.
130. Kleines Skizzenbuch blaugrün. 1995.
131. Kleines Skizzenbuch hellblau. 1997.
132. Kleines Skizzenbuch schwarz. 1997/8.

ALLGEMEINE LITERATUR

Arnold Büchli: Mythologische Landeskunde von Graubünden. Ein Bergvolk erzählt. Band 3: Die Täler am Hinterrhein, Albulatal, Oberhalbstein, Münstertal, Engadin, Italienisch Bünden. Disentis 1990.

Ursula Brunold-Bigler/Kuno Widmer: Die drei Hunde. Rätoromanische Märchen aus dem Engadin – Oberhalbstein – Schams. Chur 2004.

Paul Eugen Grimm: Guarda, In: Historisches Lexikon der Schweiz, Band 5, Basel 2006.

Die Kirche Marthalen. Beiträge zur 850-jährigen Geschichte eines Gotteshauses im Zürcher Weinland. Hg. Kirchgemeinde Marthalen. Andelfingen 1977.

Stuart L. Kaplan. La grande Encyclopédie du Tarot. Paris 1978.

Iachen Ulrich Könz: Guarda. Bern, 2., durchgesehene A. 1982.

Iachen Ulrich Könz (Text) / Eduard Widmer (Aufnahmen): Sgraffito im Engadin und Bergell. Zürich 1977.

Peter Metz: Geschichte des Kantons Graubünden. Bd. III. Chur 1993.

Schweizer Lexikon in sechs Bänden. Band 4: Kle–Obr. Luzern 1991–1993.

C. G. Jung/Karl Kerenyi/Paul Radin: Der göttliche Schelm. Ein indianischer Mythen-Zyklus. Zürich 1954.

Alexander Roob: Das Hermetische Museum. Alchemie und Mystik. Köln 1996.

Beat Stutzer: Übergänge – Kunst aus Graubünden 1936–1996, mit einem Vorwort von Gion Signorell. Chur 1996.

ALLGEMEINE ZEITUNGSARTIKEL

anr/lw: Muossar l'ospidal d'ün'otra vart. Cultura i'l ospidal d'Engiadina Bassa. In: Fögl Ladin, 17.1.2000, S. 13.

Rémy Gogniat: Défense d'une culture: Une fondation crée des liens entre Romands et Romanches. In: Le Courrier, 25.9.1992, S. 13.

Gisela Kuoni: «Übergänge» zum Jahresende im Bündner Kunstmuseum. In: Bündner Zeitung, 120. Jahrgang, Nr. 290, 11.12.1996, S. 2.

kvs.: Bade- und Kurzentrum Scuol 200 Tage vor der Eröffnung: Brandfall bewirkt keine Verzögerung. In: Engadiner Post, 99. Jg., Nr. 101, 3.9.1992, S. 1.

Marika de Martinis: Engiadina Bogn Scuol: Eine Zeit des Aufbruchs zu neuem Wohlgefühl und zu neuem Wellenspiel, zu innovativer Engadiner Badekultur ist angesagt. «Badekönigin der Alpen» erlebt eine Renaissance … In: Der Bund, 144. Jg., Nr. 54, 6.3.1993, S. 9.

SC.: «Bogn Engiadina Scuol» wird wie geplant im März 1993 eröffnet. In: Bündner Zeitung, 4.9.1992, S. 7.

Johannes Schweikle: Häuser mit Kratzspuren. Was die Sgraffito-Fassaden von Scuol über den Tourismus erzählen. In: Die Zeit, Nr. 50, 9.12.1999, S. 67.

Franz Spanny: Auch in künstlerischer Hinsicht ist das «Bogn Engiadina Scuol» ein Schmuckstück. In: Bogn Engiadina Scuol. Beilage zu Bündner Zeitung und Oberländer Tagblatt Nr. 46 vom 25.2.1993, S. 9.

Martin Vetterli: Niederers Glasi: Grosses Erbe, leichte Last. In Tages-Anzeiger, 8.5.2006, S. 23.

LITERATUR ZU STEIVAN LIUN KÖNZ

Walter Angele: Die Figuren von Steivan Liun Könz. Wädenswil, Ardez 1999.

Christiane Egli: Besuch bei Steivan Liun Könz in Guarda. Aus: Die Sgraffitokunst in Graubünden. 12. Klass-Arbeit. ca. 1996.

Steivan Liun Könz. 30. Oktober 1940 – 24. April 1998. Abschied in Guarda, am 29. April 1998. (Gesprochene Texte an Steivan Liun Könz' Beerdigung von Andri Könz und Constant Könz).

ZEITUNGSARTIKEL ZU STEIVAN LIUN KÖNZ

Alex's Art Galerie: Steivan Liun Könz. In: Klosterser Zeitung, 34. Jg., Nr. 34, 22.8.1997, S. 11.

anr: La Tuor da Babel – Steivan Liun Könz expuona a Guarda. In: Fögl Ladin, 21.10.1997, S. 10.

Martin Arnold (Text) / Steivan Liun Könz (Illustrationen): Rumantschs vulains restar! La quatrième langue nationale peut-elle être sauvegardée? In: Hangar 21, No. 19. März 1995.

Carl Bieler: Schellenursli ist älter als das Buch. Steivan Liun Könz, ein grosser Bub aus den Bergen. In: Tages-Anzeiger, 24.10.1995, S. 9.

Fritz Billeter: Steivan Liun Könz aus dem Engadin. Frühlingsbote Ikarus. In: züritip, Nr. 5, 27.1.1995, S. 56.

Geneviève Bréerette: Zigzags à Zurich. In: Le Monde, Jg. 23, Nr. 11382, 3.9.1982, S. 11–13.

Fredi Büchel: Ein Engadiner Querdenker, Maler und Märchenerzähler. Steivan Liun Könz in der Galeria Nova, Pontresina. In: Engadiner Post, 7.3.1991, S. 5.

bz: Steivan Liun Könz in der Galerie Riss. In: Bündner Zeitung, 120. Jg., Nr. 137, 14.6.1996.

cal.: Alex's Art Galerie in Klosters: Bilder von Steivan Liun Könz. In: Bündner Zeitung, 23.1.1993, S. 26.

Gieri Dermont: Ein Werk von Steivan Liun Könz erregt in Medel/Lucmagn die Gemüter. In: Bündner Zeitung, 11.1.1995, S. 7.

dg: Expo au Château d'Allaman: Peinture d'Engadine. In: La Côte, 12.6.1991.

Hans ten Doornkaat: «Schellen-Ursli» wird gefeiert. Und die Moral der Geschichte? In: Bündner Kirchenbote, Dezember 1995, S. 2–4.

Leza Dosch: Das Haus Balthasar von Planta in Ardez. Ein Engadinerhaus und seine Renovation durch Iachen Ulrich Könz und Steivan Liun Könz. In: Bündner Monatsblatt 1/2007, S. 64–86.

Drei Bündner Künstler in Alex's Art Galerie, Klosters. In: Klosterser Zeitung, 1.8.1987.

Fliesen-Wandbilder. Kunst auf der Fliese. In: Fliesen und Platten Nr. 9, 1992, S. 75.

Magda Ganz: Doppelschwänzige Nixen an Haus- und Kirchenmauern. Rätselhafte Sgraffiti und Wandmalereien im Engadin. In: NZZ, Nr. 266, 14.11.1996, S. 65.

Magda Ganz: Die Nixen am Inn. In: Brigitte. Das Magazin für Frauen. Nr. 19, 6.9.1995, S. 4.

Magda Ganz: Schau-freudiges Guarda. In: NZZ, Nr. 49, 28.2.1991, S. 67.

gk: Mythologisches und Bergeller Landschaften. Steivan Liun Könz und Bryan Cyril Thurston stellen in Pontresina aus. In: Bündner Zeitung, 20.3.1991, S. 16.

gk: Buntes aus Steivan Könz' Fabelwelt. In: Bündner Zeitung, Jg. 120, Nr. 147, 26.6.1996, S. 23.

gpm: Steivan Liun Könz – l'artist-liun nun es plü. In: La Quotidiana, 2. Jg., Nr. 80, 28.4.1998, S. 1.

Helmut L. Haas: Steivan Liun Könz: Mythen und Märchen. Begleittext auf dem Flyer für die Ausstellung «Retrospektive und neue Bilder» in der Galerie Nova, Pontresina, 8.3.–6.4.1991.
hba.: Das neue Altarbild in der Christuskirche: Eine überzeugende Darstellung der Offenbarung. In: Luzerner Neueste Nachrichten, Nr.256, 5.1.1973, S. 11.
Hans Heyn: Der Fisch mit dem Glöckchen lockt. Das Sgraffito an der Engadiner-Hauswand der Rosenheimer Inn-Ausstellung. In: Heimatfeuilleton, 6.9.1989.
Beat Hirt: Schellen-Ursli wider Willen. In: Schweizer Illustrierte, Nr.44, 29.10.1990, S. 108–112.
Silvia Hofmann: Engadiner Sgraffito. Ritzen und Kratzen. In: Annabelle, 30.10.1990, S. 156–160.
hus.: Auf Suche nach dem Positiven. Steivan Liun Könz stellt in der Galerie zur Münz aus. In: Zuger Zeitung, 14.11.1991.
Peter de Jong: Eine bunt gemischte Kunstschau. Fünf Bündner Künstler stellen in zwei Klosterser Galerien aus. In: Bündner Zeitung, 27.8.1997.
Peter de Jong: Mystisches als Markenzeichen. Der Künstler Steivan Liun Könz ist tot. In: Bündner Zeitung / Die Südostschweiz, 28.4.1998, S. 3.
Caroline Kesser: Rundgang durch Zürcher Galerien. Welten der Obsession – ironisch verfremdet. In: Tages-Anzeiger, 29.2.1984, S. 27.
Pius Knüsel: Die beredten Mauern. In: Schweizer Familie, Nr.15, 10.4.1985, S. 44–47.
Andrea Könz, Barbara Könz, Constant Könz: Geschichtenmaler und Geschichtenerzähler. Steivan Liun Könz. In: Bündner Jahrbuch 2001. 43. Jahrgang. Neue Folge. S. 46–55.
Andrea Könz: Editorial. In: allegra, Nr.6, 29.7.1995.
Andrea Könz-Meier: Steivan Liun Könz. 1940–1998. In: Il Chalender Ladin, 40. Jg 2000, S. 33–41.
Constant Könz: In algordanza da Steivan Liun Könz. In: Il Chalender Ladin, 39. Jg. 1999, S. 133f.
Kunst im Experimentierstadium. Ausstellung Steivan Liun Könz und Marc Egger in der Kornhausgalerie Baden. In: Vaterland, Nr.50, 2.3.1970, S. 7.
Kunst nebenan. In: Schweizer Illustrierte, Nr. 1, 4.1.1993, S. 107.
Kunst und Kulinarik. Der Bündner Künstler Steivan Liun Könz in der «Heuwiese». In: Sarganserländer, 3.6.1986.
Kunst und Kultur im HAUSER's. In: Hauser Post, 30.6.2005, S. 4.
Gisela Kuoni: Ein Elefantenspektakel auf höchster Ebene. In: Bündner Zeitung, 8.3.1993, S. 9.
Gisela Kuoni: Fassaden voller Geheimnisse. In: Turicum. Schweizer Kultur und Wirtschaft. Juni 1992. S. 26–32.
Elaine Louie: A Touch Of the Alps In an East Village Loft. In: The New York Times, 26.9.1991.
Marcella Maier: 50 Jahre alt und geliebt wie eh und je. Das Kinderbuch «Schellenursli» hat Geburtstag. In: allegra, Nr.6, 29.7.1985, S. 3–5.
Petra Moos: Explosionen der Fantasie, unbegrenzte Gedanken. Kunstmaler und Sgraffito-Künstler Steivan Liun Könz in der Galerie Zur Münz. In: Zuger Nachrichten, 19.11.1991.
Nch: Steivan Liun Könz e Peder Cadotsch survegnan il premi CRR. In: Fögl Ladin, Nr.15, 21.2.1995, S. 1.
NZZ/lst: Painting the Devil on the Wall. In: Swiss American Review, 13.9.1995, S. 5.
Pal: Mostre d'arte. In: La Nazione, 18.6.1970. S. 9.
pd: Steivan Liun Könz in der Galerie «Riss». In: Engadiner Post, 103. Jg., Nr.69, 15.6.1996.
Phantasiewelten aus Keramik. In: Gail Inax Architektur Keramik. Interne Information. April 1993.
pica: CRR Kulturpreis an Peder Cadotsch und Steivan Liun Könz. In: Bündner Zeitung, 6.5.1995.
Claudio Prader: Aint illa gallaria «Riss» expuona Steivan Liun Könz ouvras fantasticas e figürativas. In: La nova Bündner Tagblatt, 144. Jg., Nr.131, 7.6.1996.
rei: Wo die Türme von Babylon Narrenkappen tragen. Schweizer Maler stellt im «Kleinen Jacob» aus. In: Die Welt, 26.10.1996.
Rita Reif: The Art of the Heart in Swiss Folk Craft. In: The New York Times, 22.9.1991.
Piero Schäfer: Zu Gast bei: Steivan Liun Könz, Kunstmaler. Der doppelte Künstler. In: piz. Zeitschrift für Südbünden. Nr.8, Sommer 1994, S. 21–24.
Die Schweiz zu Gast in Hamburg. In: Bella Vista. Hotel Haus Paradies, Hotel Restaurant Louis C. Jacob. Nr.3/4, Winter 1996, S. 1.
Urs Spinner: Schellen-Ursli ist tot. Blick, 5.5.1998.
Steivan Liun Könz, ein Künstler und sein Dorf, ein Kunststück von Heimat und Heimatlosigkeit zugleich. In: Graubünden. Die 23 Kantone der Schweiz. Eine Schriftenreihe, publiziert von 1987–1991. Hg. Rentenanstalt. 1987. S. 23–36.
Steivan Liun Könz in Alex's Art Galerie. In: Klosterser Zeitung, 29. Jg., Nr.53, 31.12.1992, S. 10.
Steivan Liun Könz ist tot – Danke für seine bleibenden Werke. In: Eviva Südbünden. Jg. 3, Nr.5, 1998, S. 9–11.
Peter Stöckling: Steivan Könz. Meerjungfrauen und Monster. In: Schweizer Woche. Das Informations-Magazin der Schweiz. Nr.14, 3.4.1995, S. 30–33.
uk: «Campiello» mitgezeichnet und interpretiert. In: Bündner Zeitung, 12.9.1981, S. 7.
Willi Wottreng (Text) / Iris Krebs (Bilder): Den Teufel an die Wand gemalt. Alte und neue Sgraffiti-Kunst in Graubünden. In: NZZ, Nr.144, 24./25.6.1995, S. 15.
Ueli Zindel: Steivan Liun Könz: «Ich erfinde mich täglich neu …» In: Beobachter Nr.9, 1990, S. 96–99.
Zurück in der Heimat. In: forum 3. Das Taschenmagazin aus dem Dreiländereck, 2. Jg., 1/96, S. 69–71.

RADIOSENDUNGEN

Scuntradas. Las troccas preferidas da Steivan Liun Könz, Maria Cadruvi. Radio Rumantsch, 13.10.1988.
Scuntradas. Sin via el labirint, Maria Cadruvi. Radio Rumanatsch, Januar 1997.
Von Böcken, Weibchen und Paradiesvögeln. Die Sgraffito-Geschichten des Steivan Liun Könz. Redaktion: Peter Egloff. SR DRS 1, 9.3.1995.

FILME

Georges Böhler (prod.): Red & White. Colours of Switzerland. Swissair introducing our country to the world. 1991.
Gilbert Bovay: Steivan Liun Könz. Le temps d'un Sgraffito. SF TSR 1985.
Cuntrasts: Nachruf auf Steivan Liun Könz. SF Televisiun Rumantscha. 1998.
Beat Hirt: Schellenursli lebt. Das Geheimnis des Künstlers Steivan Könz. SF DRS 1989.
Land auf und ab: Bogns da Scuol. SF Televisiun Rumantscha 1993.
Arnold Rauch: «Be cun far il viadi chattast l'essenzial». Steivan Liun Könz in ün purtret postum dad Arnold Rauch. SF Televisiun Rumantscha 1998.

BILDREGISTER UND -NACHWEIS

Alle Aufnahmen (falls nicht anders vermerkt) stammen von Ralph Feiner, Malans.
Original-Titel des Künstlers sind in Anführungszeichen gesetzt, die übrigen Titel nehmen Bezug auf eine Bildserie, auf ein bestimmtes Thema oder sind frei assoziiert.
Kursiv unterstrichene Seitenzahlen verweisen auf Abbildungen in den Marginalienspalten.

IL BÖS-CH DA LA VITA – DER LEBENSBAUM

BARCHAS – SCHIFFE

L'HOM SULVADI – DER WILDE MANN

89 Ardez, Haus Angele (Nr. 73), Detail (Rötelstift)
90 Ardez, Haus Angele (Nr. 73), Detail
90 Haus Angele (Nr. 73), Detail
92 Engelberg, Dorfsiedlung am Dürrbach, Fassade zum Thema «Astrologische Familie»
94 Engelberg, Dorfsiedlung am Dürrbach, Fassade zum Thema «Wehrstand»
94 Engelberg, Dorfsiedlung am Dürrbach, Fassade zum Thema «Stammbaum»
94 Engelberg, Dorfsiedlung am Dürrbach, Fassade zum Thema «Heiliger Christophorus»
94 Bleistiftskizze zum Thema «Wehrstand», Sgraffitofassade in Engelberg, Skizzenbuch Nr. 81
95 Engelberg, Dorfsiedlung am Dürrbach, Detail der Fassade zum Thema «Landleben»
98 Kolorierte Skizze zum Stuckteufel in Champfèr, Skizzenbuch Nr. 106
98 Champfèr, Hotel Chesa Guardalej, Trattoria Diavolo, Teufel in Stuckarbeit
99 Champfèr, Hotel Chesa Guardalej, Trattoria Diavolo, Stuckarbeit
100 St. Moritz, Hotel Hauser, Spiegel, Hinterglasbild
100 St. Moritz, Hotel Hauser, Liftschacht, Detail
101 Scuol, Hotel Traube/Üja, Visitenkarte
101 Scuol, Pension Chasa Sofia, Fassadenmalerei
101 Scuol, Hotel Traube/Üja, Entwurf zum Druidomobil, Collage/Tuschzeichnung, Privatbesitz Leonardo Savoldelli, Scuol. Abdruck: Meta Denoth-Studer: Was ist ein Druidomobil? In: Engadiner Post, 14.1.1997
102 Champfèr, Hotel Chesa Guardalej, Wellnessoase Aqualej, Seitenwand Hallenbad, Wandmalerei
103 Champfèr, Hotel Chesa Guardalej, Wellnessoase Aqualej, Stirnwand Hallenbad, Wandmalerei
103 Champfèr, Hotel Chesa Guardalej, Wellnessoase Aqualej, Hallenbad, Wandmalerei, Detail
104 Scuol, Bogn Engiadina, Römisch-irisches Bad, Decke Ruheraum, Malerei
104 Modell für Kuppel im Römisch-irischen Bad, 34 cm Durchmesser, im Atelier
105 Scuol, Bogn Engiadina, Römisch-irisches Bad, Kuppelraum
105 Scuol, Bogn Engiadina, Römisch-irisches Bad, Detail Kuppel
106 Skizze für Wellenbänder im Römisch-irischen Bad, Skizzenbuch Nr. 105
106 Scuol, Bogn Engiadina, Römisch-irisches Bad, Kachelwand, Wellenbänder
107 Ftan, Hotel Paradies, Wellnessoase, Kachelwand «Adam und Eva»
107 Ftan, Hotel Paradies, Wellnessoase, Kachelwand, Selbstporträt Steivan Liun Könz
108/9 Ftan, Hotel Paradies, Wellnessoase, Kachelwand «Turm von Babylon»
110 Ftan, Hotel Paradies, Wellnessoase, Seifenschale am Garderobenspiegel

LEDA ED IL CIGN – LEDA UND DER SCHWAN

113 «Leda. Il chant dal Cign», undatiert, Radierung/Mischtechnik, 28 × 34 cm, Archiv R05 – 169 – 31
115 Leda und der Schwan, um 1989, Wachsbild, 70 × 100 cm, Privatbesitz Andrea Könz, Müstair
116 Leda und der Schwan, 1968, Radierung, 25 × 32 cm, Archiv R02 – 164 – 1
117 Leda und der Schwan, 1969/89, Radierung/Mischtechnik, 30 × 24 cm, Archiv R05 – 049 – 31
118 Thema: Die Schöne und das Biest, undatiert, Mischtechnik, 58 × 40 cm, Archiv B16 – 0682
118 Thema: Die Schöne und das Biest, 1990, Mischtechnik, 60 × 60 cm, Archiv B12 – 1475
119 Das Einhorn, undatiert, Collage/Tusch, 50 × 63 cm, Archiv B06 – 0775
120 Die Schlangenkönigin, undatiert, Gouache/Tusch, 66 × 76 cm, Archiv BP – 10 – 1480
121 Leda und der Schwan, 1969, Radierung, 17 × 22, Archiv R03 – 052 – 1
121 Leda und der Schwan, 1969/?, Radierung/Mischtechnik, 45 × 32, Archiv R03 – 052 – 24
121 Leda und der Schwan, 1969/1983, Radierung/Mischtechnik, 45 × 32 cm, Archiv R03 – 052 – 26
121 Die Schöne und das Biest, undatiert, Bleistift, 24 × 29 cm, Archiv B24 – 1298
124 Thema: Flügelmonster, 1983, Bleistift, 77 × 57 cm, Archiv B11 – 0766
124 Thema: Flügelmonster, undatiert, Gouache/Tusch, 67 × 49 cm, Archiv B07 – 0887
125 «Il triunf», 1986, Mischtechnik, 83 × 71 cm, Archiv BP – 07 – 1406
126 Die Katzenfrau ist oben auf, 1984, Collage, 20 × 25 cm, Archiv B39 – 1524
127 Frauenakt, undatiert, Mischtechnik, 32 × 30 cm, Archiv B41 – 1022
128 Frauenakte, undatiert, Mischtechnik, 28 × 31 cm, Archiv B41 – 1019
128 Frauenakt, undatiert, Mischtechnik, 28 × 24 cm, Archiv B21 – 1100
128 Frauenakt, undatiert, Gouache/Tusch, 30 × 21 cm, Archiv B21 – 1115
129 Frauenakt, um 1970, Radierung, 17 × 21 cm, Archiv R01 – 056 – 1
130 Frauenakt, undatiert, Mischtechnik, 29 × 42 cm, Archiv B41 – 1026
130 Illustration zu «Kinder des Mondes», undatiert, Tusch, 67 × 49 cm, Archiv B05 – 0648
131 Frauenakt, undatiert, Mischtechnik, 30 × 50 cm, Archiv B47 – 1038
131 «Bettlandschaft», 1986, Mischtechnik, 37 × 38 cm, Archiv B46 – 0971
132 Beschwerte Lust, 1968, Radierung, 25 × 32 cm, Archiv R01 – 125 – 1
132 Liebespaar, um 1995, Gouache/Tusch, 40 × 58 cm, Archiv B16 – 0613
133 «La sentenzia da Paris», 1981, Mischtechnik, 77 × 57 cm, Archiv B15 – 1607
134 Kopflose Domina, 1983, Gouache/Tusch, 50 × 74 cm, Archiv Br – 1501
136 Barbara und Steivan Liun Könz, 1979, Foto Verena Eggmann, c/o Bernd Steiner, 8415 Berg a. I.
142 Andrea und Steivan Liun Könz-Meier, um 1990, Privatfoto
145 «Leda ad infinitum», undatiert, Gouache/Bleistift, 24 × 23 cm, Archiv Br – 1322

IL NAR – DER NARR

149 Harlekin/Narr, 1989/1969, kolorierte Radierung, 20 × 15 cm, Archiv R05 – 194 – 21
150 Narr, undatiert, Gouache/Tusch, 52 × 73 cm, Archiv B12 – 1531

151 Narr, 1989/1980, Gouache/Tusch, 60 × 60 cm, Archiv B12 – 1489
151 Narr aus Tarot-Serie, 1989, Gouache/Tusch, 49 × 67 cm, Archiv B05 – 0690
154 Briefpapier des Künstlers, 1978, Collage/Tusch, 42 × 60 cm, viele Exemplare im Atelier
155 Thema: Maske, 1990, Wachsbild, 90 × 70 cm, Archiv BP – 07 – 1407
157 Thema: Maske, 1992, Gouache/Tusch, 56 × 70 cm, Archiv B14 – 1592
158 Thema: Maske, undatiert, Mischtechnik, 50 × 60 cm, Archiv B07 – 0892
158 Thema: Maske, 1986, Mischtechnik, 50 × 62 cm, Archiv B06 – 0870
161 «Povero me!», 1986, Tuschskizze, Skizzenbuch Nr. 104
162 Schwarzes Schaf, 1998, Tusch/Blattgold, 49 × 68 cm, Archiv B07 – 0885
163 Narrenpyramide, undatiert, Mischtechnik, 48 × 65 cm, Archiv B07 – 0917
164 «The Rakers Progress», um 1970, Radierung, 50 × 39 cm, Archiv R07 – 143 –1
165 Karneval, undatiert, Gouache/Tusch, 50 × 56 cm, Archiv B20 – 1546
166 Steivan Liun Könz mit Wasserpfeife und roter Mütze im Atelier um 1992, Privatfoto
167 Simon Andreia Könz um 1983, Foto Cristina Zilioli / © 2011 Prolitteris, Zürich
167 Mario Silvester Könz um 1993, Guarda, Privatfoto
167 Fiona Annarella Könz um 1994,Guarda, Privatfoto
169 Auge in Auge, undatiert, Gouache/Tusch, 43 × 29 cm, Archiv B47 – 1005
170 Paar, 1984, Gouache/Tusch, 43 × 29 cm, Archiv B46 – 0996
174 Colosseum, 1981, Collage/Mischtechnik, 56 × 51 cm, Archiv B12 – 1368
175 Positiv und Negativ, um 1986, Tuschskizze, Skizzenbuch Nr. 104
176 Der Anker, undatiert, Gouache/Tusch, 49 × 67 cm, Archiv B08 – 0949
177 Thema: Narr, 1989, Gouache/Tusch, 40 × 30 cm, Archiv B42 – 1334
179 «Il Centaur», 1978, Collage/Mischtechnik, 50 × 62 cm, Archiv B07 – 0889
180 Mischwesen, 1994, Gouache/Tusch, 49 × 67 cm, Archiv B06 – 0866
181 Die Verführung, undatiert, Mischtechnik, 51 × 65 cm, Archiv B08 – 1548
181 «la fin da las poppas!», 1988/1975, Mischtechnik/Radierung, 20 × 15 cm, Archiv R06 – 021 –21
182 Zerteilte Frauenkörper, undatiert, Mischtechnik, 76 × 57 cm, Archiv B15 – 16107
184 Illustration (Tusch) aus: «Die Kirche im Gletscher. Räto-romanische Sagen aus der Surselva», 1982, Tanner + Staehelin Verlag, Zürich, S. 85
185 Illustration (Tusch) aus: «Die Kirche im Gletscher. Räto-romanische Sagen aus der Surselva», 1982, Tanner + Staehelin Verlag, Zürich, S. 82
186 Illustration (Tusch), aus: «Die Kirche im Gletscher, Räto-romanische Sagen aus der Surselva», 1982, Tanner + Staehelin Verlag, Zürich, S. 50
186 Illustration (Tusch), aus: «Die Kirche im Gletscher, Räto-romanische Sagen aus der Surselva», 1982, Tanner + Staehelin Verlag, Zürich, S. 49

LA TUOR DA BABILON – DER TURM VON BABYLON

189 Turm von Babylon, 1995, Mischtechnik, 102 × 73 cm, Archiv BP – 10 – 1512
190 Palme, undatiert, Gouache/Tusch, 67 × 49 cm, Archiv B03 – 0455
191 Pyramide, 1990, Wachsbild, 70 × 85 cm, Archiv BP – 08 – 1423
192 «Menschwerdung: Spikok u Schmuckanee bzw. der Maismensch», 1997, Gouache/Tusch, 52 × 68 cm, Archiv B10 – 0606
192 Vogelmensch, 1994, Gouache/Tusch, 44 × 65 cm, Archiv B06 – 0712
195 Würfelspiel, 1979/79, Radierung/Mischtechnik, 40 × 19 cm, Privatbesitz Hari Sharan, Seuzach
196 Weinetikette, 1975, eingeklebt in Skizzenbuch Nr. 62
196 Trinkglas mit Frauenkopf, bunt bemalt, um 1990, Privatbesitz Barbara Könz, Zürich
196 Globus Papiersack, 1986, Mischtechnik, 62 × 32 × 17, etliche Exemplare im Atelier
197 Glasteller YIN YANG für Carola, Martina, Andrea Meier, 1989, 25 cm Durchmesser, Privatbesitz Andrea Könz, Müstair
201 Christkatholische Kirche Luzern, Gesamtansicht des Chors, Foto Eduard Widmer, Zürich
202 Christkatholische Kirche Luzern, Detail aus der Hölle, Fernseh-Ei, Foto Eduard Widmer, Zürich
202 Christkatholische Kirche Luzern, Detail aus der Hölle, Höllen-Vogelmensch, Foto Eduard Widmer, Zürich
204 Kirche Marthalen, südlicher Deckenfries, Foto Eduard Widmer, Zürich
205 Kirche Marthalen, Gesamtansicht des Chors, Foto Eduard Widmer, Zürich
205 Kirche Marthalen, Medaillon an der Chordecke, Foto Eduard Widmer, Zürich
206 Trümmer in Selinunte/Sizilien, 1994, Bleistiftskizze, Skizzenbuch Nr. 126
207 Turm von Babylon, 1995, Gouache/Tusch, 58 × 40 cm, Archiv B16 – 0622
208 Turm von Babylon, um 1995, Mischtechnik, 150 × 101 cm, Archiv B – 1517
209 Turm von Babylon, 1995, Gouache/Tusch, 45 × 59 cm, Archiv B16 – 0611
210 Indianischer Schelm, 1990, Gouache/Tusch, 70 × 100 cm, Archiv BP – 09 – 1413
211 Turm von Babylon, 1994, Bleistift, 100 × 70 cm, Archiv BP – 07 – 1398
212 «Eviva! Ermafrodit sül töf», um 1980, Tuschskizze, Skizzenbuch Nr. 79
213 Konkordanz vier Elemente/vier Tarot-Farben, 1975, kolorierte Tuschzeichnung, Skizzenbuch Nr. 68
216 Tarot-Motiv: Krokodil mit Schlange, um 1995, Tusch, loses A4-Blatt im Atelier
216 Tarot-Motiv: Sich häutende Schlange, um 1995, Tusch, loses A4-Blatt im Atelier
219 Der Künstler im Atelier in Guarda, 1991, Foto Helmut Eberhöfer, Hall in Tirol

IL LABIRINT – DAS LABYRINTH

225 Labyrinthbaum, 1995, Gouache/Bleistift, 58 × 40 cm, Privatbesitz Andrea Könz, Müstair
226 Labyrinthblume, 1995, Gouache/Bleistift, 58 × 40 cm, Archiv B17 – 0572, Foto Eduard Widmer, Zürich
227 Labyrinth, 1995, Gouache, 40 × 58 cm, Archiv B20 – 1355

227 Pyramide/Labyrinth, 1994, Gouache, 49 × 67 cm, Archiv B06 – 0874
228 Wandbild in der Cafeteria der Kantonsschule Chur, Foto Eduard Widmer, Zürich
229 Thema: Ikarus, 1991, Wachsbild, 92 × 132 cm, Archiv BP – 11 – 1507
230 Ikarus aus Tarot-Serie, 1988, Gouache/Tusch, 49 × 67 cm, Archiv B05 – 0693
230 «Das Elefant», 1992, Gouache/Tusch, 44 × 59 cm, B20 – 1375
231 Thema: Ikarus, undatiert, Radierung, 40 × 50 cm, Archiv R07 – 145 – 1
233 Steivan Liun Könz mit Skizzenbuch in Äthiopien, 1997, Foto Michael Bühler / © fotoatelier michael buehler, zürich
237 Komposition, Gouache/Bleistift, 1997, Äthiopien-Skizzenbuch
238 Kirchenfenster, 1997, Gouache/Bleistift, Äthiopien-Skizzenbuch
239 Felsenkirche in Lalibela, 1997, Gouache/Bleistift, Äthiopien-Skizzenbuch
239 Felsenkirche in Lalibela, 1997, Gouache/Bleistift, Äthiopien-Skizzenbuch
239 Komposition, Gouache/Bleistift, 1997, Äthiopien-Skizzenbuch
240 Zwei Kompositionen, Gouache/Bleistift, 1997, Äthiopien-Skizzenbuch
240 Sycomorenbaum, 1997, Gouache/Tusch, 58 × 40 cm, Privatbesitz Andrea Könz, Müstair
241 Zwei Kompositionen, Gouache/Bleistift, 1997, Äthiopien-Skizzenbuch
241 «Sicomorenbaum»,1997, Gouache/Bleistift, Äthiopien-Skizzenbuch
242 Sycomorenbaum, 1997, Gouache/Bleistift, Äthiopien-Skizzenbuch
244 «Warmer Wind und Abendwind küssen sich gar geschwind», 1998, Gouache/Tusch, 52 × 68 cm, Archiv B10 – 0608
245 Engel, April 1998, letztes Bild auf der Staffelei, Gouache/Bleistift, 67 × 53 cm, Privatbesitz Andrea Könz, Müstair
246 Zwei Kompositionen, Gouache/Bleistift, 1997, Äthiopien-Skizzenbuch
246 Engel, 1997, Gouache/Bleistift, Äthiopien-Skizzenbuch
247 Komposition, 1998, Gouache, 58 × 40 cm, Archiv B17 – 0554
248 Einladungskarte zum Geburtstagsfest bei Leonardo Savoldelli im Hotel Traube/Üja, 1997, loses A4-Blatt im Atelier
249 Glasfenster im Treppenhaus der Minerva Schulen, Villa Bel Air, Freiestrasse 129, Zürich
250 Steivan Liun Könz am Feuer in Äthiopien, 1997, Foto Michael Bühler / © fotoatelier michael buehler, zürich

FÜR FINANZIELLE UNTERSTÜTZUNG DANKEN DER VERLAG UND DIE AUTORIN

Theo Meierhans, Meierhans Immobilien, Engelberg
Kulturförderung Kanton Graubünden
Ernst Göhner Stiftung
UBS Kulturstiftung
CCCOEE (Konzessionsgemeinden Engadiner Kraftwerke)
Willi Muntwyler-Stiftung
Fundaziun Giovannina Bazzi-Mengiardi
Graubündner Kantonalbank
Stiftung Jacques Bischofberger
Maya Behn-Eschenburg Stiftung
Cumün da Guarda
Hauser Hotel, Restaurant, Confiserie, St. Moritz
Paradies Touristik, Herr Horst Rahe
Banca Raiffeisen Engiadina Val Müstair
Voutexpo Lavin
Spielplatz Grotzenwäldli (A. von Rotz), Engelberg
Familie Könz
Urs Jäger
Alice Jäger-Castaman
Maria Chatrina + Patrick Eberhard-Meyer
Dr. Carola Meier-Seethaler
Margarethe Meier-von Ostheim
Christian + Kathrin Schmidt
Jean-Rudolf Sutter
Martina Meier
Armgard Pelz
sowie weiteren Spenderinnen und Spendern, die nicht alle namentlich genannt werden können.

KULTURFÖRDERUNG KANTON GRAUBÜNDEN

ERNST GÖHNER STIFTUNG

Graubündner Kantonalbank

DANK

Fünf Jahre Beschäftigung mit Steivan Liun Könz' Leben und Werk brachten viele Entdeckungen und Überraschungen, und sie stellten mich vor Aufgaben, die ich nicht alleine bewältigen konnte. Dem entsprechend lang wäre die Liste der Personen, denen ich an dieser Stelle danken möchte. Einige von ihnen seien hier erwähnt.

Steivan Liun Könz konnte seine grösste und freieste Sgraffito-Arbeit in der Engelberger «Dorfsiedlung am Dürrbach» ausführen. Der Unternehmer Theo Meierhans leistete auch für die Realisation der Biografie einen unverzichtbaren Beitrag, indem er kurz vor seinem Tod eine namhafte Summe spendete. Wir denken mit Dankbarkeit an unseren wichtigsten Gönner. Ebenso bedanken wir uns bei allen Stiftungen, Freunden und Bekannten, die mit grösseren und kleineren Spenden ihr Interesse für das Buch bekundet und zu dessen Finanzierung beigetragen haben. Gedankt sei auch Anna-Alice Dazzi, die im Auftrag der Lia Rumantscha die romanischen Texte und die Übersetzungen redigierte. Von Eduard Widmer, Fotograf und Freund von Steivan Liun Könz, stammen einige zentrale Bilder in diesem Buch. Ihm und den Fotografen Michael Bühler, Helmut Eberhöfer, Verena Eggmann und Cristina Zilioli danken wir für die Einräumung der Bildrechte. Bei den umfangreichen Recherchen habe ich viele Familienmitglieder, Freundinnen, Freunde und Bekannte von Steivan Liun Könz kennengelernt. Ihnen allen danke ich für ihre Freundlichkeit, Offenheit und Hilfsbereitschaft. Ich danke der Familie Könz für das Vertrauen und die Unterstützung, insbesondere danke ich Andrea Könz für die enorme Aufwendung von Zeit und Energie bei der Begleitung meines Projekts. Ein besonderes und grosses Dankeschön geht an meine Freundin Susann Henkelmann-Strickler, die mit ihrem Interesse, ihren Anregungen und Ermunterungen täglich dazu beigetragen hat, dass aus dem Projekt schliesslich ein Buch wurde.

Kathrin Siegfried studierte Germanistik und Geschichte an der Universität Zürich. Seit 1990 ist sie freiberuflich in den Bereichen Theater, Ausstellung und Sachbuch tätig. Autorin der Biografie «Tibor Kasics. Ein musikalischer Grenzgänger» zusammen mit Peter Michael Keller und Co-Kuratorin der gleichnamigen Ausstellung im Konservatorium Zürich. Kuratorin für die Ausstellung «Sirenen, Nixen, Meerjungfrauen. Vom Weiblichen im Wasser und in der Literatur» im Zürcher Museum Strauhof (2005). Langjährige Zusammenarbeit mit dem Vaudeville-Theater Zürich als Dramaturgin und als Autorin von literarischen Lesungen. Bis 2007 Co-Leitung, Produktion und Dramaturgie beim Ensemble Miroir Zürich. Seit 2004 Dramaturgie und Konzeption bei spartenübergreifenden Projekten der Regisseurin Nelly Bütikofer.